墨香财经学术文库

"十二五"辽宁省重点图书出版规划项目

U0674516

Study on the Strategy of Avoiding,

Mitigating and Transferring Supply
Chain Disruption Risk

供应链中断风险的规避、缓解与转移策略研究

陈友余 刘纯霞 舒彤 ◎ 著

东北财经大学出版社
Dongbei University of Finance & Economics Press

大连

图书在版编目（CIP）数据

供应链中断风险的规避、缓解与转移策略研究 / 陈友余，刘纯霞，舒彤著.
一大连：东北财经大学出版社，2019.12
（墨香财经学术文库）
ISBN 978-7-5654-3753-3

Ⅰ．供… Ⅱ．①陈… ②刘… ③舒… Ⅲ．供应链管理-风险管理-研究 Ⅳ．F252

中国版本图书馆CIP数据核字（2020）第011839号

东北财经大学出版社出版发行

　　大连市黑石礁尖山街217号　邮政编码　116025
　　网　　　址：http：//www.dufep.cn
　　读者信箱：dufep @ dufe.edu.cn
大连永盛印业有限公司印刷

幅面尺寸：170mm×240mm　字数：175千字　印张：12.75　插页：1
2019年12月第1版　　　　　　　　2019年12月第1次印刷
责任编辑：王　丽　周　慧　徐　群　责任校对：伊　人
封面设计：冀贵收　　　　　　　　版式设计：钟福建
定价：45.00元

本书获得国家自然科学基金青年项目（71802075）、湖南省自然科学基金项目（2017JJ3009）、湖南省哲学社会科学基金项目（15YBA062）、湖南省社会科学成果评审委员会项目（GLX193及XSPYBZZ004）、湖南省教育厅科学研究重点项目（18A445）的资助，为上述项目的阶段性研究成果。本书获得湖南省财政与会计研究基地的资助。

作者简介

　　陈友余，男，湖南大学管理科学与工程博士，湖南财政经济学院副教授。近年来，在 Applied Economics、Information Technology Journal、《统计与决策》等杂志发表论文 10 余篇，主持湖南省社会科学成果评审委员会项目、湖南省教育厅科学研究重点项目、湖南省科技计划项目等多项省部级项目。

前言

　　近年来，为应对日趋激烈的市场竞争，供应链越来越精益化和全球化。非核心业务外包、全球化采购、单源供应和精益供应等业务模式使供应链越来越长、地理分布越来越分散，同时供应链中各个环节之间的相互依赖性也越来越强，供应链中某个环节的不确定或中断事件均可通过这个庞大而复杂的供应链网络系统迂回地传递到全球市场的任意一个节点。在信息不对称的情况下，任何负面信息都会被成倍放大，引发的多米诺骨牌效应，甚至会导致整条供应链崩溃或瘫痪。因此，只要供应链中某个环节中断，其产生的中断风险很有可能被传导至其他节点企业，甚至影响到整个供应链网络，所造成的中断风险损失也将不仅限于中断的企业。21世纪以来，由于受到金融危机、自然灾害、计算机病毒等外界环境因素的影响，供应链中断风险被进一步提高，供应链中断事件时有发生，对节点企业、供应链，甚至整个社会经济都造成了极大的破坏。

　　本书主要围绕供应链中断风险，在剖析供应链网络特性及中断风险传导机理的基础上，探讨规避供应链中断风险的信息共享价值实现与分配策略，研究营业中断保险视角下的供应链中断风险转移策略，构建能应用于供应链中断与突变序列的供应链中断风险预测模型，为企业的需求预测提供科学的理论依据和有效的实时指导。具体研究工作如下：

（1）对关系强度理论进行梳理，将无标度网络与关系强度理论进行融合分析供应链网络特性，主要从单统计参量（度与平均度、顶点度与网络结构熵、度分布函数、特征路径长度和集聚系数）分析和综合分析两个方面进行详细论述和数值模拟，并在此基础上对现存的弱连接、新引入的弱连接、现存的强连接和新引入的强连接进行分类管理，有针对性地提出了强弱协同管理策略。

（2）为规避中断风险，各节点企业之间的信息共享至关重要。本书分别就信息共享价值实现、信息共享价值分配进行了研究。在信息共享价值实现部分，构建了制造商与物流配送企业之间的信息共享价值独立分配模型和信息共享价值分配模型，通过相关分析得到了一些有意义的结论。在信息共享价值分配部分，分别应用核仁理论分配模型、Shapley 值法、GQP 法和纳什谈判解四种方法进行合作信息共享价值分配，发现这四种方法计算出的分配结果具有一定的差异性、公平性和合理性，然后应用信息熵值进行综合，探讨公平合理的收益分配方案以激励供应链各节点企业参与信息共享。

（3）从营业中断保险视角探讨由单一制造商和单一零售商组成的二级供应链系统的中断风险转移策略。首先，对供应链各节点企业的中断风险损失进行分类和测算。其次，对不投保、制造商投保和零售商投保三种情况构建模型，探讨营业中断保险的购买价值及购买决策条件，并进行对比分析。最后，通过数值仿真对上述模型进行模拟和验证。

（4）在中断风险传导过程中，产品供需具有高度不确定性，因此缓解供应链中断风险最为有效的控制方式之一就是构建供应链中断风险预测模型。实证分析结果表明，改进的 GM（1，1）-Markov 模型预测方法突破了传统 GM（1，1）模型对原始数据序列指数增长的要求，能应用于供应链中断或突变序列，为企业的需求预测提供科学的理论依据和有效的实时指导。

本书在分析供应链中断风险传导机理的基础上，就供应链各节点企业如何应用无标度网络和关系强度理论优化网络结构、利用强弱协同管理理论提升中断风险的应对能力等方面提出了一些管理建议；信息共享不仅能增加供应链整体价值，降低库存成本，有效提高整条供应链的收益，而且能促使各节点企业更有效地规避供应链中断风险，因此研究如何最大限度地创造和分配供应链信息共享价值，以及研究供应链信息共享价值的实现条件和实现路径，既具有理论创新意义，也具有实践应用价值；供应链中断风险转移模型能指导企业转移并分散中断风险，提升企业中断风险管理决策的质量与效率，为供应链中断风险转移研究提供了新视角、新思路和新研究模式；所构建的缓解供应链中断风险需求预测模型不仅使预测的拟合程度与预测精度得到了提高，还使预测的平稳性和可靠性得到了增强，预测的结果可以用于指导供应链企业的生产、库存管理和需求预测。

本书在写作过程中参考了国内外许多学者的相关论著，在此向他们表示感谢和敬意，同时感谢在本书撰写过程中给予鼓励、支持、帮助的国内外专家、同行，正是你们的勉励给了我不断进取的动力！

作　者

2019 年 9 月于长沙

目录

1 绪论

1.1 研究背景

当今时代，为应对日趋激烈的市场竞争，供应链的发展越来越精益化和全球化，非核心业务外包、全球化采购、单源供应和精益供应等业务模式使供应链越来越长、地理分布越来越分散，同时供应链中各个环节之间的依赖性也越来越强，供应链中某个环节的不确定性或中断事件均可通过这个庞大而复杂的供应链网络系统迂回地传递到全球市场的任意一个节点。在信息不对称的情况下，任何负面信息都会被成倍放大，引发多米诺骨牌效应，甚至会导致整条供应链崩溃或瘫痪。因此，只要供应链中某个环节中断，其产生的中断风险极有可能被传导至其他节点企业，所造成的中断风险损失也将不仅限于中断的企业。21世纪以来，由于金融危机、自然灾害、计算机病毒等外界环境因素的影响，供应链中断风险进一步提高，供应链中断事件时有发生，对节点企业、供应链，甚至整个社会经济都造成了巨大的破坏。

1995年1月发生于日本神户的大地震，使该地区的交通运输系统完全停止运行，经由神户港的运输业务被中止。不仅如此，这次地震还使得丰田汽车公司不得不由于制动系统中断供应而中止生产，损失惨重，当年生产量减产了2万辆，损失近2亿美元。1997年2月，一场大火让丰田汽车公司的另一家供应商——Aisin Seiki的工厂在一夜之间化为灰烬。Aisin Seiki是一家向丰田汽车公司提供关键零部件的供应商，是丰田汽车公司十分稳定、可靠的合作伙伴。火灾事故使得丰田汽车公司措手不及，丰田汽车公司只有2天的库存，而Aisin Seiki恢复正常生产至少需要5周的时间。最终这场火灾导致丰田汽车公司停产3天，损失7.5亿美元。

2008年汶川地震，许多公司的厂房倒塌、人员伤亡、断电断水及生产中断。例如，剑南春公司生产完全中断3个月，销售中断4个月，直接财产损失8亿元，全年因停产而造成的损失高达20亿元。2011年3月，日本发生九级大地震，造成汽车、电子等零部件生产工厂停产，从而导致汽车零部件供应完全中断。这次供应链中断迫使日本的22家汽车制造商不得不暂时停产，使同年4月份的日本汽车出口额大幅度降低。这次地震所导致的汽车零部件短缺的问题，在很大程度上波及到了日资汽车企业及欧美汽车企业。当年丰田汽车公司的产量在中国减少了50%；本田汽车公司则减少了1/3左右的产量；福特汽车公司在南京的工厂也不得不检修一个星期、暂时停产；马自达汽车公司更将业绩目标下调了16%。

2011年10月，泰国发生了特大洪灾，使泰国的工业生产以及全球的电子品市场遭遇了一场浩劫。著名的硬盘制造商如希捷、西部数据、东芝等，有一半的硬盘都产自泰国，这次洪灾直接中断了泰国硬盘的供应。全球硬盘的出货量在当年第四季度下降了30%，2012年的第一季度，全球电脑的出货量也随之下降，下降比率超过20%。其中，在日本与硬盘相关的产业在这次洪灾中损失约40亿美元，英特尔公司的收入锐减了10亿美元。远在中国的小米手机也遭受了此次洪灾引发的灾难，由于小米手机的部分原配件中来电显示的彩灯以及MOS管的生产基地在泰国，生产不得不被迫暂停，市场产量及销售都受到了严重影响。

然而，在中断风险管控方面也有一些做得非常出色的企业，如宝洁公司。2003 年非典袭击中国期间，市场对清洁用品的需求剧增，宝洁公司借助公司风险识别与管控预警系统成功应对了这次供应链中断风险。宝洁公司在广东省出现首例病例的时候，就合理估计了本公司产品供应所面临的风险，上调了一些人口流动较为频繁城市的安全库存线。不仅如此，宝洁公司在非典疫情大规模爆发前就预备了一套应急系统，该系统帮助供应商在短短一天的时间内将生产材料、工作人员和生产设备等准备到位，然后按照预定计划进行满负荷生产。通过购买营业中断保险等风险转移策略，也可以降低中断事件对供应链网络的影响。例如，爱立信在 2000 年因供应商事件而导致其营业中断后，向保险公司索赔营业中断损失近 2 亿美元，在一定程度上弥补了经济损失。又如，2009 年 8 月 20 日，平安产险对外宣布赔付拉法基瑞安水泥有限公司 7.2 亿元，这是因汶川地震所导致的企业营业中断后赔付的最大一笔营业中断保险赔款。

应对中断风险的不同控制策略及其实施效果的对比，激发了笔者对供应链中断风险传导及控制策略进行研究的浓厚兴趣。当前研究供应链风险控制方面的文献比较多，但研究供应链中断风险传导机理和中断风险的规避、缓解与转移等方面的文献却很少。本书在剖析供应链网络结构特性及供应链中断风险传导机理的基础上，对供应链节点企业如何应用无标度网络和关系强度理论优化网络结构、利用强弱协同管理理论提升中断风险的应对能力等方面进行了研究，探讨规避供应链中断风险的信息共享价值的创造过程、实现路径与分配策略，研究转移供应链中断风险的营业中断保险购买价值及购买决策条件，构建能有效缓解供应链中断风险的供应链需求预测模型，为供应链各节点企业的生产、库存管理和需求预测提供理论指导和实时决策支持。

1.2 研究意义

对供应链中断风险的规避、缓解与转移策略进行全面系统的研究，既有重要的理论意义，也有重要的实践意义。

（1）拓展了现有供应链网络分析方法，帮助各节点企业应用无标度网络和关系强度理论分析供应链网络特性，认识供应链中断风险传导机理和规律，利用强弱协同管理理论提升节点企业中断风险的防范能力和应对能力。对供应链中断风险传导机理的深入研究，有助于弥补供应链中断风险管理理论研究的不足，也有助于进一步完善企业风险管理体系。

（2）互联网时代，信息共享能帮助各节点企业有效规避供应链中断风险，降低库存成本，有效提高供应链整体收益。但是，在供应链能否通过信息技术投入实现信息共享价值、创造价值效率以及如何合理有效分配价值等方面，仍存在争议。因此，研究供应链信息共享价值的创造路径、实现条件和价值分配过程，既具有理论创新意义，又具有实践应用价值。

（3）学术界对营业中断保险价值的认识还存在分歧，营业中断保险购买策略能否有效转移供应链中断风险还需要进一步验证。因此，研究营业中断保险购买决策的价值、作用和影响过程，探寻营业中断保险购买决策条件，为供应链中断风险转移研究提供了新视角、新思路和新研究模式，还为企业的营业中断保险购买策略提供理论指导和决策支持。

（4）在中断风险传导过程中，产品供需具有高度不确定性，对供应链中断或突变序列构建与之匹配的中断风险预测模型是当务之急。因此，探求能突破传统 GM（1，1）模型对原始数据序列指数增长趋势的要求的新型预测模型或新型预测方法，提高预测模型的拟合程度与预测精度，增强预测的平稳性与可靠性，为各节点企业的需求预测提供理论指导和实时决策支持。

1.3　研究思路与研究目的

1.3.1　研究思路

本书以供应链中断风险为主要研究对象，从供应链复杂结构视角分析供应链中断风险传导机理和规律，在剖析供应链中断风险传导机理和规律的基础上，探讨应对供应链中断风险的信息共享价值的创造与分配路径，构建营业中断保险购买决策模型和供应链中断风险预测模型，帮助节点企业达到规避、缓解与转移供应链中断风险的目的。

本书的研究思路如图1-1所示。

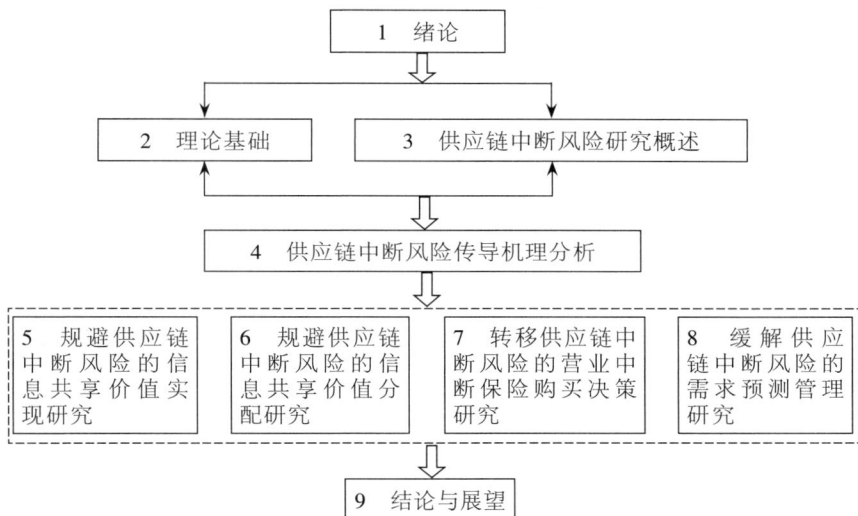

图1-1　本书的研究思路

1.3.2　研究目的

选题定位为"供应链中断风险的规避、缓解与转移策略研究"，原因主要有：（1）供应链中断事件时有发生，对节点企业、供应链，甚至整个社会经济都造成了巨大的破坏；（2）当前研究供应链风险控制方面的文献比较多，但研究供应链中断风险传导机理以及中断风险的规避、缓解与转移等方面的文献却很少。

基于以上原因，本书的主要研究目的是：

（1）从供应链结构方面探寻供应链中断风险传导机理和规律。引入无标度网络和关系强度理论，将两者进行融合，从单统计参量分析和综合分析两个方面进行供应链中断风险传导机理分析，并在此基础上对供应链节点企业之间的关系进行分类管理。

（2）探寻规避供应链中断风险的信息共享价值实现路径。构建基于

Stackelberg 的动态信息共享价值独立分配模型及各节点企业合作时的信息共享价值分配模型，研究各节点企业及合作伙伴信息共享投入水平与企业信息共享价值分配之间的相关关系，根据各节点企业权力地位的差异性，探讨不同参与主体的信息共享价值实现策略。

（3）探讨规避供应链中断风险的信息共享价值分配过程。应用核仁理论分配模型、Shapley 值法、GQP 法和纳什谈判解四种方法进行合作信息共享价值分配，在引入信息熵概念的基础上提出了信息熵法，并应用信息熵值对这四种方法进行综合，探讨信息共享价值优化分配方案。

（4）探寻转移供应链中断风险的营业中断保险购买策略。首先对供应链节点企业中断风险损失进行分类和测算，然后对不投保、制造商投保、零售商投保和供应链整体投保四种情况构建营业中断保险投保决策模型，探讨营业中断保险的购买价值及购买决策条件，分析其对制造商、零售商和供应链整体的影响过程。

（5）探究缓解供应链中断风险的需求预测管理模型和方法。在中断风险传导过程中，产品供需具有高度不确定性，构建供应链中断风险预测模型是缓解供应链中断风险的管理方式之一。对现存的预测模型进行改进，既能构建改进的 GM（1，1）-Markov 预测模型，使之突破传统GM（1，1）模型对原始数据的要求，又能应月于供应链中断或突变序列，为企业的需求预测提供科学的理论依据和有效的实时指导。

通过以上多方面的综合研究，以完善供应链中断风险管理体系，增强理论解释的概括力与动态性，帮助企业深入理解供应链中断风险传导机理和规律，从结构优化与相互协作的角度规避、缓解与转移供应链中断风险，提升节点企业的核心竞争力、风险管理水平和应急响应能力。

1.4 研究内容、研究方法与技术路线

1.4.1 研究内容

本书的内容包括四个部分：

第一部分为第1、2、3章，从供应链管理、供应链中断风险及全球中断风险案例等方面简述了本书的研究背景；应用多米诺骨牌理论、能量释放理论、复杂网络理论、突变理论、供应链风险管控理论及博弈论理论阐述了本书的基础理论背景；对供应链复杂性分析、关系强度理论及其应用、信息技术与信息共享价值、供应链中断风险的定义及特点、供应链中断风险识别与评估、供应链中断风险传导以及供应链中断风险控制策略的相关文献进行了综述和评述。

第二部分为第4章，从单统计参量分析和综合分析两个方面详细论述了供应链网络特性，探寻供应链中断风险传导机理和规律，对现存的弱连接、新引入的弱连接、现存的强连接和新引入的强连接进行分类管理，并在此基础上提出了要有针对性地进行强弱协同管理。第二部分能帮助节点企业从结构视角认识供应链中断风险传导机理，为各节点企业的中断风险控制提供方向。节点企业可以通过信息共享规避中断风险，也可以通过购买营业中断保险转移中断风险，还可以通过需求预测管理缓解供应链中断风险。

第三部分为第5、6、7、8章，主要从三个方面探讨供应链中断风险控制策略：（1）信息共享方面。信息技术的发展极大地推动了信息共享服务的实现。在供应链能否通过信息技术投入实现信息共享价值、创造价值效率，以及如何合理有效分配价值等方面，仍存在争议。通过对电商供应链信息共享价值的创造及分配进行研究，探讨电商供应链信息共享价值实现条件，并提出相应的对策和建议。（2）保险购买策略。研究由一个制造商和一个零售商组成的两级供应链，运用模型分析在不投保、制造商投保和零售商投保三种情况下进行营业中断保险的购买价值及购买决策条件，并进行数值分析，对模型结果进行验证得到了一些有价值的结论。（3）需求预测管理。构建供应链中断风险下的需求预测模型，这一模型既突破了传统GM（1，1）模型对原始数据序列指数增长态势的要求，又体现了神经网络良好非线性逼近的特性，有效提高了预测的拟合程度与预测精度，增强了预测的平稳性与可靠性，可应用于供应链中断或突变序列数据预测中，较好地解决了供应链中断预测问题，预测结果可为节点企业的生产、库存管理和需求预测提供科学指导。以上三个方面的内容是平行并列关系，是从规避、缓解、转移的角度分别探讨了供应链中断风险解决方案，是第二部分中断传导过程中可能存在的问题的解决对策。

第四部分为第9章，概括了本书的主要工作及研究结论，并对未来的研究方向进行了展望。

本书的具体内容安排如下：

1 绪论。首先，从供应链中断事件的危害及不同企业在面对中断时的不同控制策略引出研究价值与研究意义。然后，介绍本书研究的内容和技术路线。最后，对研究方法及研究创新进行了阐述。

2 理论基础。本章主要对多米诺骨牌理论、能量释放理论、复杂网络理论、突变理论、供应链风险管控理论及博弈论等基础理论进行了阐述。

3 供应链中断风险研究概述。首先，收集并查阅了国内外有关供应链复杂性分析、关系强度理论及其应用、信息技术与信息共享价值、供应链中断风险的定义及特点、供应链中断风险识别与评估、供应链中断风险传导以及供应链中断风险控制策略等方面的文献。然后，重点检索了信息共享、供应链中断风险传导及供应链中断风险规避、供应链中断转移、供应链中断风险缓解等控制策略的相关文献。最后，对现有文献进行了评述。

4 供应链中断风险传导机理分析。首先，分析了供应链网络的复杂性特点。然后，应用无标度网络，从单统计参量分析和综合分析两个方面详细分析了供应链的网络特性，并进行了数值模拟及分析，探析供应链中断风险传导规律。最后，对现存的弱连接、新引入的弱连接、现存的强连接和新引入的强连接进行分类管理，指出要有针对性地实施关系管理，并在此基础上提出了应对供应链中断风险的强弱协同管理理论和方法。

5 规避供应链中断风险的信息共享价值实现研究。本章针对制造商自建互联网络平台模式下由制造商和物流配送企业组成的二级供应链信息共享价值实现问题进行了探讨。首先，构建了基于 Stackelberg 的动态信息共享价值独立分配模型和企业合作时的信息共享价值分配模型，分析了信息共享投入水平、信息共享利润与利润分享因子之间的关系。然后，根据各节点企业的权力地位的差异性，分三种情况进行了算例分析。最后，就如何提升信息共享效率及如何保障信息共享价值最大化给出了一些有价值的建议。

6　规避供应链中断风险的信息共享价值分配研究。本章以供应链上的单一制造商和两家物流配送企业为例，分别应用核仁理论分配模型、Shapley值法、GQP法和纳什谈判解四种方法进行合作信息共享价值分配，发现这四种方法计算出的分配结果具有一定的差异性、公平性和合理性，然后应用信息熵法进行综合，探讨了信息共享价值的优化分配方案。

7　转移供应链中断风险的营业中断保险购买决策研究。首先，对营业中断保险在欧美国家及我国的发展情况进行了简单介绍，阐述了我国发展营业中断保险业务的严峻形势与重要性。然后，以由一个制造商和一个零售商组成的二级供应链系统为例，对供应链中断风险损失进行分类研究，在制造商运营中断环境下，对不投保、制造商投保、零售商投保和供应链整体投保四种情况进行了模型构建和比较分析，探讨营业中断保险的购买价值及购买决策条件。最后，利用Matlab软件对上述模型进行模拟和验证。

8　缓解供应链中断风险的需求预测管理研究。由于企业所处的环境是一个复杂多变的灰色系统，因此首先对传统GM（1，1）模型及其评价指标进行介绍。然后，对传统GM（1，1）模型进行改进，构建正常值序列与中断值序列，再运用改进后的GM（1，1）模型对需求进行预测。最后，结合马尔可夫链方法计算中断及正常情况的概率，得出下一时间的期望预测值。与此同时，以受2008年冰灾影响、销售出现部分中断的湖南某企业为例进行实例分析，通过分析发现，本章所提出的改进的灰色预测模型与马尔可夫链方法结合使用，既能解决下一时间是正常情况还是异常情况这一关键问题，又能对下一时间的预测值进行精确预测，为企业的需求预测提供了科学的理论依据和有效的实时指导。

9　结论与展望。本章为研究的结论及对后续研究的展望。

1.4.2　研究方法

本书应用的研究方法主要有小世界网络模型和无标度网络模型、灰色预测模型及博弈论模型等。

1）小世界网络模型和无标度网络模型

小世界网络模型具有较小的平均路径长度和较高的集聚系数。BA无标度网络考虑到网络的规模并非一成不变，一般存在增长特性，且新节点往往更倾向与较高连接度的大节点相连接，即存在偏好连接特性，它的度分布与随机网络和小世界网络有所不同，BA无标度网络具有无标度特性，也称幂律分布特性。为了应对供应链中断风险，供应链网络规模会相应调整，有可能需要将网络节点数与边关系进行调整；或为了转化和分散供应链中断风险，各节点企业会建立更多的强连接和弱连接；或为了避免供应链网络结构僵化，各节点企业会淘汰一部分强连接和弱连接，并压缩运行成本。应用无标度网络分析供应链中断风险更为合理，这是因为在实际生产活动中供应链网络规模具有可变性。

2）灰色预测模型

灰色系统预测是在分析系统因子之间相互影响的基础上，建立系统主体行为特征量与关联因子的灰色动态模型群，通过预测研究系统的动态变化趋势，挖掘隐含规律。当原始数据序列呈现指数增长态势，并且数据变化速度适中时，使用传统 GM（1，1）模型能达到较好的预测精度，但当原始数据序列的指数增长态势出现了停顿或震荡，数据变化速度不平稳，从而呈现较差的增长趋势或不能呈现增长趋势时，使用传统 GM（1，1）模型很难达到理想的预测精度。此时，一般会对传统 GM（1，1）模型进行改进，通常有无偏灰色模型、残差 GM（1，1）模型、参数优化灰色模型和新陈代谢 GM（1，1）模型等，这些模型均是在传统 GM（I，1）模型基础上发展出的改进模型。

3）博弈论模型

本书用到的博弈论模型主要包含基于 Stackelberg 的动态价值独立分配模型和企业合作时的价值分配模型。为提高市场竞争力，供应链中各节点企业展开密切合作，一般以供应链整体的总利润最大化或总成本最小化为目标，以供应链核心企业为中心，通过合同、业务外包、战略联盟等方式，各节点企业达成一种信息和利益共享、风险或成本分摊的协议关系，在产品质量改进、技术协同创新、库存成本管理优化、利润共享等方面合作，达到双赢或多赢的目的。

1.4.3　技术路线

本书在综合应用复杂网络理论、供应链管理理论、灰色预测模型和博弈论模型等理论与方法的基础上，以供应链中断风险为主要研究对象；在剖析供应链中断风险传导特性的基础上，探讨了应对供应链中断风险的信息共享价值的创造与分配、营业中断保险的购买决策，构建了应用于供应链中断或突变序列的供应链中断风险预测模型，为企业的需求预测提供科学的理论依据和有效的实时指导。具体而言，主要分为以下五个阶段：

第一阶段：文献综述。检索国内外有关供应链复杂性分析、关系强度理论及其应用、信息技术与信息共享价值、供应链中断风险的定义及特点、供应链中断风险识别与评估、供应链中断风险传导及供应链中断风险控制策略等方面的文献，对其进行研究综述，并提出与之相匹配的研究目标。

第二阶段：理论推演。对关系强度理论进行了梳理，将无标度网络与关系强度理论进行融合，应用无标度网络对供应链网络特性进行详细论述和数值模拟，并在此基础上对现存的弱连接、新引入的弱连接、现存的强连接和新引入的强连接进行分类管理，有针对性地提出了强弱协同管理策略。

第三阶段：应用方法研究。一方面，构建基于 Stackelberg 的动态信息共享价值独立分配模型和企业合作时的信息共享价值分配模型，探讨供应链中断风险下电商供应链信息共享价值实现过程；另一方面，假定由单一制造商和零售商所组成的二级供应链系统，首先对供应链节点企业中断风险损失进行分类和测算，然后对不投保、制造商投保和零售商投保三种情况构建营业中断保险购买决策模型，探讨营业中断保险的购买价值及购买决策条件，从营业中断保险视角探讨供应链中断风险转移策略。

第四阶段：实证研究。在风险传导过程中，产品供需具有高度不确定性，构建供应链中断风险预测模型是有效应对供应链中断风险的管理方式之一。通过实证分析表明，改进的GM（1，1）-Markov预测模型突破了传统GM（1，1）模型对原始数据的要求，能应用于供应链中断或突变序列，为企业的需求预测提供科学的理论依据和有效的实时指导。

第五阶段：理论完善。根据理论推演、应用方法研究及实证研究的相关结果，完善供应链中断风险管理体系，帮助节点企业深入理解供应链中断风险传导机理和规律，提升信息共享效率，实现供应链信息共享价值最大化，帮助节点企业应用供应链中断保险购买决策转移供应链中断风险，并为各节点企业的需求预测提供理论依据和模型支持。

本书技术路线图如图1-2所示。

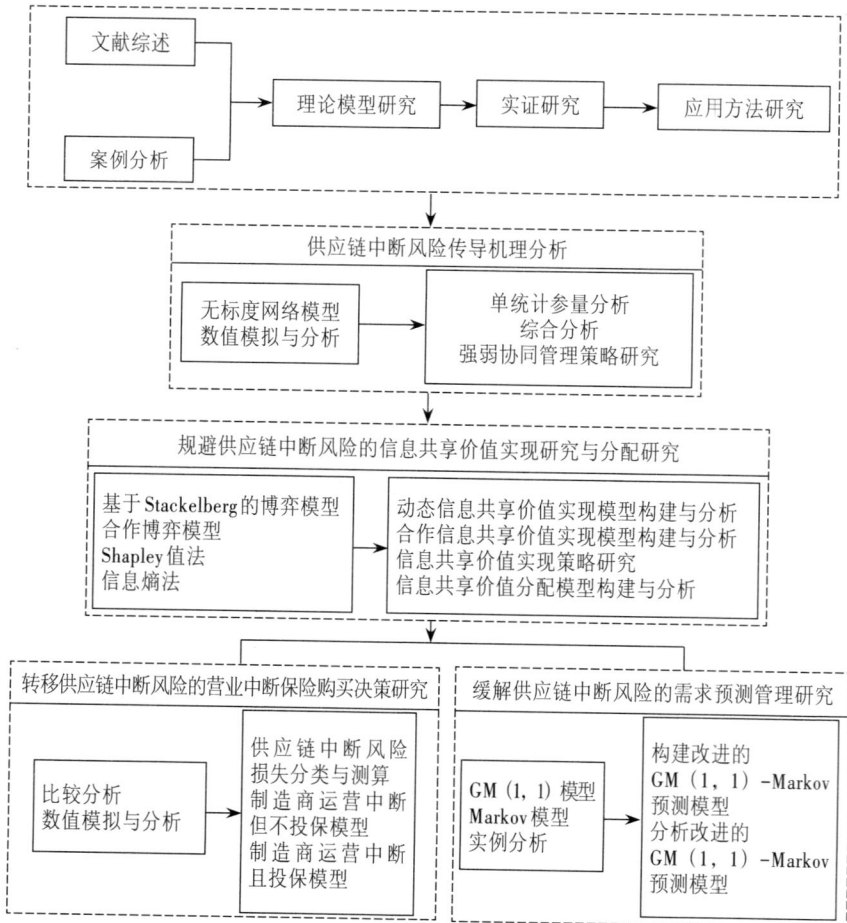

图1-2　本书技术路线图

1.5 主要特色与创新

本书的主要特色与创新体现在以下几个方面：

（1）本书创新性地将无标度网络与关系强度理论进行融合，分析了供应链的网络特性，探析了供应链中断风险传导机理和规律，对现存的弱连接、新引入的弱连接、现存的强连接和新引入的强连接进行分类，并探讨了相应的关系管理策略，提出了应对供应链中断风险传导的强弱协同管理理论。本研究能较好地帮助供应链中各节点企业认识并应用无标度网络和关系强度理论分析供应链网络特性，发现供应链中断风险传导机理和规律，并应用强弱协同管理理论与方法提升中断风险应对能力。

（2）为了更好地规避供应链中断风险，本书以电商供应链这一新型商业模式为例，探讨供应链中断环境下信息共享价值实现过程及价值分配问题。研究发现，在信息共享价值独立分配模型下，制造商和物流配送企业的信息共享投入水平与价值分享因子成正比，同时对方的信息共享投入水平与本企业价值分享因子成正比，即存在正外部性；在合作结盟的情况下，制造商和物流配送企业的信息共享投入水平大于独立时的信息共享投入水平，但信息共享投入水平与本企业及结盟企业的价值分享因子无关。应用核仁理论分配模型、Shapley值法、GQP法和纳什谈判解四种方法对合作信息共享价值进行分配，发现这四种方法计算出的分配结果具有一定的差异性、公平性和合理性，然后应用信息熵法进行综合，探讨信息共享价值优化分配方案，该研究有一定的特色和创新性。

（3）为了便于节点企业从营业中断保险购买视角对供应链中断风险损失进行测算，本书将供应链中断风险损失分为营业中断保险可赔付损失和营业中断保险不可赔付损失。将保险费率外生化，以由制造商和零售商构成的二级供应链为研究对象，综合考虑中断风险概率、营业中断保险购买成本、缺货成本、惩罚成本、融资成本、商誉成本等因素，在对营业中断保险可赔付损失和营业中断保险不可赔付损失进行测算的基础上，构建了期望利润模型，研究营业中断保险购买决策对供应链的价值、作用和影响过程，探寻营业中断保险购买决策的条件。该研究可以为节点企业的营业中断保险购买策略提供决策支持，具有一定的特色和创新性。

（4）为解决供应链中断风险下产品供需预测问题，本书对传统 GM（1，1）模型进行残差改进，但 GM（1，1）残差改进模型得到的预测结果并不完美，因为预测结果不能确定下一时间是正常情况还是异常情况，此时通过马尔可夫链方法精确估计了每种情况可能出现的概率，从而得出下一时间的期望预测值。这种改进的 GM（1，1）-Markov 预测模型突破了传统 GM（1，1）模型对原始数据序列指数增长态势的要求，能应用于供应链中断或突变序列，并能为企业的需求预测提供科学的理论依据和有效的实时指导。

2 理论基础

2.1 多米诺骨牌理论

1931 年，Heinrich 通过研究美国工业事故，发现风险发生具有类似倒塌的多米诺骨牌墙的特征，可将风险事故的发生进行层层分解，由此创建了多米诺骨牌理论。美国前总统艾森豪威尔于 1954 年 4 月提出了多米诺骨牌理论，它是第二次世界大战后美国遏制理论的延伸。以下主要就这两大多米诺骨牌理论进行介绍和简要分析。

2.1.1 Heinrich 创建的多米诺骨牌理论

1931 年，Heinrich 通过研究美国工业事故，发现 88% 的事故是人为原因导致的，10% 的事故是由不安全行为引起的，只有 2% 的事故是由上帝造成的。他指出风险发生具有类似倒塌的多米诺骨牌墙的特征，可将风险事故的发生分解为以下连续作用的五个环节：系统和社会环境→人的过失→不安全行为→意外事故→危险或损失，由此创建了多米诺骨牌理论。系统和社会环境能在一定程度上影响个人的性格、工作态度和工作方式。人的过失是指由于管理、教育、设计等方面的错误以及人体缺陷所造成的错误动作。不安全行为则是人的过失的直接表现，也是事故发生的直接原因，最终导致危险或损失。以上五个环节按先后顺序连续作用是造成事故的整个过程，缺一不可。按照该理论，上述五个环节去掉其中任意一环，事故就会像抽掉了中间一块骨牌一样，最终不会导致多米诺骨牌墙倒塌，达到预防风险发生的目的。该理论强调风险因素、风险事件和风险结果之所以相继倾倒的主要原因是人的错误行为，因此应高度重视人为因素的管理，如加强安全规章制度建设，培养员工的安全意识等，以避免容易导致事故发生的不安全因素。

2.1.2　艾森豪威尔提出的多米诺骨牌理论

1954年4月7日，美国前总统艾森豪威尔在白宫召开记者招待会时提出了多米诺骨牌理论。他说："当你立起一排骨牌，只要是碰倒了第一块，那么最后一块也会很快倒下，从而让影响深远的分崩离析开了头。"多米诺骨牌理论，是指在一个相互影响的网络结构中，一个小事件可能引发一系列的连锁反应。这有点类似蝴蝶效应，但比蝴蝶效应更注重过程的变化方向和传导机制。

剖析多米诺骨牌效应，可用"一倒全倒"四字概括，主要有四个因素在发挥作用。一是始发事件。第一块骨牌倒下，产生了"第一推动力"，从而引发连锁反应。二是不稳定因素。骨牌体积小、重量轻，抗推性弱，才会一击即倒。假设这集聚成串的骨牌中有一块能稳若泰山，岿然不动，则可保护自己及之后的骨牌不会倒下。三是距离问题。众多骨牌之间若距离太近，连成了一个整体，就形成足够的凝聚力和抗推压能力，难以一推就倒；若距离太远，相互之间拥有空间，聚集度低，一块骨牌倒下对其他骨牌没有影响。因此，只要一个环节中的两块骨牌脱扣，距离较远，则之后的环节都会与之前的环节失去联系。四是结构因素。所有骨牌必须环环相扣，排成链条形状，才能产生"一倒全倒"的效果。若是骨牌相互之间灵活组队，排成方形、三角形等形状，则也很难出现"全倒"之状。可见，多米诺骨牌必须是一个环环相扣的网络系统，其中任意一个子系统发生作用力，都会影响与之关联的其他子系统，从而"牵一发而动全身"，产生"一倒全倒"的效果。

2.1.3 两大多米诺骨牌理论分析

在供应链网络系统中，经济社会环境或内部经济主体的某一突发事件作为风险诱因引爆风险源，通过相互关联的风险载体进行风险传导和放大，产生风险突变，带来危机和损失。若将风险发生的这一网络系统放置于整个社会网络中，在该网络系统及与之相联系的其他系统所形成的大系统中，风险在系统之间的传导就如同多米诺骨牌一样，将蔓延至该系统的所有领域。例如，2008年"三鹿奶粉事件"的曝光，使投资者、供应商、经销商等供应链各节点企业都遭受了巨大的经济损失，也使乳制品行业乃至食品产业深陷泥淖。

供应链系统中单个企业如同多米诺骨牌一样形成特定的站位和关系链，任何事件都可能产生不同程度的多米诺骨牌效应。多米诺骨牌效应在供应链系统中是一个中性词，在信息传递与共享、广告宣传、业务整合等方面，供应链上利益相关者之间都希望形成良性的强多米诺骨牌效应，即达成"一荣俱荣"的利益关系。但现实中，供应链上利益相关者之间更多的是发生恶性多米诺骨牌效应，如在资金链、货物链、信誉链等方面，往往产生了"一损俱损"的效果。因此，各节点企业必须关注多米诺骨牌效应产生的必要条件、影响因素和作用机理，采取科学的手段识别、分析和应对，趋利避害，使之更好地为供应链各节点企业服务。

2.2 能量释放理论

1961年，吉布森（Gibson）提出了能量释放理论。他认为事故是一种不正常的或不希望的能量释放，各种形式的能量是构成伤害的直接原因。因此，可以通过控制能量或控制作为能量达及人体媒介的能量载体来预防伤害事故的发生。哈登（Haddon）在吉布森研究的基础上，进一步完善了能量释放理论。他指出人员或财产的损失是能量突发性和破坏性释放导致的后果，即风险是某系统积累与承受的能量超出其承受最大限度导致的，因此应从机械或物的方面进行管理。

哈登提出了风险释放定性模型。该模型指出风险结果承受体、能量源和环境（包含自然环境和社会环境）都是影响风险事故发生的主要因素。随后，哈登将风险事故的发生分为发生前、发生中和发生后三个阶段，并结合风险释放定性模型，提出了 Haddon 矩阵，列举出风险结果与能量源的对应关系，用以进行风险分析与风险对策的制定。当风险结果承受体、能量源和环境三大影响因素处于平衡状态时，系统将处于安全状态，风险事故不会发生，而一旦某一因素发生突变，平衡状态就会失衡，风险事故随之发生。

从控制能量释放角度，哈登在运用 Haddon 矩阵的基础上，提出了风险事故预防与控制的十大对策：防止能量的积累；减少已聚集的可能引发事故的能量；防止能量的释放；减慢能量释放的速度；从时间或空间上阻隔已释放的能量与易损对象接触；利用物质屏障阻隔已释放的能量与易损对象接触；改变能量接触面的表层以及深层结构；提高易损对象抵抗所释放能量的能力；降低事故的损失；增强事故后的恢复或复原措施。

能量释放理论提出后，最早主要用于交通事故分析。由于能量释放理论简化了风险因素，构建了风险因素→风险事件→风险结果的关系链，对无法结构化、量化建模的风险因素依据损益程度进行了重要性排序，在多风险因素综合作用下能较好地对系统状态的改变结果进行分析，因此能量释放理论现已广泛应用于社会科学领域的风险分析、风险管理以及公共管理领域的灾害预防与公共安全政策的制定等方面。

在供应链风险管控实施的过程中，供应链内外部系统和环境的变化都会产生风险能量，随之风险能量会在供应链内外部系统中进行转移、吸收、集聚和消散，当供应链系统集聚的风险能量超出自身的承受能力时，供应链系统的能量就会释放出来，最终改变系统现有状态，表现为中断或发生突变。因此，能量释放理论可应用于供应链系统风险建模和风险管控分析。

2.3 复杂网络理论

自20世纪80年代以来，以互联网为代表的计算机和信息工程技术的迅猛发展使人类社会大步迈入网络时代。从互联网到万维网、从电力网到交通网、从生物体中的大脑神经网到新陈代谢网、从科研合作网到各种政治、经济、社会关系网等，自然界和现实社会中存在着大量的复杂关系，而这些复杂关系又可以通过各种网络形式（即复杂网络）加以描述。复杂网络通常由节点及连接节点的边组成。其中，节点代表的是网络系统中的个体，连接节点的边代表的是点与点之间的作用关系。通常情况下，如果两个节点之间存在诸如产品流动、资金流动、信息与技术流动等特定关系，则可连成一条边；反之，则不相连。有边相连的两个节点往往被看成是相邻的，或称其为邻居。研究复杂网络的学者主要来自统计物理学、图论、计算机网络学、生态学、社会学以及经济学等领域，所涉及的网络主要有生命科学领域中的各种网络，如计算机网络、社会网络、流行性疾病传播网络、科学家合作网络、语言学网络等。其中，社会网络是通过各种社会关系联系起来的群体，包括所有正式和非正式的关系。社会网络提供了一个看待社会结构的崭新视角，强调个体的行为既是自主的，也是"嵌入"互动网络之中的，其行为决策会受到周围社会关系网利益交叉的影响，也会通过自身行为的改变使某些网络边线断裂或新生，从而改变整体网络的结构。复杂网络已成为描述和理解现实复杂系统的一种重要方法。

起初，研究者倾向于用某种规则的拓扑结构模拟真实网络，随后，Erdes 和 Renyi 于20世纪中期构建了随机网络模型，而后随机网络模型成为研究者研究真实网络的主要应用工具。20世纪90年代，复杂网络理论逐步发展成熟，大量规则网络模型和随机网络模型被设计和创新出来，主要应用于统计物理学、生物科学、社会学、工程科学、生态学等诸多领域。伴随计算机储存和数据处理技术的发展，更复杂的、大规模的真实网络数据得以测度和处理，规则网络和随机网络的界限被现实数据的分析所突破，全新的复杂网络研究热潮正在兴起。此时，国际上有两项开创性研究成果掀起了复杂网络研究的热潮。一项是小世界网络模型的开创性研究，用以描述从完全规则网络到完全随机网络转变的复杂结构特性，既具有类似于随机网络的较小平均路径长度，又具有类似于规则网络的聚类特性。另一项是无标度网络模型的开创性研究，主要是通过对演员合作网、万维网和电力网等复杂系统的度进行统计分析，发现其度分布不像随机网络和小世界网络那样服从 Poisson 分布，而是具有幂律分布特性，即具有无标度特性。这两项开创性的研究成果揭示了现实世界形形色色的复杂网络具有普遍的、非平凡的结构特性，彻底颠覆了人们对现实网络的传统认识。许多研究者对复杂网络的各种特性进行了大量研究，国内学者也非常关注复杂网络的发展态势，主要应用的研究方法有图论、统计物理学方法和社会网络分析方法等。

计算机数据采集的可得性、集成性和高效性，使研究者能够获取到大量、真实的网络数据。计算机计算能力的提升使研究者能分析处理各种大规模网络数据，并可探寻不同真实网络的拓扑结构。复杂网络研究现已打破了多学科之间的界限，这为研究者通过合作研究揭示不同复杂网络的共同结构特性提供了十分有利的条件。这些有利条件对复杂网络研究起到了助推作用。通过总结复杂网络方面的相关成果，发现复杂网络的特性主要体现在四个方面：一是网络规模的庞大化。网络节点数目众多，规模化的网络行为具有统计特性。二是复杂的连接结构。连接结构的复杂性让网络具有内在的组织规律，可呈现多重特性，既非完全规则又非完全随机。三是节点的复杂性。从动力学的角度来分析，各节点自身就是各种非线性系统的组成部分，会产生分岔和混沌等非线性动力学的行为，并代表不同类型复杂网络中的单个主体，或代表相互联系的单个网络。四是复杂的网络时空演化过程。复杂网络在时间与空间方面具有复杂的演化特性，节点与节点之间存在丰富多样的、不同类型的同步化运动，如各种周期、非周期、混沌或非混沌的行为。除此之外，复杂网络还具有小世界特性、无标度特性和超家族特性等。通过将大样本复杂网络模型的统计特征进行汇总，发现统计特征的相关研究主要集中在度分布、介数分布、集聚系数、度相关性、特征路径长度、社团结构、模块性和等级性等方面，同时还发现真实网络拓扑结构的一些共同特征，如小世界特性、无标度特性、高聚类特性、节点度相关性、社团结构以及模块性和等级性等。研究复杂网络的核心目标是揭示复杂网络结构演化的动力学机制，即对复杂网络进行建模，并在此基础上揭示不同真实网络所具备的某些共同特征的内在作用机理。

复杂网络理论应用于供应链管理领域，可以有效梳理供应链网络的稳定性和各节点的脆弱性，增强供应链应急管理能力。作为围绕核心企业的网链结构，供应链同时连接供应商、分销商、制造商和客户，众多节点企业形成了错综复杂的社会网络关系，因其节点位置不同，会发生前向关联、后向关联、环向关联、网状关联，同时产业间由于投入产出的供需关系也表现出各种产品和服务关联、技术关联、价格关联、投融资关联，从而形成了一条完整的供应链网络。随着信息技术的快速发展和大数据信息时代的到来，单一的链条式供应链将逐步扩展为交叠式网络结构，物流、信息、资金在供应链复杂网络系统中流动，风险随之传导。供应链系统愈加表现出显著的复杂网络特性：一是组织结构的网络性。供应链网络结构中，一个供应商可以为多家制造商提供原料，而一个制造商也可向多家供应商购买原料，与此同时供应商也会向多家分销商销售这个制造商生产出来的产品。制造商、分销商、供应商并不是简单的链条式结构，而是一对多的关系，形成多级别、多企业的交互网状结构，这为复杂网络理论在供应链管理领域的应用研究提供了基础支撑条件。二是供应链的系统性。在合作、竞争、动态的市场环境下，供应链上各节点企业之间同属利益共同体，既有独立的决策权，又有利益的交互博弈关系，构成了一个快速响应环境变化的动态供需系统。

2.4 突变理论

1972年，雷内·托姆（Rene Thom）在总结和继承前人研究的基础上，出版了个人专著《稳定性结构与形态发生学》，试图用拓扑学、奇点理论和结构稳定性的数学理论来研究自然界和社会现象中的各种形态、结构的非连续性突变，并系统地阐述了突变理论，这标志着突变理论的正式诞生。

　　系统从状态的某一种形式突然跳跃到根本不同的另一种形式的不连续变化，包含着突然变化的瞬间过程，称为突变。突变理论以不连续现象为研究对象，用拓扑学、奇点理论和结构稳定性等数学工具，研究某种系统过程从一种稳定状态到另一种稳定状态的跃迁。突变理论用一组参数描述系统所处的状态，当系统处于稳定状态时，表明该系统状态的某个函数取一定的值（如能量取极小值或取极大值）。当参数在某个范围内变化，该函数值有不止一个极值时，系统必然处于不稳定状态；当参数再略作变化时，不稳定状态的系统会进入到另一个稳定状态，就在这一刹那状态发生了突变。参数空间的一个点可以对应系统多重定态解，有渐进稳定的，也有不稳定的。只有多重定态解存在，系统才有可能在渐进稳定的定态解之间跃迁，出现突变，而多重定态解的存在来自非线性，所以突变只有在具有非线性的复杂系统中才会发生。突变理论既可用于研究系统动态稳定性问题，又可用于研究系统结构稳定性问题。由于系统稳定是系统动态稳定和结构稳定共同作用的结果，因此可以通过改变系统结构使系统从突变向稳定转变。

　　突变理论可用于分析自然界和社会领域内的不连续变化的突变现象，对系统未来的突变进行预测，从而达到有效控制突变发生的目的。作为风险评估理论、模型与方法论的基础，突变理论现已广泛应用于工程应用领域和社会科学领域，可以有效地解释具有突发性质的系统影响。"突变"一词强调事件变化过程的非预期性。在经济社会环境中，存在大量突变和跃迁现象，如制度变革、经济危机、市场变化等，突变的特点是过程连续而结果不连续，给社会主体带来的影响是不确定的，蕴含着巨大的风险。这种不确定、不连续的结果有两种表现形式：一是稳定态，在内外因扰动下不改变原有发展态势；二是非稳定态，只要受到微扰就会迅速改变原有状态。两者是相对动态的变化过程，非线性系统将以突变的形式从某一稳定态（平衡态）转变为非稳定态，再形成另一层面的稳定态。

　　物体在突变前和突变后所处的状态有明显界限，发生质的跳跃，表现出显著的分岔现象。突变理论的数学基础主要有奇点理论、平衡曲面和分歧点集、拓扑学等。考虑到三维空间和一维时间四大时空因子，可将突变类型分为折叠型、尖顶型、燕尾型、蝴蝶型、双曲脐点型、椭圆脐点型和抛物脐点型七种。突变模型的特点主要表现为：一是突跳的特性。某些发生巨大改变的物质状态变量是由于某个微小变化的控制参量引起的，使系统从一个局部临界值突跳到另一个局部临界值。二是滞后的特性。任何一种突变现象都是不能严格重复可逆的，因此无法精确预测其变化趋势。三是发散的特性。如果突变模型是连续平滑的变化，那么控制参量的微小变化只会引发物质状态变量的微小调整。如果突变模型在内外因扰动下呈现不稳定的发散态势，那么控制参量的微扰会使状态变量突发巨变。四是多径的特性。控制参量变化的迹线或路径不固定，有多种可能，可以是光滑迹线，也可以是突跳的迹线。五是多模态的特性。系统在同一个控制参数的作用下，出现两个或多个可能的不同状态，即系统的态势对于控制参数的某些范围可能有多个极小值。然而，对于尖顶型突变，则只有双模态。六是不可达的特性。系统在某些物质状态变量上不可能实现真正意义上的稳定平衡，这就意味着系统有不稳定的平衡位置，这些位置是不可达的，稍纵即逝。

突变理论建立在集合、拓扑、群论与流形等现代数学基础之上，内含随机理论与现代系统论的基质，其着重研究连续作用导致的系统不连续突变的现象，直接处理不连续突变而不涉及特殊的内在机制，特别适用于那些内部结构尚未清楚的系统。供应链上下游竞合关系中存在诸多突发事件，如外部政策环境变化、经济危机、节点企业资金链断裂、供需失衡等。这些突发事件的发生通常是突然的、跳跃的和不连续的，很难对其进行精准预测，但其影响可能是致命的，稍不谨慎就会导致供应链利益结构的突变。因此，在对供应链风险进行管控时，必须充分考虑突发事件发生的特点、机理及影响，将其加入到风险分析指标之中，及时防控突发的风险。

2.5　供应链风险管控理论

现代风险管控理论经历了一个漫长的发展演进历程，继法约尔的安全生产思想、马歇尔的风险分担管理理论之后，风险应对策略由风险规避到投保转移决策，再到风险管理与控制，风险管控理论渐渐融入了主流经济学以及现代管理学的分析框架之中。

风险事件可能导致供应链运行效率降低、成本增加，甚至是链条式结构的破裂和失效。供应链风险管控是为了遏制多米诺骨牌效应、降低供应链的脆弱性，通过各节点企业之间的协同机制，从系统层面制定有效的控制策略，对供应链的运营、突发风险进行响应管理，并将风险管控过程和方法覆盖供应链的全流程、全方位和全体成员。与传统风险管控理论强调事件发生的可能性和严重性、侧重于风险预防和风险弱化不同，复杂网络视角下的供应链风险管控注重系统观和风险协同，其风险管控过程主要包括：

（1）风险识别。供应链风险识别须立足于供应链全局视角，不能局限于某一企业、某一环节或内部小系统。目前，具体的风险识别方法包括德尔菲法、流程图法、分解分析法、事故树法、环境扫描法、情景分析法等。在具体运用时，应注意各种风险识别方法的有机结合，保持各节点企业之间的协作联动，并关注外部经济社会环境的变化，特别是突发事件发生的概率及其可能带来的经济后果。

（2）风险度量。供应链风险属于集成风险，首先通过风险发生概率、发生时间和损失函数测量单个企业风险，再综合评价和测度供应链总体风险水平。由于供应链复杂网络的风险形态多种多样且相互交叉、渗透，会通过某些节点的关联作用产生风险叠加效应或放大效应，即"滚雪球效应"，因此企业必须采用多风险因子驱动的风险度量法，结合节点相关度、风险阈值等变量进行量化。

（3）风险传导。供应链风险传导机制包括传导机理、传导性指标和模型构建等。基于供应链复杂网络系统呈现"多环节、多主体、多阶段、多区域"的特点，其风险传导路径可分为链式传导路径、辐射式传导路径、集中式传导路径和交互式传导路径，任何环节出现的风险都可能波及上下游其他企业，使风险在网络结构中被传导和延展。风险传导机制的建立，可以明确供应链系统中某一节点（风险源）的风险传递形式和扩散到关联节点的路径，还原风险传递在供应链系统网络中的动态过程，建立快速反应和响应机制，提高供应链的弹性和抗风险能力。

（4）风险应对。风险度量之后，需要对其进行控制，制定有效的应对策略。供应链风险的应对策略主要包括风险分担和协作应急管理两个方面。在风险分担方面，供应链各节点企业之间的目标函数不一致，会引发供求的不确定性，从而中断风险。各节点企业之间的协作可以降低这种不确定性，通过合同约定，合理分担风险，以实现在不增加整体风险的基础上供应链整体利益最大化。供应链各节点企业普遍采用的供应链风险分担模式，主要包括收入共享、回购契约、折扣策略、柔性契约等模式。在协作应急管理方面，各节点企业通过应急互助的方式共同应对供应链突发事件风险，特别是在供应或运营中断风险发生时，各节点企业可以通过联合应急库存或合作互助来应对风险。

2.6　博弈论

博弈论主要是研究面对竞争的参与者如何考虑相互作用或彼此策略的一门数学理论和方法，借此研究参与者的预测行为、实际行为和优化策略。博弈论通过应用各种数学工具，精准刻画了存在相互作用或影响情形的参与者最大化自己收益策略的选择过程。博弈论始于1944年，它是以冯·诺伊曼（Von Neumann）和摩根斯顿（Oskar Morgenstern）合作的《博弈论与经济行为》一书的出版为标志。到20世纪50年代，合作博弈发展到鼎盛期，非合作博弈也开始产生。作为研究策略性决策行为的社会科学的分支，博弈论现已广泛应用于经济学、管理学、政治学、生态学、行为组织学、军事战略学等领域，成为现代科学的重要理论基石和研究方法。

2.6.1　博弈的构成要件

一般而言，一个标准的博弈主要包括参与者、行为、信息、策略、次序、收益、结果、均衡八大构成要件。其中，参与者、策略和收益是必备要件。

参与者（Player），又称博弈方（或局中人），是指博弈过程中能独立决策、独立承担后果，以自身利益最大化为行动选择标准的决策主体。

行为（Action），是指参与者的所有可供选择的策略或行动的集合。根据该集合是否具备有限性，可将博弈分为有限博弈和无限博弈。

信息（Information），是指参与者在博弈过程中所掌握的与策略选择相关的情报信息，既包含本方信息，也包含他方特征和行动的信息。

策略（Strategies），是指参与者如何根据其他参与者的行为而做出的可供选择的全部行为（或策略）的集合，对参与者在什么时候该怎样选择行动进行了规范。在不同的博弈中，可供博弈方选择的策略集合通常是不同的，有时是有限的策略集合，有时是无限的策略集合。

次序（Order），是指参与者做出策略选择的先后顺序。

收益（Earnings），是指参与者在特定的策略组合下获得的确定性回报或期望效用，是参与者策略或行为的函数，是博弈的核心关注点。收益有可能是正值，也可能是负值，是进行博弈模型分析的标准和基础。

结果（Result），是指博弈参与者所有可能的要素的集合。

均衡（Equilibrium），是指所有参与者的最优策略（或行动）的组合。

2.6.2　博弈的分类

按照不同的分类基准，可将博弈分为以下类型：

（1）按照参与者做出策略选择的先后顺序、博弈持续的时间和重复次数，博弈类型可分为静态博弈和动态博弈两类。静态博弈，是指参与者要么同时选择，要么即使不同时选择后行动者也并不知晓先行动者的具体行动（或策略），如囚徒困境是在同时决策的情况下发生的，属于典型的静态博弈。动态博弈，是指参与者的行动（或策略）选择有先有后，且后行动者能够观察到先行动者的行为，如棋牌类游戏有先后次序，属于动态博弈。

（2）按照参与者对其他参与者掌握信息的完备程度，博弈类型可分为完全信息博弈和非完全信息博弈两类。完全信息博弈，是指参与者对其他参与者的特征、策略空间以及收益函数等相关信息了解得完全准确。非完全信息博弈，是指参与者对其他参与者的特征、策略空间以及收益函数等相关信息了解得不完全准确。

（3）按照参与者与其他参与者是否存在具有约束力的协议，博弈类型可分为合作博弈和非合作博弈两类。合作博弈，是指参与双方（或多方）的收益均有所增加，或至少某一参与者的收益有所增加，而其他参与者的收益不会减少。非合作博弈，是指参与者不可能达成具有约束力协议的博弈类型，主要研究参与者在收益相互影响的情况下如何进行策略选择以使自己的收益最大化。

目前，大部分研究所谈及的博弈一般是指非合作博弈，认为策略决策具有自主性，与策略环境中的其他方无关。纳什均衡是非合作博弈中最为核心的博弈形态，反映了策略组合达成一个稳定的均衡状态，任何参与者单独改变策略都不能获得更多收益。非合作博弈强调参与者行为的冲突性，事实上个体行为决策不仅包含冲突元素，还包含合作元素，竞合关系是经济社会关系的常态。合作博弈对"合作"的研究分为三大部分：一是博弈的参与者能达成具有约束力的合约或承诺，则采用合作博弈分析方法，求解夏普利值。二是博弈的参与者无法达成有效的合约或承诺，或达成合约的成本过高，则采用实现合作结果的非合作博弈方法，如讨价还价博弈、谈判博弈等。三是无限次重复博弈，博弈的参与者长期重复博弈，最终达成合作博弈解的非合作方法。

供应链上下游各节点企业之间的交易伙伴关系属于一种典型的合作博弈。以供应链核心企业为中心，通过签订合同、业务外包、战略联盟等方式，各节点企业之间达成一种信息和利益共享、风险或成本分摊的协议关系，在产品质量改进、技术协同创新、库存成本管理优化、利润共享等方面达成合作，实现多赢。然而，这种合作博弈并非总是稳定均衡的，在无限次重复博弈过程中，可能出现核心企业压制从属企业、企业间竞争大于合作、相互采取机会主义的博弈策略等现象。因此，基于有限理性人假设，在采取合作策略情形下供应商群体的利益分配模式是一个动态演化的过程。

2.7 本章小结

　　本章主要从多米诺骨牌理论、能量释放理论、复杂网络理论、突变理论、供应链风险管控理论及博弈论等方面对本书的理论基础进行介绍。多米诺骨牌理论、能量释放理论、复杂网络理论是分析供应链中断风险传导机理的理论基础。突变理论、供应链风险管控理论及博弈论是分析供应链中断风险规避、缓解与转移的理论基础。

3 供应链中断风险研究概述

3.1 供应链复杂网络研究

供应商、制造商、分销商、零售商及各环节的服务商之间交互繁杂的竞合关系构成了供应链网络结构。由于网络规模不断扩大，供求关系的不确定性随之增加，网络的复杂性也持续增强。作为供应链管控研究的重点领域，供应链网络结构研究是近年来理论界和实务界广泛关注的课题。它的相关研究主要集中在供应链网络结构的复杂性研究、供应链复杂网络的结构特性研究、供应链复杂网络的风险管理研究和供应链复杂网络的模型设计研究四个方面。

3.1.1 供应链网络结构的复杂性研究

Helbing 等（2006）认为供应链网络是一个复杂的适应系统，其拓扑结构能减弱供应链管控过程中的牛鞭效应，增强网络的稳定性和抗风险性[1]。王长峰（2016）指出在知识经济时代下供应链网络结构已通过演变形成了更为复杂的网络形态，并提出了采用演化博弈理论的思想和方法，将供应链网络视为一个正在"学习"的和逐步演化的复杂网络系统[2]。Surana 等（2005）应用非线性动力学、信息论和统计物理学，分析了供应链网络的演化性和自组织性，并探讨了节点之间的复杂关系[3]。邱若臻、王奕智和黄小原（2016）构建了随机概率下鲁棒供应链复杂网络模型[4]。霍宝锋、王倩雯和赵先德（2017）从供应链的内部复杂性、上游复杂性和下游复杂性三个维度探讨了组织的内部学习和外部学习，并探究了两种组织学习对企业运营竞争力的影响，发现上游复杂性对组织的内部学习和外部学习均有负面影响，下游复杂性对组织的内部学习有负面影响，而内部复杂性对组织的内部学习和外部学习均无显著影响[5]。Bode 和 Wagner（2015）设计了多维复杂性概念模型，实证结果表明水平、垂直和空间三维的复杂性导致中断频率呈现增加趋势[6]。王凤彬（2004）从各节点企业及其相互关系的角度对供应链结构进行了科学定义，并分析了供应链竞争优势是如何从各节点企业之间的关系重塑中产生的，及其是如何影响供应链总体绩效水平的[7]。王晓文、田新和李凯（2009）通过文献回顾和梳理，归纳出资产专用性、风险强度、竞争强度和供应链流程是影响供应链治理结构的四个关键因素，并对其进行了设计和识别[8]。张涛等（2003）以复杂自适应系统范式作为分析方法，系统性诠释了供应链的整体运作模式，研究表明该范式能够更好地分析与描述供应链这一复杂系统的发生、创新、学习和适应等行为的本质[9]。

3.1.2 供应链复杂网络的结构特性研究

供应链网络的结构特性主要体现在小世界特性和无标度特性两个方面。

在小世界特性方面，自 Watts 和 Strogatz（1998）提出小世界网络以来[10]，范旭、马军海和修妍（2006）[11]、陈晓和张纪会（2008）[12]均认为供应链网络具有显著的小世界特性。王振锋、王旭和徐广印（2011）以小世界特性为立足点，探析了服务供应链[13]。赵炎和王琦（2013）也以小世界特性为基础，研究并实证分析了联盟网络对企业创新的影响[14]。刘纯霞等（2015）验证了供应链中断风险传导路径的小世界特性[15]。张古鹏（2015）指出，低度、中度和高度开放的创新网络在创新集群创立和解体的动态演化过程中，其表现出的小世界特性对创新绩效的效应有着较大的差异，创新绩效同创新网络小世界特性之间往往呈倒U形关系，但该关系只在特定开放程度下的创新网络演化到特定阶段才会显现[16]。关于小世界特性的研究主要是从静态角度进行分析，而汤小莉等（2018）从动态的视角对小世界网络与嵌入在网络的个体创造力之间的关系进行了探讨，理论上拓展了对小世界特性的动态性作用的认识[17]。张兵和王文平（2011）针对非正式知识网络上的知识流动小世界现象，研究了知识流动小世界现象的发生机理[18]。王国红、周建林和唐丽艳（2014）通过研究发现，具有小世界特性的创新孵化网络能有效提升知识的转移效率和配置效率[19]。

在无标度特性方面，Sun和Wu（2005）实证检验了一个具有48万条边、39万多个节点的供应链网络的无标度特性[20]。Huang等（2007）论证了供应链网络的动态演化统计特征，证明其存在具有无标度特性[21]。Kühnert等（2006）认为城市物资供应系统服从无尺度分布，围绕少数核心节点形成拓扑结构[22]。Laumanns和Lefeber（2006）从动态视角将供应链网络视为物料流动性网络，每一节点作为一个变换器，物流通过各节点发生变化[23]。郭进利（2006）分析了供应链网络节点瞬时性的货物稳定性分布，发现其符合双向幂律性[24]。柳虹、周根贵和傅培华（2013）构建了分层加权供应链网络模型，论证其无标度特性[25]。唐亮、何杰和靖可（2016）分析了供应链复杂网络内外层之间的关系及网络特性，论证了其在遭遇干扰事件时供应链复杂网络结构的鲁棒性[26]。张轶和钱晓东（2014）基于BA无标度模型构造了一个虚拟的供应链网络并对其进行仿真，发现该虚拟供应链网络具有无标度特性，并就此提出了改进供应链系统以及提高其稳定性和运作效率的建议和途径[27]。王筱莉、赵来军和谢婉林（2015）在无标度网络中研究了遗忘率随时间变化的谣言传播模型，发现谣言在无标度网络中的传播速度比在均匀网络中更快、最终传播规模更小的特点[28]。谢逢洁等（2017）通过仿真实验分析囚徒困境在无标度网络上的动态演化，进而考察了个体的博弈参与水平对无标度网络上合作行为演化的影响，通过研究发现，个体的博弈参与水平表现出对无标度网络合作行为的正向影响作用，无标度网络上的群体合作水平随着个体博弈的交互作用的加强、邻居数量的增多而提高[29]。张瑜等（2013）通过研究发现，现实中存在的产学研合作网络具有无标度特性，且相比其他网络拓扑结构，无标度网络较为适合产学研合作网络[30]。宋楠等（2015）通过 BA 无标度网络模型刻画社会结构，基于 NetLogo 软件建立异质性多主体模型，考虑随机和择优两种策略，模拟恐怖信息在网络中的传播和政府的干预措施，以研究恐怖信息传播的影响因素和政府的最优应对策略[31]。

3.1.3　供应链复杂网络的风险管理研究

Moeinzadeh 和 Hajfathaliha（2010）基于网络分析过程和模糊理论，对供应链风险进行分类和识别，并提出了重大合作风险的评估方法[32]。Zeng、Berger 和 Gerstenfeld（2005）从灾难性风险和偶发性风险视角构建了风险与供应商数量之间的决策模型[33]。鄢章华、刘蕾和白世贞（2015）通过利用柯布-道格拉斯函数，并基于投入与产出的视角发现供应链网络规模的增加将降低供应链个体和供应链网络整体的利润水平，但这一不利方面却能通过供应链个体转化能力的差异化得到缓解[34]。刘纯霞（2016）从分析供应链中断风险的特性入手，利用供应链网络自身的复杂性和传导过程的复杂性，研究了供应链中断风险传导的复杂性[35]。张广胜和刘伟（2016）基于供应链网络系统的复杂性和关联性，对供应链复杂网络的脆弱性和风险性进行了研究[36]。杨康和张仲义（2013）认为风险在供应链网络中的传播呈现辐射状，仅靠某个企业的努力很难对风险的扩散过程进行抑制，需要供应链中所有企业共同协作来解决。从供应链系统的角度来说，在供应链网络形成的阶段就需要围绕风险控制的需求对供应链网络结构进行优化[37]。李民和黎建强（2012）使用模拟方法研究如何平衡供应链的抗风险能力和供应链成本，并应用案例模拟验证了方法的有效性[38]。李彬等（2012）分析了供应链网络与复杂网络之间的相关特性，揭示了供应链网络脆弱性的产生机理，并基于复杂网络的视角研究了供应链网络脆弱性的预防策略[39]。刘浩然等（2018）针对无标度网络的级联失效问题，提出了一种可抵御任意单个节点失效引发的级联失效的缓解策略[40]。

3.1.4　供应链复杂网络的模型设计研究

Wang等（2005）基于离散-连续联合建模的供应链混合Petri模型，分析了网络化制造系统的风险问题[41]。张桂涛等（2015）通过运用变分不等式理论，论证了供应链系统运作的复杂性的特点，并由此建立了多期的闭环供应链复杂网络结构均衡模型，以此来提高企业及政府决策的正确性和有效性[42]。房艳君和吴梦娜（2016）分析了供应链网络的效率，得到了使供应链复杂网络达到合作均衡状态的参数的取值范围[43]。马卫民等（2015）采用情景描述法，针对供应端的不确定性（节点中断的可能性），结合p-鲁棒模型的优点提出了一个新型混合整数规划模型[44]。孙红英和田宇（2017）在Poisson模型的基础上，研究需求阵发效应下供应链网络复杂结构的稳定性，并提出了引入相关变量修正与改进Poisson模型，从而为电商在解决物流配送压力方面提供了更好的决策方案[45]。张松涛、张春杨和侯嫣婷（2015）发现模糊控制器对抑制供应链复杂网络系统的不确定性参数和提前期的干扰有显著作用[46]。程发新、袁猛和徐静（2017）提出了闭环供应链复杂网络在多情形下的均衡模型[47]。周岩等（2015）在供应链网络结构均衡模型的基础上，引入政府机制，针对均衡理论和二层规划理论的使用建立了供应链网络结构的Stackelberg-Nash均衡模型，提出了实现节能减排和可持续发展目标的有效方法[48]。宋娟娟、刘伟和高志军（2016）认为供应链网络复杂结构对物流服务集成商具有重要影响[49]。王志亮等（2016）通过对供应链复杂网络结构模型进行参数性质分析、简捷迭代求解、公式求解等方法的运用，发现只要各节点企业基于最佳的网络结构运作周期运作，就能确保网络运作成本最低[50]。马汉武等（2012）运用活性系统模型思想，对自适应供应链的递归结构进行了设计与研究，研究结果表明，递归结构更有利于自适应供应链的构建与应用，自适应供应链的结构设计研究对供应链信息技术开发与应用、先进供应链的实施与管理具有非常重要的指导意义[51]。薛瀚、王永明和赵帅

（2016）针对存在多类随机需求及允许订单拆分的多级串行供应链系统，对包括生产策略和配给策略的控制策略进行研究，构建了基于（R，T）库存策略的控制策略优化模型。通过研究发现，与遗传算法相比，集成求解方法能有效优化串行供应链系统的控制策略、降低平均总成本，从而验证了该方法的有效性[52]。

综上所述，国内外学者主要从模拟和仿真角度研究供应链中各节点企业之间的复杂关系，对供应链网络结构的小世界特性和无标度特性进行了探究，为研究供应链风险传导的复杂性奠定了良好的理论基础。关于供应链风险传导的复杂性的研究，唯一的不足是它的起步较晚，虽然以往的研究已经证明了供应链存在风险传导的特性，但是对于供应链中断风险的传导过程的复杂性这一特性仍然有待研究，并且也需要对不同网络结构下的供应链中断风险的传导过程的复杂性展开进一步定性分析和定量分析。

3.2 关系强度理论及其应用

Granovetter（1973）对于关系强度理论有着非常独到的见解，他指出研究社会现象可从节点间的关系强度着手，可从互动频率、情感强度、亲密程度和互惠行动四个维度进行界定；互动频率高、感情较深、关系亲密、互利互惠多的节点间的连接为强连接；反之，则为弱连接[53]。Minguela-Rata、Rodríguez-Benavides 和 López-Sánchez（2012）认为弱连接是发生频率少、亲密度低的社会连接[54]。Granovetter（1983）从不同的视角对关系强度理论进行了深入的探讨，将之前的个体视角拓宽到更加完整的网络结构视角，并指出强连接的作用主要体现在巩固节点间的连接紧密度上，而弱连接的作用主要是作为桥梁的关联关系，这种从网络拓扑角度定义强弱关系的方式，为后续从社会网络视角分析关系强度理论奠定了基础[55]。诸多学者从概念、形成原因和作用等方面对关系强度理论进行了大量研究，而在研究结果中分歧最大的是弱连接和强连接的作用。

3.2.1　弱连接理论

部分学者认为弱连接具有不可取代的优势。比如，弱连接能够作为信息传递的有效通道，让信息得以传播到更广的范围，加快信息传播速度，充当信息传递的桥和本地桥，可获取冗余度低的新信息，从而增加新价值。弱连接较多的企业，可以通过建立多级弱关系，及时获取信息，取得竞争优势。Burt（1992）明确表示，弱连接能够大大降低组织的成本，让组织在付出较少成本的情况下建立数量繁多的弱连接关系[56]。当企业面临经济转型时，可以利用弱连接构建部分非正式的社会关系，以减少交易费用，降低运营风险（Katherine 和 Pearce，1996）[57]。Centola 和 Macy（2007）通过简易传染病模型验证了弱连接的存在，并指出弱连接使信息传播得更快、更广[58]。虽然 Liu 等（2015）没有直接指出弱连接的优势，但是指出了抽样偏差、社会关系和家族企业成功交接是强连接关系应用的弱点[59]。Xu 等（2011）指出弱连接对囚徒困境的博弈双方维持持续合作起到了重要的作用[60]。Small（2013）发现，人们在日常的人际交往中更倾向于运用某些弱连接关系来解决问题，这种弱连接关系让每个人的人际网络紧密相连[61]。Pagani 等（2015）对于如何让弱连接关系得到合理利用提出了行之有效的方法，他们建议人们建立一种通信协议，这种通信协议有两大亮点：一是可以降低运行网络的成本；二是能够更好地保护用户的隐私，避免用户的隐私受到侵犯[62]。为了研究企业之间存在的弱连接关系，曹杨毅、刘士军和王立强（2014）基于不同产品子图之间的相似度分析，发现两个企业的产品与客户的相似度越高，这两个企业在未来使用竞争策略的相似度就越高[63]。宋华和卢强（2017）通过研究发现，中小企业在供应链网络中的强连接和弱连接对于提高其能力和融资绩效具有重要作用，但弱连接更有利于供应链融资的实现[64]。李彬、季建华和王文利（2012）揭示了供应链中的"弱连接"供应关系，提出了三种"弱连接"供应链结构，分析了"弱连接"供应关系在供应链中的重要作用，并对供应链"弱连接"关系管理方法进行了阐述[65]。

3.2.2　强连接理论

部分学者认为强连接更具有优势。Lin（1982）对中国社会关系进行了研究，发现强连接是个人与外界发生联系的基础与出发点，能实现高效分工协作，巩固群体内部的紧密关系，形成共享的特有区域空间、价值观、信仰以及习俗观念，增进集体利益意识[66]。Gulati（1995）指出对隐性知识共享而言，强连接能更好地促进个体之间的紧密联系和相互信任，提升知识共享效率和效果，因此强连接比弱连接更具有优势[67]。Friedkin（1980）指出强连接更能实现价值认同[68]。Larson（1992）[69]和 Rost（2011）[70]均指出相对于弱连接，强连接更能促进企业创新。Ding 等（2011）指出强连接更有利于敏感信息的传递[71]。Shi 等（2006）在去除弱连接的基础上探讨了网络的强连接特性和小世界特性[72]。Melamed 和 Simpson（2016）首次应用关系强度理论分析动态网络之间的合作，并指出强连接关系能有效带动动态网络的合作，实现网络合作价值的提升[73]。陈萍和彭文成（2014）利用进化博弈理论及方法分别建立了强连接关系企业网络和弱连接关系企业网络中知识共享的对称博弈模型，通过研究发现，强连接关系企业网络比弱连接关系企业网络更加有利于企业间知识的共享[74]。冯娇和姚忠（2015）通过研究发现，强连接关系更能提高用户接收信息的质量，缓解电子商务环境下信息过量的问题，也更能刺激用户的购买意愿[75]。

3.2.3　强弱协同理论

诸多学者认为弱连接和强连接各有利弊。Luo、Hsu 和 Liu（2008）指出企业能利用强连接关系和弱连接关系获取金融资源，并能更合理地利用政府的激励政策[76]。Chung（2012）认为利用强连接关系和弱连接关系能较好地保护本企业免受投资环境威胁，获取更多的新机会[77]。Boso 等（2013）通过调查发现，企业间的合作以及企业各自的业绩提升都离不开网络的连接关系[78]。林海芬和苏敬勤（2014）指出在知识传导方面弱连接与强连接各有所长，应优势互补，如显性知识主要通过弱连接实现由外向内的简单转移，而隐性知识则通过强连接实现内部团队的创新[79]。曾德明、何文鹏和文金艳（2015）研究了网络强度与企业创新的关系，指出强连接有利于促进企业创新、更有利于企业持续创新，而弱连接有利于企业获取大量异质性创新资源[80]。姚小涛、张田和席酉民（2008）将企业成长问题与资源依赖理论、社会关系理论相联系，在理论界已有的"弱关系的力量"和"强关系的力量"假设基础上，指出强弱关系均是企业成长可以依赖的重要社会关系类型，并通过实证统计分析验证了强弱关系的重要性主要受限于企业的结构约束因素和组织因素[81]。谢卫红等（2015）构建了网络关系强度、时间节奏、环境动态性和企业技术创新四者之间的理论模型，以珠三角地区企业为研究对象进行了实证检验。研究发现，强弱关系对渐进式创新和突破式创新均有显著正向影响[82]。苏晓华、李倩倩和王平（2013）通过研究发现，关系强度对高新技术企业绩效有着正向影响：强关系对财务绩效的促进作用大于弱关系，弱关系对创新绩效的促进作用大于强关系；强关系能增强创业导向对高新技术企业财务绩效的促进作用[83]。吴晓云和王建平（2017）通过研究发现，强关系更有利于利用式创新，弱关系更有利于探索式创新，因此在强关系网络中应采取以利用式创新为主，探索式创新为辅的模式；反之，则相反[84]。在中国经济转型进程中，不同企业探寻工作中关系强度的应用模式受到了制度变迁的影响，但弱连接关系和强连接关系的应用均呈现增长趋势，起到了不可替代的作用（Tian 和 Lin，2016）[85]。Kotabe 等（2011）指出弱连接与强连接的结合运用可加强跨国公司的合作伙伴关系，并能提升其新产品的市场表现[86]。Husztia 等（2013）指出弱连接与强连接需要结合应用，才能发挥最佳效用[87]。可见，弱连接和强连接各有利弊，需协同利用，可将其定义为强弱协同理论。

通过对上述文献的研究可发现，关系强度理论已广泛应用于多学科、多方向。本书将强弱协同理论应用于供应链网络，分析其网络特性，并对供应链中断风险进行强弱协同管理。

3.3　信息技术与信息共享价值研究

在互联时代，物联网、RFID技术、云计算和大数据等信息技术不断涌现，已对企业管理运作理念、组织业务流程、市场营销决策以及消费者行为模式等方面产生了巨大的影响。Kim 和 Glock（2014）指出利用 RFID 技术提前知晓或预测回收信息来提高回收率和减少回收的不确定性[88]。Kumar 等（2015）提出了混沌互动人工蜂群算法，证明 RFID 技术在逆向物流中的价值[89]。何军（2014）指出在大数据下丰富的数据和知识使决策参与者的决策能力得到了明显提升[89]。倪宁和金韶（2014）通过研究发现，大数据驱动下的精准广告能真正实现"以消费者为中心"[91]。陈星海和何人可（2016）构建了大数据分析下的网络消费体验设计理论模型，结论表明大数据分析对产品与服务的整体用户体验优化具有重要的推动作用[92]。刘艳秋等（2016）建立了三级物流服务供应链的订单分配优化模型，结果表明基于大数据预测的销量和配送时间能更贴近客户实际需求[93]。叶春森、梁昌勇和梁雯（2014）指出云计算-大数据信息技术应用模式对信息技术产品与服务价值创新、企业价值活动和产业整合模式有重要影响[94]。Walker 和 Strathie（2015）指出全球铁路运营商和政府可运用大数据方法解决战略风险问题[95]。Liu 等（2015）指出大数据具有遥感数据所不具备的某些优势，如提取社会感知数据进行空间相关分析[96]。王念新、仲伟俊和梅姝娥（2010）基于核心能力理论，发现了信息技术应用能力是企业核心竞争力之一，在动态或稳定的环境中，有效的信息技术资源正向作用于信息技术应用能力和企业核心能力，最终实现企业绩效的增长[97]。曾敏刚等（2017）通过对珠三角部分制造商的研究，认为供应链信息技术的应用对制造商整合、上下游不同企业主体之间的信任关系、供应链整合水平及信任水平起到了正向的影响作用[98]。周驷华和万国华（2017）实证检验了电子商务能力、信息整合与供应链绩效的相关性[99]。

在信息共享价值方面，部分学者认为信息共享能增加供应链整体利润，降低库存成本。但斌、周茂森和张旭梅（2016）通过实证分析发现，信息共享能够协调制造商之间的竞争，且在竞争强度超过某阈值时，信息共享才能增加供应链的系统预期利润[100]。Ha 等（2011）在考虑商品的替代性及零售商与制造商共享需求信息的基础上，探讨了信息共享能否增加竞争性供应链的整体收益的问题[101]。郑继明和王志娟

（2011）以三级供应链为前提，通过定量计算的方式量化分析了信息共享价值，并且利用数值仿真方法来分析各个受影响的参数，得出了信息共享能够使供应商减少库存并降低费用的结论[102]。Yan 和 Pei（2011）就信息不对称和信息共享情况下的供应商和零售商的定价策略进行了对比研究，发现信息共享能有效提高整条供应链收益[103]。Yue 和 Liu（2006）研究了双渠道下信息不对称对制造商在 MTO（按订单生产）模式和 MTS（按库存生产）模式下的定价和绩效的影响，研究显示直销渠道对零售商的绩效产生了负面的影响，然而信息共享却能提升制造商和零售商的收益[104]。而另一部分学者则认为信息共享并不能增加供应链系统的整体利润。张菊亮和章祥荪（2012）以二级供应链为前提，假设在一个由单一供应商和单一零售商组成的供应链系统中，各节点企业之间仅可以共享部分信息，通过构建三阶段主从对策模型，证明了各节点企业之间不共享信息是唯一的均衡，这表明信息共享并不能增加供应链系统的整体利润[105]。肖静华等（2014）通过研究发现，信息共享价值的实现与信息的准确性和及时性正相关，但并非信息系统建设投资得越多越好，相匹配的信息系统才能显著提升信息共享的效率，并降低库存成本[106]。肖群和马士华（2016）比对了信息不对称和信息共享两种环境下，MTO 模式和 MTS 模式在产品定价、废旧品回收和零售商利润等方面的区别[107]。郝国英、孔造杰和韩海彬（2007）认为在制造商-零售商二级供应链模式下，信息共享能使制造商降低库存量，而对零售商却无显著影响[108]。卢继周等（2017）从牛鞭效应的角度出发，认为在供应链模式下信息共享能够让制造商对上游企业的需求预测更加准确，从而降低制造商的库存波动[109]。陈云等（2004）通过建模分析，发现供应链中的创新条件和合作关系对供应链利润贡献的程度影响企业是否进一步信息共享。当供应链中的各节点企业之间进行信息共享时，既要考虑本企业的信息资源安全，不能过度共享信息以避免竞争企业获取商业信息，也要考虑信息共享的合作，以强化能够提升本企业的实力和竞争力的合作因素[110]。

在供应链信息共享机制构建的研究方面，鲁其辉和朱道立（2008）分析了交付时间不确定的季节性供应链管理问题，发现信息共享和协调策略相互作用能提高供应链的整体绩效[111]。周雄伟和马费成（2010）

基于需求不确定的环境，构建了二级供应链系统（制造商–零售商）的信息共享博弈均衡模型[112]。许杰峰和雷星晖（2014）基于建筑信息模型，构建了建筑供应链信息交互平台[113]。

信息技术的发展极大地推动了信息共享服务的实现，现有研究主要梳理了信息技术发展的历程及应用领域，并揭示了信息共享的价值实现和服务运作模式，更是对供应链信息共享的作用机理、影响因素、运作模式进行了深入研究。随着网络和生产技术的快速发展而诞生的电商供应链模式，已成为供应链节点企业的重要销售模式。基于交易主体关系，最常用的电商模式有B2B、B2C和C2C三种模式，随着传统企业纷纷进入电子商务领域，B2C模式成为最受关注的研究领域。但电商供应链模式作为一种新型商业模式，学者们对其研究甚少。在电商供应链能否通过信息技术投入实现信息共享价值以及其创造价值效率等方面，均存在争论。因此，本书对供应链信息共享价值的创造及分配进行研究，探讨供应链中断风险下节点企业信息共享价值实现条件，并提出了相应的对策和建议。

3.4 供应链中断风险识别与评估研究

供应链中断包括供应、运输、设施、沟通和需求等方面的中断，可分为重大中断风险和轻度中断风险。现有的供应链中断风险的研究成果大部分是从概念和实证视角出发，关注中断风险的类型、发生机理、决策模型及应急策略等。

3.4.1 供应链中断风险的定义及特点

近年来，供应链中断风险成为供应链领域中的研究热点，有关中断风险的定义、分类、来源、特征、影响因素等内容均出现了诸多富有建设性的论断。Tang（2006）将供应链风险分为常规风险和中断风险，中断风险是严重突发事件引发的供应链正常业务运作的中断[114]。Jeng（2004）认为中断风险属于供应链应用层面的突发风险[115]。Cavinato（2004）对供应链中断风险的来源进行了探讨[116]。郭茜、蒲云和李延来

（2011）认为供应链中断源于供应链内外部的风险因素，其表现为突然事件使得企业的供货量、客户需求量、产品质量或成本与本来预定的供应链管理目标显著偏离[117]。李彬、季建华和孟翠翠（2011）认为供应链的外部环境因素（如自然灾害、突发事件、政策变迁、流行病毒、政治及社会舆论等）和内部环境因素（如零库存管理方式等）均会增加供应链中断风险[118]。王勇和陈俊芳（2008）基于供应链供求环境的不确定性，认为供应链风险可分为供应风险、需求风险和协调风险，而每种风险类型又有中断和延迟两个维度[119]。Neely、Adams 和 Kennerley（2002）认为中断风险源于各种不确定性因素，是供应链风险的固有特征，供应链企业间的共生性放大了这种风险[120]。

马浩博、季建华和何冰（2009）分析了突发事件的特点，从供应链采购、运输、储备三个阶段构建了供应链应急管理模型[121]。李彬、季建华和孟翠翠（2011）认为供应链中断风险具有累积性，牛鞭效应在放大扭曲信息的同时会不断累积中断风险因素，待达到临界点后引发供应链中断[118]。赵钢、杨英宝和包旭（2015）基于动力学模型，探析了供应链网络中断风险的扩散机理和特征演变[122]。Sodhi 和 Chopra（2004）认为不同类型的供应链中断风险会相互影响，在风险管理时需权衡风险重要性和投入产出比[123]。Wilson（2007）运用系统动力学探讨了运输中断风险的作用机理，发现运输中断对上游供应商的影响最大[124]。周艳菊、邱莞华和王宗润（2006）认为企业库存数额与供应链中断风险具有正相关性，而通过改变供应链的运作模式可能会降低企业的损失[125]。但 Kull 和 Closs（2008）表示风险提高的一个导火索就是增加层级供应链中的库存[126]。Boisvert 等（2012）应用 GTAP 方法预测了食品供应大规模中断所带来的经济后果[127]。

市场需求的不确定性风险主要是由各种不确定性因素造成的，如供需变动、弹性、信息不对称、客户的临时订单等。Zissis 等（2015）主要探讨了当市场需求信息分布不对称时，为了实现期望利润的最大化，供应商应当如何设置数量折扣[128]。Malinovskii（2015）对信息不足的盈利性保险公司的业务策划进行了研究，通过分析盈利性保险公司的多年控制策略，指出企业应每年遵守法定偿付能力的要求，以保持投资吸引力[129]。Jabbarzadeh 等（2016）提出了一个混合的鲁棒随机优化模型及一种拉格朗日松弛求解方法，对供需中断及设施中断的供应链进行了研究，指出通过设防投资方式可以减轻其发生的风险与影响的程度[130]。杨宽和王尔媚（2016）研究了时变需求在易逝品供应链中的最优解耦点决策和生产库存管理，以偏差惩罚成本最小作为目标函数建立了动态控制系统[131]。Qiu 和 Wang（2016）在需求不确定性和供应中断的情况下，开发了一个强大的优化模型，用于设计由供应商、配送中心和零售商组成的三级供应链网络，并验证了该模型的有效性[132]。刘学鹏、齐二石和刘亮（2017）分析了供应商的中断风险因素，主要结合客户订单考虑交货时间的要求、客户服务水平的重视程度以及生产商对成本节约等因素，对贯穿整条供应链决策的集成进行了优化建模，实现了定制化生产模式下对供应商的选择[133]。Yang 等（2017）调查了定价策略、补货政策与货架空间分配在单品食品供应链环境下的共同决策，目的是最大化零售商的预期利润总额及随机零售需求，指出易腐食品供应链设计的最优性[134]。

3.4.2 供应链中断风险来源

供应链契约风险是供应链中断的一个重要来源，主要是指在因故无法履行交割事宜时，而可能发生损失的风险。张义刚和唐小我（2012）研究了资金收益对回购契约因素影响的易逝品供应链的协调过程，发现在批发价相同的条件下，不考虑资金收益时的订货量小于考虑资金收益时的订货量[135]。刘蕾、靳群和唐小我（2012）构建了回购合同交货延迟的供应链订货模型，并且探讨了交付延迟对零售商订单数量及供应商利润的影响，分析了未交付延迟大于交付延迟协调时的回购价格[136]。Wang 和 Mei（2013）建立了信息不对称下的供应链合同风险管理模型，讨论了制造商与分销商之间的博弈行为，分析了如何避免由信息不对称带来的风险[137]。Luo 和 Tian（2015）通过利用条件风险价值的加权平均方法，研究了零售商和制造商的订购策略和定价策略，以及风险规避对供应链绩效的影响[138]。吴忠和、陈宏和赵千（2013）基于在信息不对称的条件下，运用回购契约对二级闭环供应链进行协调，研究了突发事件对闭环供应链协调运作带来的影响，并提出了应急决策的方法，达成了供应链的完美协调[139]。Ohmura和Matsuo（2017）将重点放在没有退货契约的情况下，放宽对零售商订单规模的限制，指出根据模型参数值存在三种均衡结果[140]。Zhu等（2017）对风险厌恶下的不确定性供应链利润分享契约进行建模，结果表明分权的预期收益可以分享合同的集中决策水平，三级供应链系统可以最终达到协调[141]。He等（2017）提出了一个风险分散合同，在这个合同下分析了风险是如何从供应商转移到制造商的，并研究了制造商与供应商分担容量不足与产能过剩的损失[142]。

外部环境造成的风险包括外部突发事件风险和一些其他风险来源（如政治、经济、法律等）。Rechkoski和Georgioska（2012）认为财务损失可能是由于火灾、机器破裂、地震等危害而导致的，指出公司要想实现收益的合理管理，需要通过保险来保护自己的利益[143]。Li和Wang（2015）探讨了营业中断保险对应急采购策略的采购成本，指出商业智能保险是一种有效的供应中断措施，应该用于发挥管理供应中断风险的作用[144]。Yang等（2016）提出了一种概率方法来估计工业部门的业务中断损失，得到的函数和估计的参数都可以作为评估业务中断损失概率分布的基准[145]。Azad等（2016）提出了一种优化改进方法，并将其应用于铁路网络中的服务段与列车服务的随机中断的恢复中[146]。Rose和Huyck（2016）研究了一个改进营业中断保险需求风险损失评估的框架，改进的数据可以用于公司内部的各个设施层面，分析了设施与单个恢复能力的有效性匹配，并举例说明其在飓风中造成的损失[147]。Kauppi等（2016）研究了企业中断风险，采用风险管理与外部供应链整合实践相关的方式，指出采用风险管理措施并整合外部资源的企业可以取得最佳运营效果[148]。Graveline和Grémont（2017）基于一个概念框架，通过强调脆弱性与适应性方面复原力的特点，给出了一个科学合理的运营指标，分析了个体企业对因自然灾害造成的生命线服务中断时的经济适应能力[149]。Josephson等（2017）评估了小企业对飓风灾害准备的情况，通过对灾前业主、业务和地点特征进行分析，指出准备活动随企业的情况（如规模、先前的灾害经历、财产所有权等）和所有者的特征（如性别和受教育程度等）而变化[150]。Cao等（2018）通过一个多目标混合整数非线性规划模型，探讨了有益于可持续发展的福利救济策略[151]。

3.4.3 供应链中断风险识别与评估

供应链中断风险识别，是供应链中断风险管控的第一步。Neiger 等（2009）基于进程供应链的观点，通过研究得到了识别供应链风险的有效方法，即建立以价值为导向的进程工程[152]。Ellis 等（2010）构建了产品与市场因素模型，发现供应链中断风险节点是必须予以识别的关键风险点[153]。杨青等（2015）借助免疫学理论和计算机实验技术，在构建风险识别模型的基础上，运用平行计算的科学方法验证了风险识别模型的正确性和可行性[154]。樊星、邵举平和孙延安（2016）构建了一套农产品供应链的风险识别框架模型，用以识别供应链内外部及衔接阶段的风险因素[155]。Sun 等（2017）构建了风险识别框架，对石油进口的系统性风险进行识别，并以中国石油供应链为例，验证了该方法的广泛适用性和有效性[156]。Kamalahmadi 和 Parast（2017）开发了一个两阶段混合整数规划（两级 MIP）模型，从可靠性、依赖程度、风险和成本等方面进行中断风险识别[157]。

在供应链中断风险评估研究中，Harland 等（2003）建议构建供应链中断风险预警、评估与应对的全过程管理框架[158]。Kleindoffer 和 Saad（2005）基于美国化学行业事故数据，构建了系统的供应链中断风险评估与应对机制[159]。Wu 等（2006）则运用因子分析法构建了层次式供应链风险分类与评估模型[160]。Schoenherra 等（2008）基于行为风险理论和层次分析法，提取了供应链中断的 17 种风险因素，并设计了评估模型[161]。李雪莲、殷耀宁和尹佳（2015）分析了二级供应链中的最优采购策略，指出在主要供应商中断供货概率较高的情况下，最优决策是将后备供应商作为唯一的采购源，而在主要供货商中断供货概率较低的情况下，采取双源采购策略将是最优决策[162]。Wu 和 Olson（2008）构建了三级供应链风险评估模型，分析了其概率分布[163]。Kleindorfer 等（2012）设计了突发性灾难风险评估体系，将"潜在安全利益损失"纳入潜在行业损失范畴[164]。舒彤、葛佳丽和陈收（2014）将机器学习算法运用到供应链风险评估中，构建了基于支持向量机的供应链风险评估模型[165]。肖美丹、李从东和张瑜耿（2007）建立了基于未确知模糊理论的供应链风险评估模型，计算风险发生的概率、损失和后果[166]。

张晴和胡丹丹（2018）设计了基于多代理的供应中断风险监测和评估流程[167]。李卫江等（2016）以日本东南海地震为背景，以日本丰田汽车及其关联企业为例，基于工厂个体数据及其部件供应的拓扑和空间网络，模拟灾害风险在产业网络中扩散转移的过程，建立了直接损失与间接功能损失的评估模型，为产业空间网络风险评估提供了新的思路和方法[168]。陈报章和仲崇庆（2010）提出了单一灾种和复合灾种的灾害风险损失度相对等级的划分方案和划分方法，对区域自然灾害风险损失等级评估方法和评估体系进行了初步探讨[169]。赵洪举等（2015）简化了 Simos 过程和 PROMETHEE II 方法，构建了突发事件快速评估模型，并进行了实证检验，发现在对评估速度的要求大于对评估精度的要求的突发事件的控制阶段，该模型能快速综合多位应急决策者的意见，快速获取权重，简化评估过程，提高突发事件的综合评估效率[170]。

从对相关文献的整理中可知，供应链在增加企业利润的同时，不可避免地给企业带来了风险。供应链中断风险和供应链整体风险增加的一个主要原因是供应链自身的网络复杂性。因此，供应链中断风险的识别与评估是供应链风险管控中的重要环节，通过风险识别与评估，可将供应链中断风险的影响降到最低。综观已有的相关研究成果，针对供应链中断风险的识别与评估建立了具体的概念模型与数学模型，并且具有一定的现实意义，但其广泛性还未得到证实。从以上文献的研究成果中可以发现，供应链风险识别与评估方面的研究成果较多，但现有的文献较少能从动态和演化的视角对供应链风险进行系统分析。由于供应链网络系统的不确定性和复杂性，大大增加了供应链网络风险识别与评估的复杂程度，因此现有的文献研究一般均假设风险因素相互独立，这与现实环境是相悖的。另外，由于缺乏有效的供应链风险度量分析工具，因此难以对供应链风险进行全面评价。在定性分析方面，现有的文献研究往往是建立宏观框架，对微观研究还远远不够；在定量分析方面，现有的文献研究较注重方法的应用，大多数研究脱离了供应链的具体背景，缺乏针对性，且没有考虑供应链的结构类型、中断风险传导路径和中断风险传导时期。因此我们需要结合供应链的结构特点，探寻中断风险传导的影响因素，从传导视角对风险评估模型进行深入研究，从而构建相应的中断风险传导识别模型和评估模型，帮助节点企业对本企业所处的中断风险传导状态进行分析和诊断，明确本企业中断风险传导等级。

3.5　供应链中断风险传导

供应链中断风险传导方面的研究成果，国外文献较少涉及，国内学者也主要对供应链整体风险的传导要素、路径与过程进行剖析，较少涉及供应链中断风险传导机制。

石友蓉（2006）指出风险源、风险载体、传播节点和风险接受者是主要的风险传导要素[171]。翟运开（2007）将风险传导的构成要素分为静态和动态两种，认为合作创新风险传导具有客观性、依附性、方向性、叠加性和复杂性五大特性，必须加强预防控制和过程控制[172]。叶厚元和尚永伟（2007）以企业的生命周期为分类要素，把处于不同生命周期的企业进行分类，进而研究它们的风险传导过程[173]。程国平和邱映贵（2009）指出，风险发出者、风险助推剂、风险传导载体和风险接受者是风险传导成功的四个基本构成要素。他们将供应链风险传导模式分为五类：链式正向传导模式、链式反向传导模式、网络中心辐射式传导模式、网络集中式传导模式、交互式传导模式，认为供应链风险传导的不同传递路径和传导特征有利于制定相应的风险防控措施[174]。Cheng和Kam（2008）通过建立一个供应链网络风险分析框架，指出了前置条件、风险事件、传播路径和产生影响四个因素是供应链网络风险传导的主要构成要素[175]。叶厚元和邓明然（2007）从风险传导的诸多要素中提炼出企业风险传导常见的五个重要介质，即管理部门政策的改变引发的风险传导；产业链条上的资金流动带来的风险传导；生产过程中技术淘汰或创新产生的风险传导；经营中市场价格涨跌造成的风险传导；跨国投资与贸易汇率波动形成的风险传导[176]。万国超和曹邦英（2018）基于中小企业集群治理的复杂性特征，将中小企业集群治理风险传导过程分为酝酿期、爆发期和缓解期三个阶段[177]。范建昌、倪得兵和唐小我（2014）通过研究发现，供应链需求风险和汇率风险可通过各节点企业之间的策略性行为进行传导[178]。辛玉红和孙延明（2017）运用复杂网络、REPAST（Recursive Porus Agent Simulation Toolkit）仿真方法综合分析风险传导下的供应链鲁棒性问题[179]。

刘纯霞、舒彤和汪寿阳（2015）指出，供应链中断风险传导的基础条件是供应链中断风险源，风险发生时，供应链领袖企业和核心企业应带领其他节点企业及时展开应急措施，并需要引入大量弱连接扩大风险传导的密度、范围和速度[180]。同时他们还认为对供应链中断风险传导路径的研究应该从时间变化角度、空间变化角度和过程角度三个方面开展。赵奕奕等（2015）从舆论传播的角度，采用有界信任规则，通过引入突发事件的不确定性环境噪声因子，构建了用于分析群体抢购行为的噪声异质有界信任模型，分析了信任水平不同的子群体比例变化和突发事件所引发的不确定性大小对群体观点演化的影响[181]。戴伟等（2015）基于Agent模型构建了非常规突发事件的公共恐慌演化仿真模型，以探讨不同的政府信息发布策略对公共恐慌的影响，通过实证分析发现，当非常规突发事件引发公共恐慌时，政府应慎重发表言论，注重自身的公众形象，并在应急政策准备充分的情况下，尽快公布事件真相消除不实危机信息所带来的不良影响，从而有效避免和消除公共恐慌危机[182]。

从以上文献的研究成果中可以发现，现有文献主要是对风险而不是对中断风险进行研究。从传导因素、传导过程和传导路径等方面探讨中断风险的文献少之又少。关于供应链风险传导的复杂特性的研究，唯一的不足在于它的起步相对来说比较晚，虽然以往的研究已经证明了供应链存在风险传导的特性，但是对于供应链中断风险的传导过程的复杂性这一特点仍然有待研究，并且也需要通过定性分析和定量分析来进一步研究不同网络结构下供应链中断风险传导过程的复杂性。

3.6 供应链中断风险控制策略研究

3.6.1 供应链中断风险规避

供应链中断风险规避研究主要集中在库存持有策略和供应链弹性提升策略两个方面。

库存持有策略是规避供应链中断风险最常见的一种策略。Meyer、Rothkopf 和 Smith（1979）最早研究随机供应中断下，假设需求与生产能力确定的库存及生产策略[183]。Moinzadeh 和 Aggarwal（1997）进一步研究了固定费用的影响，并论证了固定费用对总成本和安全库存有显著的影响，同时，他们证明了确定合理安全库存水平的重要性[184]。Chen 等（2016）研究了生产中断和随机需求对生产零售系统的库存补货、生产和促销效果的优化问题[185]。另一类具有代表性的文献是考虑随机中断情况下的经济批量订货问题。Parlar 和 Berkin（1991）假设供应正常，供应中断的持续时间为独立随机变量，并服从指数分布，对模型中的成本及其他参数进行了敏感性分析[186]。Parlar、Wang 和 Gerchak（1995）研究了当供应中断具有马氏特性和补货启动费用时的库存管理策略[187]。若供应商只有供货数量的不确定并表现为随机供货能力，Khang 和 Fujiwara（2000）研究了企业每期期初根据常规供应商供货能力的实现、确定的客户需求和期初库存决定当期订货量的问题[188]。Li 和 Zheng（2006）认为制定恰当的库存策略是企业在多周期模型下常见的应对中断风险的手段[189]。Xia 等（2004）提出了一种非线性规划模型，用于管理生产和库存控制系统的中断[190]。Hishamuddin 等（2012）扩展了 Xia 等（2004）的模型，用于管理一个单级生产库存系统的生产中断，该系统既考虑了回购订单，又考虑了销售损失期权[191]。这种回购订单和损失销售概念也被应用于管理运输（Hishamuddin 等，2013）[192] 和供应（Hishamuddin 等，2014）[193] 两阶段的供应链，由单一供应商和单一零售商组成。这一概念被进一步扩展，开发出一种实时中断管理模型，用于在单阶段（Paul 等，

2013）[194]和两阶段（Paul等，2014）[195]生产库存系统中管理单个和多个生产中断。Chen等（2011）研究了一个可靠的联合库存定位问题，当工厂处于中断风险时，该问题能优化设施位置、客户分配和库存管理决策[196]。李振国和王琪凤（2014）在客户需求量是随机的假设下，单个销售商从多个供应商处订货，其中每个供货渠道都有中断的风险，并且当中断发生时，销售商只能从供货商那里得到部分原始订购量。从销售商的角度建立了利润最大化库存模型，证明了目标函数的凸性，指出最优订货量的充分必要条件[197]。马祖军和周愉峰（2015）考虑到设施中断风险和防御，以及集成库存控制决策的分销网络设计问题，基于非线性规划方法建立了一个有容量约束的选址-库存问题优化模型。他们通过研究发现，在分销网络设计阶段就考虑设施中断风险和防御，可以显著降低将来可能发生的应急成本[198]。

供应链弹性提升策略，是规避供应链中断风险的常见策略。为获得成本优势和市场份额，许多企业进行组织与生产创新，Sheffi和Rice（2005）指出可以通过构建弹性供应链来应对中断风险[199]。蔡政英和肖人彬（2014）分析了供应链弹性的概念，从时间、空间两个弹性维度分别讨论了其量化评估的方法，建立了可变结构的弹性制造模型，提出有针对性的自学习机制，并从企业文化、业务弹性和建立弹性管理信息系统等方面给出了解决方案[200]。Park等（2013）建议要想提高供应链的可移植性，就要使用"虚拟双供应链"方法[201]。刘家国等（2015）探索性地提出了降低供应链脆弱性的概念模型，并探讨了供应链脆弱性的削减机制，以规避中断风险传导[202]。Mari等（2016）提出了一个包含碳足迹、碳排放和弹性系数等在内的模糊多目标可持续弹性网络优化模型，以应对供应链中断风险，并通过算例探讨了该模型的适用性[203]。Kauppi等（2016）指出企业可采用组合风险管理和外部供应链集成方法来管理国家层面上的中断风险[148]。Han和Shin（2016）在考虑了供应链中断风险传导的前提下，开发了一种新型结构鲁棒性量化评估模型，通过统计方法和灵敏度分析，验证发现了该模型比传统模型能更好地解释供应链网络的鲁棒性，并有效规避供应链中断风险[204]。孔繁辉和李健（2018）基于供应链弹性分析的角度，构建了可变结构的弹性控制系统，并提出了有效提升供应链弹性的深度学习机制，可以较大程度地减轻企业中断风险损失[205]。

从以上文献的研究成果中可以发现，规避中断风险的库存策略主要研究的是安全库存数量的确定、库存选址问题、固定费用对库存决定的影响、联合库存决策以及多阶段库存决策等问题。针对不同的供应链类型，库存策略会受到不同因素的影响，特别是易逝品供应链，对时间和存储条件的要求特别高。而规避中断风险的供应链弹性提升策略研究主要是在供应链弹性概念界定、供应链弹性模型构建、供应链脆弱性削减机制构建、弹性控制系统设计和供应链可移植性等方面展开的。因此，供应链中各节点企业在使用库存策略和供应链弹性提升策略时需要考虑多种因素带来的相互作用及影响。

3.6.2　供应链中断风险转移

2009 年 8 月 20 日，中国平安保险对外宣布将赔付截至当日汶川地震的最大一笔赔款 7.2 亿元，赔款对象是由于地震导致巨额利润下滑的拉法基瑞安水泥有限公司。这一天价保险赔偿事件将人们的目光聚焦在一个似乎较为陌生的险种——营业中断保险（BI 保险）。从 Hendricks 和 Singhal（2003）的实证研究结果中可知，企业在出现物料供应中断后，短短两天的时间里其平均市值下降了 10.28%[206]。关于营业中断保险的研究主要集中在如免赔额、保费率等保险条款的规定上，可分为保险产品的模式研究、应用研究、技术研究等。另外，关于中断损失的定性研究比较多，而关于中断损失的量化研究目前比较欠缺。Tierney（1997）介绍了在 1994 年洛杉矶北岭大地震中营业中断保险发生的作用[207]。Rose 等（2007）研究了在洛杉矶电网系统的袭击事件中营业中断保险发挥的作用[208]。Durukal 和 Erdik（2008）讨论了在土耳其地震灾害中营业中断保险的作用[209]。Drew 和 Tysiac（2013）认为营业中断保险能够在很大程度上赔偿企业由于突发事件而造成营业中断带来的损失，并以"Joplin 龙卷风"为例进行验证[210]。Kaushalya 等（2014）通过分析斯里兰卡商业性灾难的实证研究的数据，指出购买保险是企业规避风险的重要战略之一，同时也是快速恢复业务的策略[211]。

　　上述学者们从具体的案例中分析营业中断保险的作用,他们分别从不同角度研究阐述了营业中断保险在不同的自然灾害如北岭地震、土耳其地震等中所发挥的巨大效用。关于营业中断保险的技术研究,在国内外都比较少见。Zajdenweber(1996)讨论了营业中断保险的极值问题[212]。Adams 和 Frank(2008)提出了一种预测营业中断保险的预期损失的计量模型,但并没有得到其他学者的认可[213]。Stecke 和 Kumar(2009)考虑通过购买保险应对供应链中断风险,他们的研究表明,由于保险费用较高,并且保险无法弥补企业市场份额的损失,通过保险转移风险的策略对于许多企业来讲并不合适[214]。Lin、Cai 和 Xu(2010)从供应链的角度探讨了营业中断和投保保险对供应链绩效的影响。他们的研究表明,在保险费较高、营业中断保险不能够弥补被保险企业市场份额下滑的情况下,通过投保保险进行风险转移,对规模较小、实力相对较弱的企业来讲并不合适[215]。Dong 和 Tomlin(2012)首次将营业中断保险作为生产设施突发中断风险防御策略,利用马尔科夫过程模拟多生产周期中的随机停产故障,采用购买营业中断保险、投资库存和紧急订货来缓解企业严重的收益损失,从生产企业角度建立了以投保费用、免赔额、最高赔偿限额、库存水平为决策变量的集中优化模型,分别探讨了营业中断保险与库存水平、紧急订货决策之间的影响规律,结果表明保险与运作措施之间并不总是存在直观认识的相互代替关系,在特定条件下两者之间存在互补关系。当停机故障严重影响企业资金运转时,营业中断保险的价值突显;当停机故障发生概率小而持续时间长时,营业中断保险的价值也突显;当停机故障发生概率更小而持续时间更长时,紧急采购策略更有效,而营业中断保险和库存策略的价值则下降了[216]。蔡鹏(2013)分析了营业中断保险对库存水平的影响,当有固定的停工期时,中断概率服从伯努利分布[217]。Tang(2006)[114]和 Snyder 等(2016)[218]研究了营业中断保险在中断管理上的应用。Li 和 Wang(2015)研究了营业中断保险对供应链中断的影响及其对紧急采购策略所引起的较高采购成本的补充价值[144]。Zhen 等(2016)研究了事前营业中断保险如何影响事后运输恢复,并将营业中断保险与事后的行动支援运输相比较,发现了营业中断保险战略和后备运输策略的选择依赖于运输市场、保险市场和配送中心的运作环境[219]。

国内学者也对营业中断保险进行了大量的研究，杨宝华（2011）将营业中断保险与业务持续管理结合起来，探索业务持续管理与保险产品创新的契合，讨论了营业中断保险、业务持续经营管理以及保险产品创新之间的内在联系，得出了企业可以通过持续管理增加营业中断风险管理意识与技能的结论，保险公司设计出更符合市场需求的创新产品将能够提升营业中断保险需求[220]。蔡鹏（2013）在企业供应链风险管理策略中引入了营业中断保险的概念，进而研究其如何影响企业库存水平和利润。在由一个制造商、单一供应商和多个零售商组成的简单供应链中，假设中断时间固定，中断概率服从伯努利分布，建立模型分析证明了营业中断保险对企业库存水平的影响。研究发现，企业购买营业中断保险后会影响库存决策和企业的利润，而且库存也不能完全代替保险[221]。赵锦晓（2013）在由一个制造商和一个供应商组成的二级供应链中，从全供应链的视角出发，基于有限时间的离散模型，分别建立了在两者分散购买和集中购买营业中断保险的情况下的利润模型，并且对利润模型进行分析和策略优化，提出了风险共担模式下的利润共享策略[222]。马中华和焦元珠（2016）在考虑了企业购买保险的成本、生产中断所导致的缺货成本、恢复生产所需的成本等约束条件的情况下，建立了企业购买保险决策模型，探寻最优保险赔偿期，通过研究发现，保险赔偿期的决策会随着企业对待风险态度的变化而变化[223]。陶存文和耿宇亭（2008）从承保方式、保险责任、保险金额和赔偿期限等方面对国外部分国家营业中断保险制度进行了比较研究，并重点分析了这些制度运行的成功经验，进而基于我国营业中断保险发展的现实情况及企业对于因营业中断导致的利润损失保障的客观需求，提出了促进我国营业中断保险发展的设想[224]。毛小玉（2003）对营业中断保险扩展责任进行了比较分析[225]。徐常梅和石甬（2011）指出营业中断保险在19世纪末基本形成了两大体系，即英国体系和美国体系，并对这两大体系进行了比较分析[226]。于辉和吴腾飞（2016）通过建立单周期的供应链中断模型，对比分析制造商是否投保营业中断保险的情形，研究营业中断保险的价值和影响。经研究发现，当有中断惩罚时，营业中断保险可以增加订货量以及供应链成员间的利润；若中断概率越大，则营业中断保险的价值越显著。营业中断保险还可改变供应链的契约结构，并促进供应链合作[227]。秦绪伟等（2016）以委托-代理理论为建模框架，研究了营业中断保险与 PBC 合同的集成设计模型，探讨了在是否购买保险的情况下，PBC 合同的最优设计和供应商的最优服务能力，分析了营业中断保险决策对 PBC 合同设计方案的影响规律，以及运营商购买营业中断保险的决策条件[228]。

从以上文献的研究成果中可以发现，突发事件的发生会给企业带来巨大的损失，不仅会破坏企业的机械设备，造成营业中断，而且还会给企业带来恢复期间的利润损失，营业中断保险是企业弥补突发事件造成的损失的有效手段。作为转移供应链中断风险的有力工具，我国营业中断保险的研究还远远落后于国际水平，现有关于营业中断保险购买决策方面的研究，急需探寻营业中断保险的价值、作用和影响机制，还需继续展开分类探究。

3.6.3　供应链中断风险缓解

供应链中断风险缓解研究主要包含紧急采购策略研究和供应商选择策略研究两个方面。

Tomlin 和 Wang（2005）[229] 提出，如果后备供应商能够满足需求，则应急或备用采购可以有效缓解供应链中断风险。Tomlin（2006）考虑了采用不同成本和可靠性的两个供应商的案例[230]。Yu 等（2009）对两阶段供应链中存在非平稳和价格敏感需求的单采购和双采购方法之间的选择影响进行评估[231]。Zhang 和 Lin（2009）建议在紧急采购中采用电子商务（B2B / B2C），以充分利用网络资源，缩短采购环节，开辟多渠道，保证材料质量[232]。Zhong 等（2009）分析了供应商在紧急采购投标过程中的演进稳定性策略。结果表明，在投标过程中，将会有一个主要供应商和部分供应商所形成的多供应商机制，主要供应商将不断变化。因此，政府应提供公平的环境和报价机制[233]。Xu 等（2011）考虑了一个与价格相关的需求和紧急购买选择的报童问题。通过随机比较，研究了需求不确定性对定价和订单数量决策的影响，以及在二阶随机支配下的新闻供应商的预期利润[234]。Li和Zhang（2015）研究了在供应中断和竞争中使用Stackelberg博弈的制造商的或有采购策略。研究了由两个竞争的制造商和两个供应商组成的二级供应链，两个供应商的批发价格是不同的，由此获得了两个制造商的最佳订单数量和预期利润，并表明供应中断和采购时间对制造商的采购决策有影响[235]。Ray和Jenamani（2016）提出了需求不确定下的两种采购模型：第一个模型是在破坏风险情况下风险中立决策者的总预期利润最大化；第二个模型是在服务水平约束下风险厌恶决策者的总预期利润最大化[236]。Huang等（2016）认为一个制造商面对的是一个不可靠的供应商，可以通过制造商或供应商发起的过程改进提高私有可靠性。研究发现，道德风险不一定会为高类型供应商带来更多利润，通过进一步比较供应商发起的过程改进与双源采购，发现了供应商的过程改进可以加速或延迟双源采购的执行[237]。

　　Zhang和Liu（2016）研究了团购的定价和排序的影响，并在考虑了零售商能否提供满足所有随机需求的紧急采购的情况下，对竞争市场中短期生命周期产品的定价和排序进行联合决策。结果表明，零售商往往更倾向于在单一渠道进行团购[238]。Zhang等（2016）通过传统采购和灵活采购相结合的方式，建立了政府与企业（供应商）之间的应急物资联合储备合作关系[239]。Wang等（2016）运用Stackelberg博弈模型和优化方法，分析和获取了物流服务集成商在期权订购、瞬时订购和基本物流服务提供者的物流能力投资政策方面的最优采购决策[240]。Kumar等（2017）研究了零售商如何在与其他零售商竞争更可靠的供应链的同时，利用定价决策以及在混乱风险下的采购策略。结果发现，一方面，零售商在享受采购成本优势和市场潜力的同时，更注重可靠的供应，价格调整更少；另一方面，当采购成本优势和市场潜力转移向竞争对手时，零售商则选择了价格更低但风险更大的产品，并大幅度调整产品的价格[241]。Feng等（2017）提出了一种动态模型研究零售商的紧急采购策略。最优的供给稳定性和最优的采购策略具有二次成本函数性质。紧急采购被证明是降低供应链中断风险的有效方法[242]。

　　王静和任杰（2008）在日常事务中经常面临紧急采购，以及随之而来的库存积压问题的情形下，通过是否设置风险库存的假设建立了两种对比模型。得出的结论是，设置风险库存控制方法可以降低成本，并达到抵御风险的目的[243]。徐焕东（2008）研究了在灾害发生后对某些物品与服务需求突然增加的情况下，如何有效、有序地采购这些物品与服务，并避免可能出现的滥权和腐败行为[244]。帅国让（2012）首先对应急物资调度的全过程进行了定性分析，接着对应急物资调度前期、后期两个阶段进行了定量研究，最后提出了运用期权合约机制进行物资采购[245]。常金奎（2015）将现有的主要物资储备方式如实物储备、生产力储备以及合同储备等，根据其本质特征概括为实物储备与紧急采购储备两大类，通过分析这两大类储备方式之间的替代、互补关系，发现了两者之间的替代性是不完全的[246]。电子商务环境下生鲜供应链系统需求中断频发，为提高其应对风险的能力，王远锦和于婷（2015）构建了一个由生鲜供应商和电子商务销售商组成的两级生鲜供应链系统，建立了集中系统和分散系统的需求中断模型，研究了供应链成员的决策行为，探讨了建立需求中断风险的协调控制机制[247]。

针对发生突发事件导致某供应节点失效的易腐品供应链应急问题，在突发事件发生造成供应节点失效的情况下，李艳等（2015）提出了应对供应节点失效的修复失效供应商、内部供应商柔性生产及启用备份供应商的应急策略[248]。高佳和王旭（2016）在同时面临随机产出和随机需求的供应链中，引入基于现实应用设计的具有声誉效用机制和信任机制的承诺契约，同时考虑到紧急采购，建立了多重不确定关系型供应链决策模型[249]。颜荣芳和陈玲（2016）研究了由两个制造商与两个零售商组成的二级供应链在供应中断下的订购和生产决策问题，给出了最优的订购和生产策略[250]。

提高供应商可靠性（Wang、Gilland 和 Tomlin，2010）[251]、企业间应急援助（于辉、邓亮和孙彩虹，2011）[252]、采用备用供应商（Yang 等，2009）[253]等方式也被证实都是应对中断风险的有效手段。Dada、Petruzzi 和 Schwarz（2007）构建了分销报童订单模式，研究供应商选择问题[254]。Babich、Burnetas 和 Ritchken（2007）研究了随机中断下定价、订购和供应商的选择决定[255]。Tomlin（2010）研究了供应商多样性和应急备用供应商两种供应策略。在中断时考虑多家供应商，它们是由两个供应商组成，一个是中断的，另一个是完全可靠的，但更昂贵，可靠的供应商可以在中断期间提高产能[256]。Wang、Gilland 和 Tomlin（2010）研究了一个公司可以从多个供应商处采购或努力提高供应商可靠性的模型。针对随机产能和随机产量两种类型的供应不确定性提出了一个过程改进模型，其中改进工作（如果成功的话）提高了供应商的可靠性，因为在改进之后，交付数量（对于任何给定的数量）的随机性更大[251]。Babich（2010）研究了如何在供应商面临中断风险时选择备用供应商[257]。Lin、Cai 和 Xu（2010）提出了供应商与零售商用保险合同共同分担库存积压和库存不足的风险，用供应型产品提高供应链的效率，证明了保险合同能够协调供应链，并在供应链模型中获得议价解决方案[215]。Hou 等（2010）研究了买方和备用供应商之间的回购合同，因为买方的主要供应商可能会遭受中断风险[258]。Meena 等（2011）假设订单是平均分配的，并提出了一个供应商选择模型，以最小化买家的预期成本[259]。显然，供应商的批发价格和可靠性是买家选择决策的关键因素（Dada、Petruzzi 和 Schwarz，2007[254]；Sawik，2011[260]）。Tang 和 Musa（2011）研究了两个相互竞争的买家的供应商多样化利益，认为买家不应该选择同一家供应商，因为交付数量的增加导致了买家利润的减少[261]。Zhu 和 Fu（2013）探讨了特定的服务水平约束下一个双源网络在订购策略与中断风险之间的权衡问题[262]。Li 等（2014）将中断分为常见故障和供应商特定事件，并探索双采购策略以缓解供应中断风险[263]。

Zhu 等（2016）研究了一个风险中性零售商对两个供应商的最优订单数量的决策[264]。对于后备供应商的选择问题，除了供应商的价格和可靠性，供应商的反应、容量和灵活性也非常重要（Xu 和 Nozick，2009[265]；Lu 等，2011[266]；Schmitt 和 Singh，2012[267]）。Gong 等（2014）研究公司有一个快速反应的供应商和一个定期供应商，都遭受了随机中断，并且面临价格敏感的随机需求。研究发现，当两个供应商都不可靠时，每个时期的最优库存策略是一个再订购策略，在此期间初始库存水平上的最优价格正在下降。此外，还发现供应商的多样化或更高的供应商可靠性增加了公司的最优利润，降低了最优的销售价格[268]。Meena 和 Sarmah（2016）提出了一种多目标混合可能的、两阶段的、基于场景的随机规划模型来处理全球供应链下的供应商选择和订单分配问题[269]。Hamdi 等（2016）研究了供应商在中断风险下选择和订单分配问题，开发了两个混合整数程序。首先是一个风险中立的决策者，他将预期的利润最大化，然后是一个风险厌恶的决策者，他将预期的操作损失最小化。结果表明，预期利润和业务损失是相同的，预期利润的增加也会加大预期损失，从而减少利润[270]。Li 等（2016）讨论了对供应商的选择问题，在中断风险和混合不确定性的情况下，提出了一种混合不确定系数的多目标优化模型，最大限度地实现了总利润的最大化，减少了项目交付时间的百分比和被拒绝项目的百分比，以及降低供应商功能不全所造成的损失成本。另外，成本、质量和服务也会影响对供应商的选择。当独特的事件发生时，对供应商的选择分配将被改变[271]。

何波和张霞（2015）研究了供应中断下供应商和制造商之间纵向竞争以及两个制造商之间横向竞争的问题[272]。汪传旭和许长延（2015）考虑由两个供应商和两个零售商组成的二级供应链系统，基于供应商供货发生中断的四种情形，分别对零售商实施相互转运策略、单向转运策略和不转运策略，以建立最优订货决策模型[273]。李雪莲、殷耀宁和尹佳（2015）建立了由一个零售商和两个供应商组成的二级供应链，对同时存在需求和供应中断的零售商的最优采购策略进行分析[162]。李新军（2015）研究了由于供应商发生突发事件而导致供应中断的情况下，制造商所采取的供应应急管理系统结构以及运作管理策略，着重提出了供应应急运作系统框架下的供应应急管理措施：选择合适的单源供应商、多源供应商以及后备供应商或者供应商组合[274]。张卓慧和郜庆路（2017）研究了在供应链中断危机下后备供应商的选择问题[275]。刘学鹏、齐二石和刘亮（2017）考虑供应商的中断风险因素，结合客户订单对交货时间的要求以及生产商对成本节约和客户服务水平的重视程度，通过建立贯穿整条供应链决策的集中优化模型，实现定制化生产模式下的供应商选择[276]。

从以上文献的研究成果中可以发现，紧急采购是应对中断风险的有效措施。王静和任杰（2008）研究发现紧急采购有时会产生库存积压的负面影响[243]。现有文献主要研究了几种不同的紧急采购类型，包括多渠道采购、多供应商采购，并且分析了采购价格、供应商的可靠性、决策者的风险态度以及电子商务的应用对采购决策的影响。

从以上文献的研究成果中还可以发现，零售商在中断风险时对供应商的选择问题受到了广大学者的关注。大部分研究集中在供应商的不同特性上，如供应商的价格设定、供应商的可靠性、供应商的反应速度等，这些特性影响了零售商对供应商的选择。也有少数文献研究了零售商与供应商的协调问题，它们一起承担库存积压和库存不足的风险，还进一步考虑了整个供应链的集中决策，以达到供应链整体利润的最大化，提高供应链的效率。

3.7　本章小结

本章收集并查阅了国内外有关供应链复杂性分析、关系强度理论及其应用、信息技术与信息共享价值、供应链中断风险的定义及特点、供应链中断风险识别与评估、供应链中断风险传导以及供应链中断风险控制策略等方面的文献，并重点检索了信息共享、供应链中断风险传导及供应链中断风险规避、转移、缓解等控制策略的相关文献，最后对现有文献进行了评述。

供应链复杂网络的相关研究主要集中在供应链网络结构的复杂性研究、供应链复杂网络的结构特性研究、供应链复杂网络的风险管理研究和供应链复杂网络的模型设计研究四个方面，其研究主要从模拟和仿真角度展开的，对供应链网络结构的小世界特性和无标度特性进行了探究，为研究供应链风险传导的复杂特性奠定了良好的理论研究基础，但不同网络结构下的供应链中断风险传导的复杂性及传导过程的复杂性均需进一步进行定性分析和定量分析。关系强度理论现已广泛应用于多学科、多方向研究和应用。将强弱协同理论应用于供应链网络，分析其网络特性，并对供应链中断风险进行强弱协同管理，具备可行性和适用性。供应链中断风险传导方面的研究成果，国外文献较少涉及，国内学者也主要对供应链整体风险的传导要素、路径与过程进行剖析，较少涉及供应链中断风险传导机制。供应链中断风险规避研究主要集中在库存持有策略和供应链弹性提升策略两个方面，但在使用库存策略和供应链弹性提升策略时需要进行多因素考虑。

互联网时代，物联网、RFID、云计算和大数据等信息技术不断涌现，对企业管理运作理念、组织业务流程、市场营销决策以及消费者行为模式等产生了巨大的影响。电商供应链在能否通过信息技术投入实现信息共享价值以及创造价值效率等方面存在争论，有待进一步展开研究。供应链中断风险转移研究主要是从营业中断保险展开的，营业中断保险是企业弥补中断损失的有效手段。作为转移供应链中断风险的有力工具，我国营业中断保险研究还远远落后于国际水平，关于营业中断保险购买决策方面的研究，急需探寻营业中断保险的价值、作用和影响机制。供应链中断风险缓解研究主要包括紧急采购策略研究和供应商选择策略研究两个方面。现有文献主要研究了多渠道采购和多供应商采购的紧急采购类型，分析了供应商的价格设定、供应商的可靠性、供应商的反应速度等供应商特性对零售商的影响机制。但还需要进一步对紧急采购的负面影响进行分析，需考虑到供应链整体的集中决策、实现供应链整体的利润最大化、提高供应链的效率。

4　供应链中断风险传导机理分析

供应链中断给供应链体系及全球商业带来了巨大损失。研究供应链网络的组织结构和运行特点，是应对供应链中断风险的主要研究方向之一。本章首先分析供应链网络的复杂性特点，并指出供应链各节点企业可利用无标度网络特性分析供应链网络结构。其次，对选用的分析方法进行说明，将无标度网络与关系强度理论进行融合，主要从单统计参量分析和综合分析两个方面详细分析、揭示供应链网络的结构特性，探析供应链中断风险传导机理和规律。其中，单统计参量分析主要是从度与平均度、顶点度与网络结构熵、度分布函数、特征路径长度和集聚系数五项指标分析供应链网络特性。综合分析主要是从供应链网络中断风险的传导总量和吸收量两个方面分析供应链网络特性。再次，应用 Matlab 软件进行数值模拟及仿真分析，主要是从单统计参量数值模拟及分析和综合数值模拟及分析两个方面展开的。最后，从关系管理视角剖析供应链网络特性和传导机理，对现存的弱连接、新引入的弱连接、现存的强连接和新引入的强连接进行分类管理，并在此基础上有针对性地提出了供应链强弱协同管理策略。本章的研究内容有助于节点企业从结构的视角认识中断风险传导机理，为节点企业中断风险控制提供了方向，如节点企业既可通过信息共享规避供应链中断风险，也可通过购买营业中断保险转移供应链中断风险，还可通过需求预测管理缓解供应链中断风险。

4.1 引言

市场环境瞬息万变，供应链网络运行动态复杂。2000年，飞利浦生产车间因火灾导致生产中断；爱立信公司因零部件供应中断直接损失4亿美元；2011年，泰国水灾导致硬盘供应中断，全球计算机制造供应链受到冲击；2011年，日本发生九级大地震，使索尼、东芝等日本大型电子企业的供应链中断，灾后重建费用高达12万亿日元。供应链中断是经济危机、地震、火灾、冰灾和海啸等突发事件的直接结果，某个节点企业发生的突发事件会波及整个供应链网络，带来巨大风险或损失，分析供应链中断风险传导过程并建立应对机制已成为一项重要的研究课题。分析供应链网络的组织结构、内在演化规律及复杂网络结构下各节点企业之间的合作行为，打造具有弹性和柔性的强势供应链，提高供应链网络中断风险的应变能力和稳定性，是政府、企业与学者们急需共同解决的关键问题。

对于供应链网络的组织结构、内在演化规律及复杂网络结构下各节点企业之间的合作行为，已有学者对其进行了研究。Choi等（2001）[277]、Helbing等（2006）[1]均认为供应链网络是一个复杂的自组织、自适应系统，通过各节点企业之间的协作演化博弈而形成，其复杂结构具有拟均衡、非线性变化等特性。Kühnert等（2006）发现城市物资供应链网络服从复杂网络的无标度分布，少数核心企业作为网络关键节点影响所在区域的物资调度与配送，直接关系到网络物资流的稳定性[22]。

Albert等（2000）指出，供应链网络具有小世界网络的特性和无标度网络的特性[278]。Dua等（2013）指出，供应链交通运输网络具有无标度网络的特性，并应用无标度网络的特性改善交通拥堵状态，以提升运输效率[279]。小世界网络的特性，是指网络具有较小的平均路径长度和较高的聚类系数；无标度网络的特性，是指网络的规模是可变的，且具有择优连接性的特性。

无标度网络能较好地分析复杂系统的开放性，这是小世界网络所不具备的。作为分析开放复杂系统的有力工具，无标度网络能帮助供应链各节点企业应对中断风险，并在供应链中断风险传导过程中保持或重新建立良好的合作关系。这些合作关系有强有弱，可分为弱连接和强连接。强连接能有效加强信息在组织内部的流动，而弱连接在组织之间推动信息的流动上更具优势（Friedkin，1980）[68]。高效的关系强度管理，能实现供应链各节点企业之间的资源共享和资源互补，对保障供应链网络整体的安全性、稳定性、鲁棒性具有重要意义。

正是基于此，本章4.2节主要分析无标度网络模型及其适用性，为分析供应链中断风险传导机理引入无标度网络这一独特视角。本章4.3节主要从单统计参量分析和综合分析两个方面分析供应链网络特性，据此探寻供应链中断风险传导机理和规律。在理论模型分析的基础上，本章4.4节主要运用Matlab软件进行数值模拟及分析。数值模拟及分析主要是从单统计参量数值模拟及分析和综合数值模拟及分析两个方面展开的。本章4.5节在充分认识供应链中断风险传导机理和规律的基础上，对现存的弱连接、新引入的弱连接、现存的强连接和新引入的强连接进行分类和有针对性的关系管理，并在此基础上提出了强弱协同管理理论。

本章的创新点主要体现在两个方面：一是将无标度网络与关系强度理论进行融合以分析供应链网络特性，认识供应链中断风险传导机理和规律，并在此基础上进行了数值模拟及分析；二是对现存的弱连接、新引入的弱连接、现存的强连接和新引入的强连接进行分类和有针对性的关系管理，提出了应对供应链中断风险传导的强弱协同管理理论。

4.2 分析方法

Watts和Strogatz（1998）提出了WS小世界网络模型，用以解释"六度分离"现象，其构造特点是固定网络规模（即网络节点数固定）及随机重连网络边[10]。由于随机重连可能破坏网络的连通性，因此

Newman 和 Watts（1999）改用随机化加边方式构造了 NW 小世界网络模型。[280] WS 小世界网络模型与 NW 小世界网络模型的共同特征就是具有较小的平均路径长度和较高的聚类系数。考虑到网络的规模并非一成不变，一般存在增长特性，且新节点往往更倾向与较高连接度的大节点相连接，即存在偏好连接特性，由此 Barabasi 和 Reka（1999）提出了 BA 无标度网络模型[281]。通过对演员合作网、万维网和电力网等复杂系统的度进行统计分析，发现其分布有别于随机网络和小世界网络，具有幂律分布特性，呈现显著的无标度特性。随着突发事件带来的供应链中断风险持续增加，供应链网络会自发调整，改变其节点数、边距、边关系甚至网络形状。节点企业通过调整其与供应链网络其他利益相关方的关系，改变强连接和弱连接结构，以转移或弱化供应链中断带来的损失。供应链网络自组织、自适应的特性决定其规模具有可变性，因此供应链网络更适合应用无标度网络模型进行结构分析。本章试图运用无标度网络模型与关系强度理论分析供应链网络的结构特性，据此探寻供应链中断风险传导机理和规律。

4.3 供应链中断风险传导特性分析

本章节应用 BA 无标度网络，主要从单统计参量分析和综合分析两个方面分析供应链网络特性，探寻供应链中断风险传导机理和规律。

4.3.1 单统计参量分析

本小节主要是从度与平均度、顶点度与网络结构熵、度分布函数、特征路径长度和集聚系数五项指标分析供应链网络特性，研究供应链中断风险传导机理和规律。

1）度与平均度

供应链网络的连通图用 G 表示，供应链网络中各节点企业的总数为 N，各节点企业之间的产品流动、资金流动、信息与技术流动等为供应链网络的边，供应链网络的边的总数为 M。节点企业 i 与该节点连接的其他节点的边数为该节点企业的度，用 K_i 表示。供应链网络中某节点企业的度越大，表明其与越多的节点企业有产品流动、资金流动和信息与技术流动，重要程度越高，越有可能是关键节点企业。

平均度 $<k>$，即供应链网络中所有节点企业 i 的度（K_i）的平均值。

$$<k> = \frac{1}{N} \sum_{i=1}^{N} K_i \tag{4.1}$$

在无标度网络结构下，供应链网络节点数和边关系均呈动态可变性。因此一旦中断风险发生，各节点企业可通过自发或被动调整已存在的强连接和弱连接关系，改变供应链中断风险的传导路径，降低本企业的风险或损失。具体而言，一是可改变现有连接关系，在供应链网络内部同级或相邻层级、其他供应链网络之间建立更多的弱连接关系；二是在突发事件发生之前或之时将部分弱连接关系转化为强连接关系，以弱化或转移可能产生的中断风险。大量的弱连接和强连接形成一个以节点企业为核心的相对独立的内部网络结构，相比供应链整体网络，其灵活性较强，可即时规避、转移供应链中断风险的波及面，并减少供应链网络组织结构的固化影响。供应链核心企业拥有比一般节点企业更多的强连接和弱连接，度值相对较大，其风险信息获取量（尤其是敏感信息量）就越大、越快，及时转移、分散或规避中断风险的能力也就越强。

2）顶点度与网络结构熵

顶点度是各节点企业度的相对指标，反映了各节点企业在供应链网络中的相对重要程度，可将节点企业 i 的顶点度 I_i 定义为：

$$I_i = \frac{K_i}{\sum_{i=1}^{N} K_i} \quad (K_i \text{为节点企业 i 的度}) \tag{4.2}$$

某一节点企业的顶点度大，表明该节点企业在供应链网络中的地位相对重要，并且顶点度越大的节点企业，越有可能是关键节点企业。当各节点企业的顶点度接近时，该供应链网络就可能是均匀分布的同质网络。当各节点企业的顶点度差异较大，且各节点企业倾向于与顶点度大的节点企业相连时，则供应链网络可能是异质网络。供应链网络的同质性和异质性可用网络结构熵 H（G）进行度量，即：

$$H(G) = -\sum_{i=1}^{N} I_i \ln I_i \tag{4.3}$$

当供应链网络内部各节点企业的重要程度大致相当，且不存在关键节点企业时，有 $I_i = \dfrac{1}{N}$，此时的供应链网络结构熵为：

$$H(G) = -\sum_{i=1}^{N} \frac{1}{N} \ln \frac{1}{N} = \ln(N) \tag{4.4}$$

此时，供应链网络结构熵的值最大，且供应链网络为典型的同质网络。

当供应链网络中只有一个关键节点企业时，假定节点企业 I_i 为关键节点企业，其余节点企业 I_j 的重要程度均较低，且仅与该关键节点企业相连，满足 $I_i = 0.5$，$I_j = \dfrac{1}{2(N-1)}$（$j = 1, 2, \cdots, N$，且 $j \neq i$），此时的供应链网络结构熵为：

$$H(G) = \frac{\ln 4(N-1)}{2} \tag{4.5}$$

当供应链网络只有一个关键节点企业时，供应链网络分布极不均匀，网络结构熵的值最小，其他节点企业均仅与这一关键节点企业建立强弱连接关系，风险极为集中，只要关键节点企业发生可能引发中断风险的突发事件，那么整个供应链网络都可能受到波及，此时的供应链网络为典型的异质网络。

当供应链网络中有三个关键节点企业时，假定节点企业 I_1、节点企业 I_2 和节点企业 I_3 均为关键节点企业，其他节点企业 I_j 的重要程度均较低，且仅与这三个关键节点企业相连，满足 $I_1 = I_2 = I_3 = \dfrac{1}{3}$，$I_j = \dfrac{1}{4(N-3)}$（$j = 4, 5, \cdots, N$），此时的供应链网络结构熵为：

$$H(G) = \frac{\ln 256(N-3)}{4} \tag{4.6}$$

此时供应链网络存在三个关键节点企业，与仅存在一个关键节点企业相比，其网络结构熵的值相对要大一些，中断风险也更为分散，但异质性要明显低于仅存在一个关键节点企业的供应链网络。

现实中的供应链网络一般为较典型的异质网络，由少量关键节点和大量末梢节点构成。不同结构的供应链网络应对蓄意攻击和随机故障的能力是不同的。异质性越强的供应链网络，应对蓄意攻击的能力越弱，这是因为异质性越强，关键节点企业越少，若攻击对象为关键节点企业，而该关键节点企业的应对能力出现了问题，则供应链中断风险就容易以此为突破口而爆发。同质性越强的供应链网络，应对随机故障的能力就越强，这是因为绝大多数节点企业的网络结构熵的值大致相等，中断风险对供应链整体的影响较小。各节点企业为应对蓄意攻击，需加强强连接关系管理，通过强有力的强连接关系，提升中断风险的应急处理效率和能力；各节点企业为应对随机故障，需加强弱连接关系管理，引入弱连接关系，并利用现存的弱连接关系应对中断风险。

3）度分布函数

供应链网络各节点企业的度分布函数指的是一个随机选定的节点企业的度恰好为 k 的概率，可用 P(k)表示。对于 BA 无标度网络，现存的供应链节点企业的总数为 N，供应链网络可不断引入新节点企业，每次引入的新节点企业均为一个，将引入的新节点企业与 m 个已存的节点企业连接，满足 m≤N。将 P(k,t_i,t)定义为在 t_i时加入的节点 i 在 t 时刻的度恰好是 k 的概率，具有如下递推关系：

$$P(k,t_i,t+1) = \frac{k-1}{2t}P(k-1,t_i,t) + \left(1 - \frac{k}{2t}\right)P(k,t_i,t) \tag{4.7}$$

通过主方程法可求出其度分布函数，即：

$$P(k) = \frac{2m(m+1)}{k(k+1)(k+2)} \propto \frac{2m^2}{k^3} \tag{4.8}$$

顶点度和网络结构熵均可用于判断供应链网络的同质性和异质性，度分布函数则可用于判断供应链网络是具有小世界特性还是具有无标度特性。不同结构的供应链网络应对中断风险的能力是有差异的，其供应链网络整体的稳定性和鲁棒性也是不同的。

在无标度网络结构下，由于绝大多数节点企业的度很小，极少量关键节点企业的度相对很大，度分布具有较大的异质性。为应对供应链中断风险，大量的弱连接关系和少量的强连接关系将导致供应链网络中绝大多数节点企业的度分布趋于均匀化。若为随机故障，因绝大多数节点企业为非关键节点企业，度值较低，其发生的突发性事件对供应链整体影响较小，即中断风险较小。大量弱连接关系的存在会使供应链网络具有更高的鲁棒性和稳定性，因此多元化的弱连接关系能较好地规避、转移、缓解中断风险。若为蓄意攻击，攻击对象为关键节点企业，其在异质网络结构下存在大量弱连接关系，而弱连接关系此时的表现往往是反应无力，只要关键节点企业未能成功击退攻击，就会发生供需严重中断，进而严重影响供应链整体的鲁棒性和稳定性，使供应链网络具有高度的脆弱性。此时，关键节点企业应加强强连接关系管理，尤其是提升供应链管理水平，增强应对中断风险的能力。

4）特征路径长度

供应链网络中任意两个节点企业 i 和节点企业 j 之间的最短距离用 d_{ij} 表示，即可定义为两个节点企业之间的交流必须与其他节点企业进行联系的边数最小值。任意两个节点企业 i 和 j 之间的最短距离平均值用 L（G）表示，即可定义为供应链网络的特征路径长度，则 L（G）为：

$$L(G) = \frac{1}{N(N+1)/2} \sum d_{ij} \tag{4.9}$$

BA 无标度网络对应的特征路径长度显示出以下特点：

$$L(G) \propto \frac{\log N}{\log \log N} \tag{4.10}$$

这表明无标度网络具有小世界特性。

在无标度网络结构下，各节点企业不仅能充分利用供应链网络内部现存的供需关系和竞争关系，还可利用供应链网络间的平行关系建立更多、更短的供应链中断风险传导路径，使其具备小世界效应，并获取低冗余度的中断风险新信息，提升各节点企业中断风险的应对能力。通过利用强连接关系，可在信息平台上及时共享中断信息，减少信息失真，并共同识别中断风险关键传导路径，共同抵御中断风险。

5）集聚系数

在供应链网络中，与某一节点企业直接联系的两个节点企业之间也可能存在直接联系，这种属性称为供应链网络的集聚特性。假设供应链网络中某节点企业 i 的度为 K_i，K_i 条边对应的节点企业称为该节点企业的邻居，将该节点企业与其邻居对应边数的最大值表示为 M_i，则 $M_i = \dfrac{K_i(K_i - 1)}{2}$。将该节点企业与其邻居实际对应的边数表示为 m_i，实际存在的边数 m 和总可能边数 M 的比值，即某节点企业 i 的集聚系数，可用 $C_i(G)$ 表示，即：

$$C_i(G) = \frac{m_i}{M_i} = \frac{m_i}{K_i(K_i - 1)/2} \tag{4.11}$$

供应链网络整体的集聚系数 C 就是所有节点企业的集聚系数 $C_i(G)$ 的算术平均值，即：

$$C(G) = \frac{1}{N}\sum_{i=1}^{N} \frac{m_i}{K_i(K_i - 1)/2} \tag{4.12}$$

其中，$0 \leqslant C \leqslant 1$。当 C=0 时，表明各节点企业均为孤立节点，其度值均为零；当 C=1 时，表明任意两个节点企业的度均为 N−1（各节点企业的总数为 N）。对于无标度网络，m 表示引入一个新节点时所连接的节点数，经过 t 步操作，其集聚系数可表示为：

$$C(t) = \frac{m^2(m+1)^2}{4(m-1)}\left[\ln\frac{m+1}{m} - \frac{1}{m+1}\right]\frac{(\ln t)^2}{t} \tag{4.13}$$

这表明当供应链网络规模充分大时，无标度网络的集聚系数趋于零，从而不具有明显的集聚特征。

在无标度网络结构下，已建立强连接关系的各节点企业之间一般表现为关系紧密且相互信任程度高，具有相似性高的价值观、信仰和共同愿景，因此集聚程度较高可明显增强供应链网络整体的集聚系数。无标度网络结构下的各节点企业处于开放系统中，为应对供应链中断风险，各节点企业可引入弱连接关系，而关键节点企业的中继过渡作用则明显降低，可以建立更多、更短的供应链中断风险传导路径，因此，弱连接关系的存在可以有效规避供应链网络结构的僵化。

4.3.2　综合分析

供应链网络中节点企业 i 的中断风险传导量，是指当面临中断风险时，节点企业 i 向供应链网络中其他节点企业传导中断风险的数量，可用T_i表示。节点企业i的中断风险传导量与本企业的中断风险传导意愿成正比，当中断风险传导意愿越强时，中断风险传导量就越多，可用α_i表示。节点企业i对中断风险的感知存量，是指节点企业对中断风险的感知程度和感知信息量，当中断风险的感知存量越大时，中断风险传导量就越多，可用W_i表示。节点企业i的集聚系数用C_i表示，当集聚系数越高时，节点企业i与供应链网络中其他节点企业的紧密程度就越强，中断风险传导量也就越多。节点企业i的顶点度用I_i表示，顶点度越大，意味着节点企业i越是关键节点，中断风险传导量就越多。节点企业i的最短路径长度用d_{ij}表示，最短路径长度越短，节点企业i与供应链网络中其他节点企业的中断风险传导速度就越快，中断风险传导量也就越多。于是，节点企业i的中断风险传导量T_i可表示为：

$$T_i = \frac{\alpha_i W_i C_i I_i}{d_{ij}} \tag{4.14}$$

由于供应链网络的中断风险传导总量是供应链网络中各节点企业之间相互传导中断风险的结果，因此可将中断风险传导总量简化为各节点企业中断风险传导量之和，用T表示，可近似表示为：

$$T = \sum_{i,j \in G \text{且} i \neq j} \frac{\alpha_i W_i C_i I_i}{d_{ij}} \tag{4.15}$$

供应链网络中节点企业i的中断风险吸收量，是指当面临中断风险时，节点企业i从供应链网络中其他节点企业所吸收的中断风险数量，可用V_i表示。当中断风险传导总量越多时，节点企业i的中断风险吸收量就越大。节点企业i的中断风险吸收量与本企业的中断风险吸收能力成正比，中断风险吸收能力越强，中断风险吸收量就越多，可用β_i表示。节点企业i的中断风险吸收量与供应链网络的平均路径长度L成反比，可表示为：

$$V_i = \frac{\beta_i T}{L} \tag{4.16}$$

为更好地应对供应链中断风险，各节点企业应就中断风险在本企业的吸收、传导、规避和转化有所了解和认识。在无标度网络结构下，各节点企业应合理利用弱连接关系和强连接关系，以规避、转移、缓解中断风险。

4.4 数值分析

在理论模型分析的基础上，本章主要运用 Matlab 软件进行数值模拟及分析。数值模拟及分析主要是从单统计参量数值模拟及分析和综合数值模拟及分析两个方面展开的。

在单统计参量数值模拟及分析方面，考虑到利用度与平均度分析供应链网络特性较直观，且与网络异质性及无标度特性没有直接关联，因此没有对其进行相关模拟及分析。虽然顶点度和网络结构熵这两个统计指标均可用于判断供应链网络的异质性，但是这里仅选用网络结构熵这一指标进行模拟及分析。另外，选用度分布函数指标进行模拟及分析，主要是用于判断供应链网络的无标度特性。由于可从特征路径长度指标中判断出无标度网络也具有小世界特性，因此也没有对特征路径长度指标进行模拟及分析。本章节在单统计参量数值模拟及分析方面，主要对网络结构熵、度分布函数和集聚系数三个指标进行数值模拟及分析。

4.4.1 单统计参量数值模拟及分析

1）网络结构熵

在供应链网络中，不存在关键节点企业（H_1：0）、仅有一个关键节点企业（H_2：1）和有三个关键节点企业（H_3：3）对应的供应链网络节点数 N 与网络结构熵 H（G）的关系如图 4-1 和图 4-2 所示。在图 4-1 中，N 的取值范围为 0~10，以方便看到细节。在图 4-2 中，N 的取值范围为 0~100，以方便看到全貌。由图 4-1 和图 4-2 可知，当关键节点企业数量固定时，网络结构熵 H（G）与网络节点数 N 成正相关关系，随着网络节点数的增加，网络结构熵也随之增加。由图 4-1 和图 4-2 还可知，随着关键节点企业数量的增加，H（G）曲线从 H_1 向右下方移至 H_2 再到 H_3，供应链网络从同质网络向异质网络转化。当存在关键节点企业时，关键节点企业应对供应链中断风险的能力至关重要。

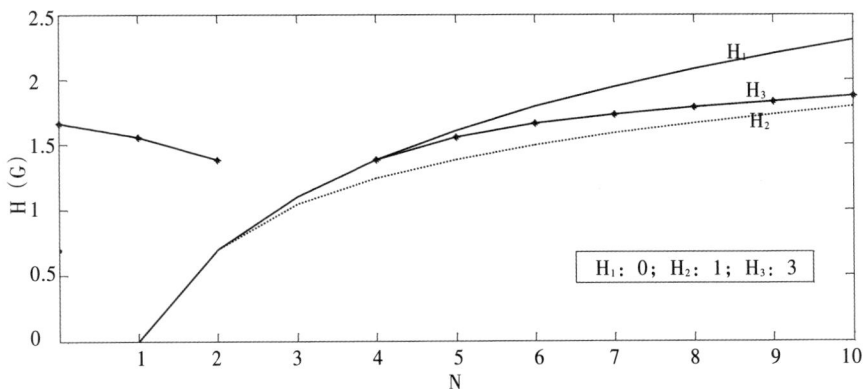

图4-1 当H=0，1，3时，H（G）随N的变化趋势图（N：0~10）

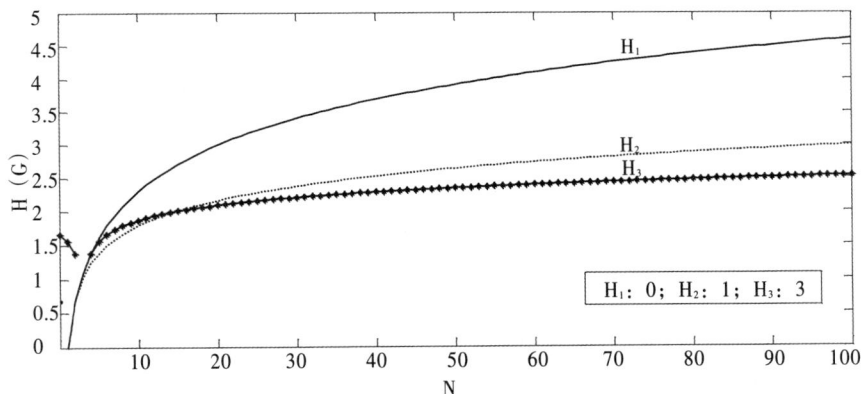

图4-2 当H=0，1，3时，H（G）随N的变化趋势图（N：0~100）

2）度分布函数

在笛卡尔坐标下，当引入一个新节点时所连接的节点数m=2，4，8时，供应链网络的度分布函数P（k）随k的变化趋势如图4-3和图4-4所示。在图4-3中，k的取值范围为0~10，以方便看到细节。在图4-4中，k的取值范围为0~100，以方便看到全貌。由图4-3和图4-4可知，绝大多数节点企业的度小于4，即绝大多数节点企业仅与4家以下节点企业存在强连接和弱连接。只有极少数节点企业的度很大，即与大量节点企业存在强连接和弱连接。该供应链网络具有明显的异质性特点。由图4-3和图4-4还可知，度值越大，网络节点度分布就越趋同，供应链网络越趋向于同质网络；反之，度值越小，节点度分布差异就越大，供应链网络越趋向于异质网络。因此度分布函数服从幂律分布，该供应链网络为无标度网络。

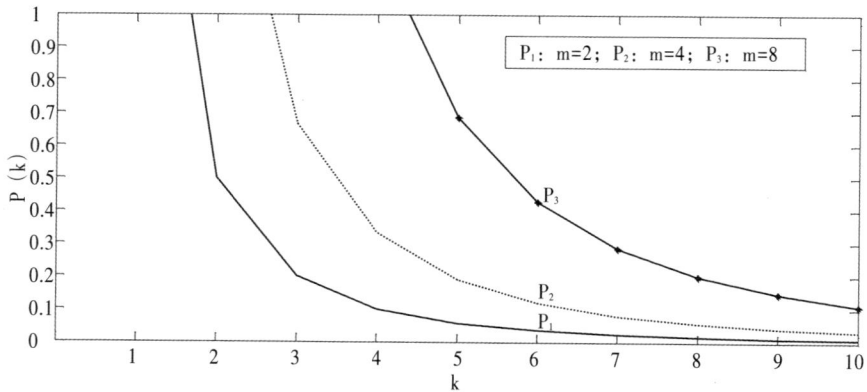

图4-3 在笛卡尔坐标下，当m=2，4，8时，P（k）随k的变化趋势图（k：0~10）

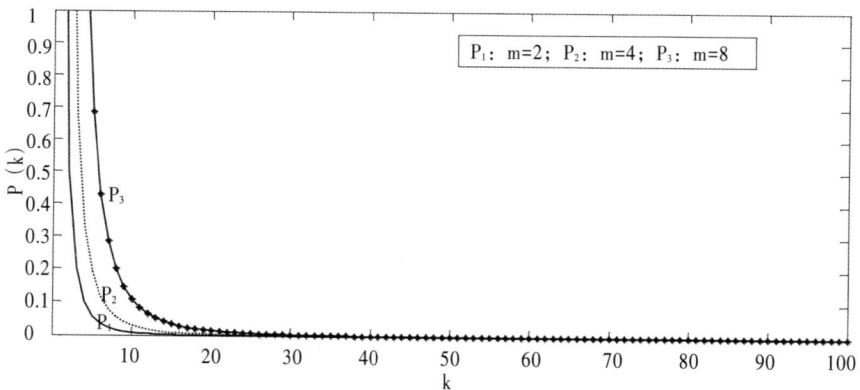

图4-4 在笛卡尔坐标下，当m=2，4，8时，P（k）随k的变化趋势图（k：0~100）

在双对数坐标下，当引入一个新节点时所连接的节点数m=2，4，8时，供应链网络的度分布函数P（k）随k的变化趋势如图4-5和图4-6所示。在图4-5中，k的取值范围为0~10，以方便看到细节。在图4-6中，k的取值范围为0~100，以方便看到全貌。由图4-5可知，图中所有的曲线均近似为直线。度分布函数在双对数坐标下呈线性关系，说明该函数服从幂律分布，因此该供应链网络为无标度网络。由图4-6可知，图中各直线的斜率是无标度网络的度分布函数。

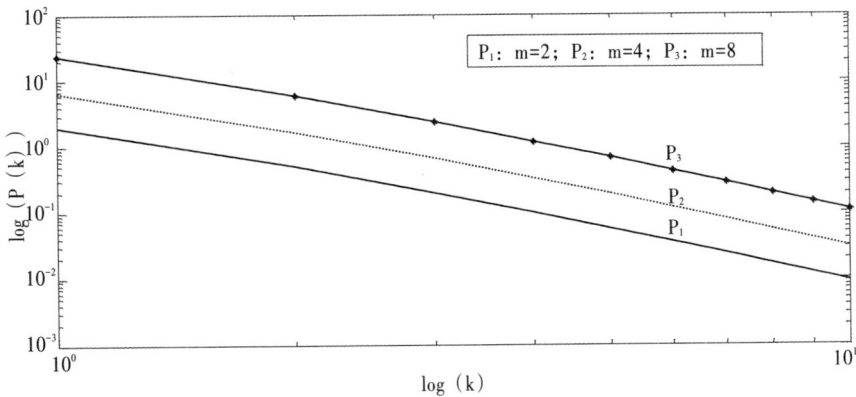

图4-5　在双对数坐标下，当m=2，4，8时，P（k）随k的变化趋势图（k：0~10）

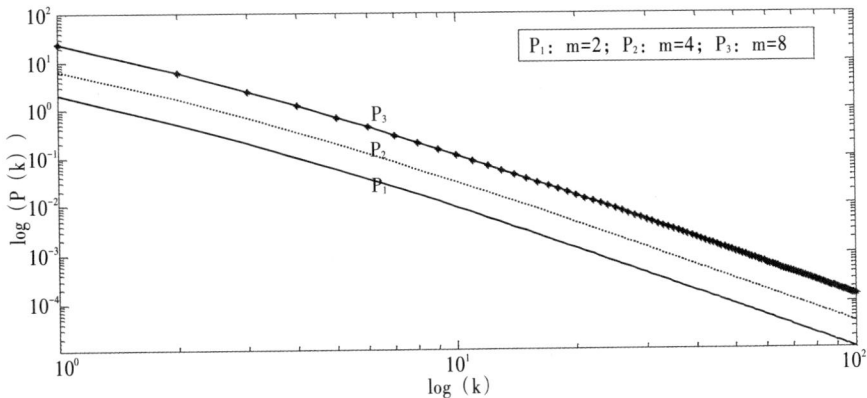

图4-6　在双对数坐标下，当m=2，4，8时，P（k）随k的变化趋势图（k：0~100）

3）集聚系数

当引入一个新节点时所连接的节点数m=2，4，8时，供应链网络的集聚系数C（t）与t的关系（即随t步操作）如图4-7和图4-8所示。在图4-7中，t的取值范围为0~20，以方便看到细节。在图4-8中，t的取值范围为0~200，以方便看到全貌。由图4-7和图4-8可知，网络的集聚系数C（t）随步数的增加先增后减。由图4-7和图4-8还可知，随着m值的增加，C（t）曲线逐渐向右上方移动，表明较大的m值能提高供应链网络的集聚系数。

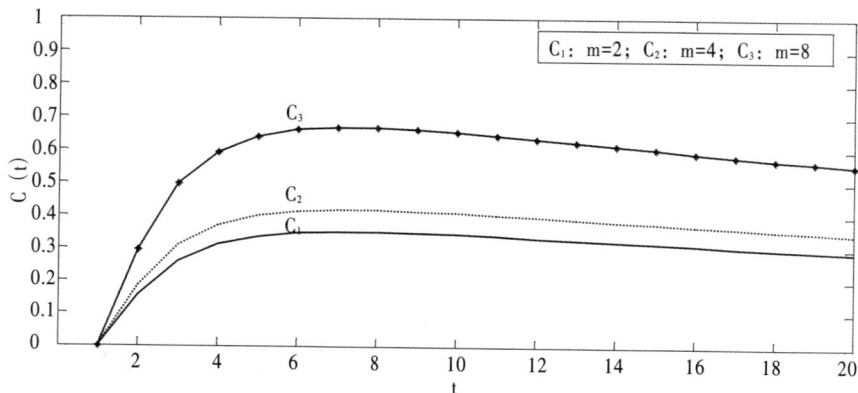

图4-7　当m=2，4，8时，C（t）随t的变化趋势图（t: 0~20）

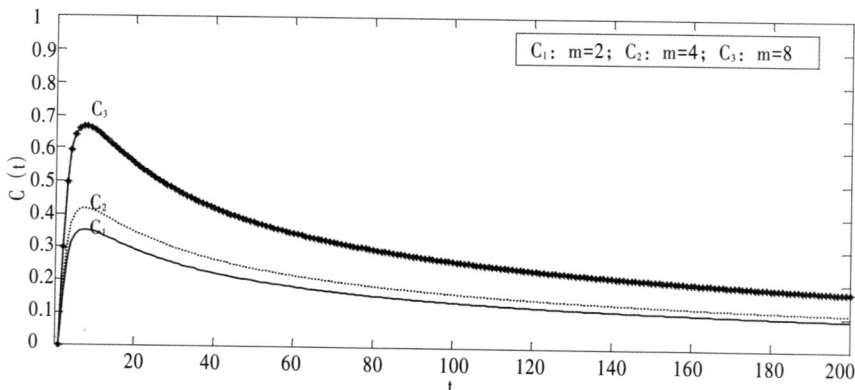

图4-8　当m=2，4，8时，C（t）随t的变化趋势图（t: 0~200）

4.4.2　综合数值模拟及分析

中断风险吸收量V_i与中断风险吸收能力β_i成正比，β_i的取值无相关文献可借鉴，取任意不为零的数均不改变结果，假设中断风险吸收能力$\beta_i = 0.8$。当中断风险传导总量T=10、T=100、T=1 000时，供应链网络中断风险吸收量V_i（用V表示）与特征路径长度L（G）（用L表示）的关系如图4-9所示。由图4-9可知，当中断风险传导总量T固定时，中断风险吸收量V与特征路径长度L呈负相关关系；特征路径长度越短，中断风险吸收量则越多。由图4-9还可知，随着中断风险传导总量T的增加，中断风险吸收量V的曲线从V_1向左上方移至V_2再到V_3，表明随着中断风险传导总量的增加，中断风险吸收量也随之增加。

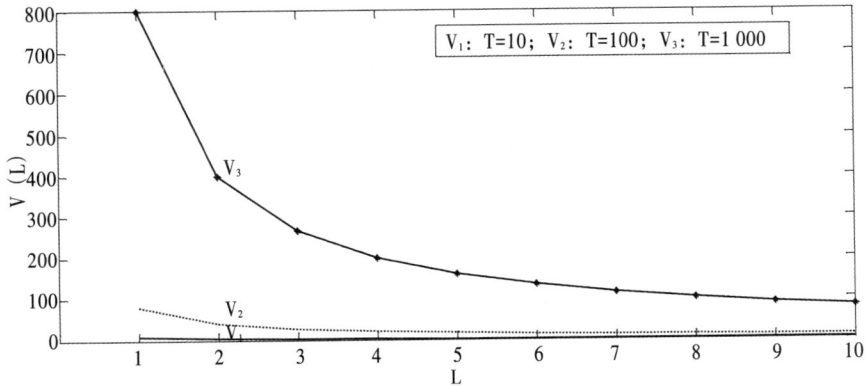

图4-9 V随L的变化趋势图

当中断风险吸收能力 $\beta_i = 0.8$、特征路径长度 L=1、L=5、L=10 时，供应链网络中断风险吸收量 V_i（用 V 表示）与中断风险传导总量 T 的关系如图4-10所示。由图4-10可知，当特征路径长度 L 固定时，中断风险吸收量 V 与中断风险传导总量 T 呈正相关关系；中断风险传导总量越多，中断风险吸收量也就越多。由图4-10还可知，随着特征路径长度的增加，中断风险吸收量 V 的曲线从 V_1 向右下方移至 V_2 再到 V_3，表明随着特征路径长度的变短，中断风险吸收量会随之增加。可见，图4-9与图4-10得出的结论是完全一致的。

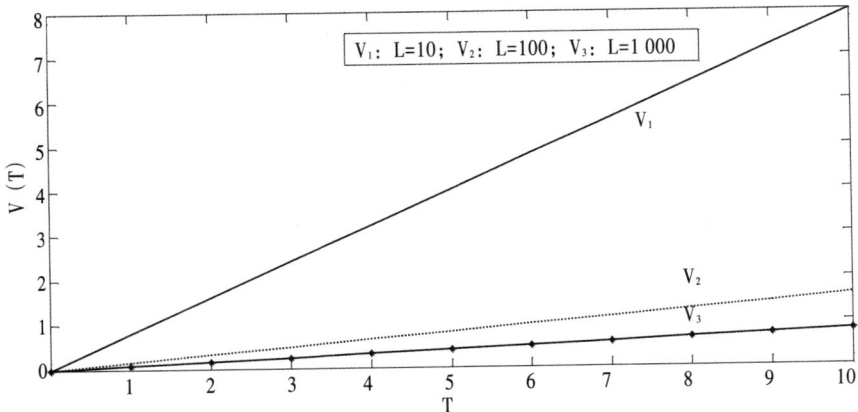

图4-10 V随T的变化趋势图

4.5　应对供应链中断风险的强弱协同管理策略

为应对供应链中断风险，供应链网络节点企业应利用无标度特性，充分认识供应链中断风险传导机理和规律，并对现存的弱连接、新引入的弱连接、现存的强连接和新引入的强连接进行分类和有针对性的关系管理。

4.5.1　弱连接类型与关系管理

在无标度网络结构下，供应链复杂网络的节点数和边关系均具有动态可变性。因此为有效转移、分散供应链中断风险，供应链网络应保持高度开放性，扩大与外界企业产品、资金、信息、技术的交换和交流，尽可能增加网络节点和边的数量，以充分利用供应链网络内外现存的弱连接和新引入的弱连接防御中断风险。

新引入的弱连接主要包含各节点企业利用供需关系在网络内部相邻层级之间、利用竞争关系在网络内部同层级之间、利用平行关系在不同网络之间建立的新的弱连接关系，现存的弱连接也主要源于这三种类型。

对新引入的弱连接，可从以下方面进行关系管理：建立一套灵活适用的准入标准，避免供应链网络规模的盲目扩大化和结构僵化；通过多种途径促使弱连接关系多元化、度分布均匀化，有效分散和应对随机故障类中断风险；考察引入企业的生产运营情况，以提升供应链网络整体的可见度。

对现存的弱连接，可从以下方面进行关系管理：与同级相互竞争的关系企业签订柔性转运合同，降低供应链中断风险概率；与存在供需关系的邻级弱连接关系企业（或其他供应链网络上存在隐形供需关系的弱连接关系企业）签订柔性供给合同，以应对供应链中断风险；建立一套科学合理的考核机制，适时地将现存的弱连接关系转化为强连接关系。

4.5.2 强连接类型与关系管理

为应对供应链中断风险，各节点企业应关注强连接关系，尤其是与关键节点企业的强连接关系，这是因为在供应链网络中关键节点企业占主导地位，是网络整体运行和演化的基础和动力。当供应链网络面对蓄意攻击时，若攻击对象为关键节点企业，则可能严重影响到供应链整体的鲁棒性和稳定性，使供应链网络具有脆弱性。

新引入的强连接主要包含三种类型：各节点企业利用供需关系在供应链网络内部相邻层级之间建立新的强连接关系；各节点企业利用竞争关系在供应链网络内部同级之间建立新的强连接关系；在一定标准（或一定环境）下将现存的弱连接关系转化为强连接关系。现存的强连接关系也主要包含了这三种类型。

对新引入的强连接，可从以下方面进行关系管理：建立一套严格合理的筛选机制，保持强连接数目的精准性，保障交易费用和维持成本的持续稳定化；与引入的节点企业签订合作契约，提高各节点企业之间的合作效率；关注引入的节点企业的空间距离和社会距离，尽可能引入短距离的节点企业；关注引入的节点企业的价值观、信仰和共同愿景等文化背景的相似性，尽可能引入相似度高的节点企业。

对现存的强连接，可从以下方面进行关系管理：建立良好的分工协作机制，以巩固各节点企业之间的紧密关系；培育价值观、信仰和共同愿景等文化背景相似度高的节点企业，以增进信任度，增强集体利益意识；建立高效的信息共享机制，提升信息共享的效率和效果，尤其是提升高质量、高价值和高机密的应急复杂信息的共享效率和效果；建立良好的利润分配机制，保障强连接关系的持续运行；建立中断风险协同应对机制，不断完善现行的中断风险应急处置预案，提升中断风险的应急处理效率和能力，保障供应链网络的稳定性。

4.5.3 应对供应链中断风险的强弱协同管理

强弱协同管理是指供应链各节点企业在有效利用现存的弱连接和强连接的基础上，对新引入的弱连接和强连接实现协同管理，达到有效应对供应链中断风险传导的目的。为了更好地应对供应链中断风险，供应链网络中各节点企业在充分利用无标度网络结构特性的基础上，可得到利用弱连接和强连接进行强弱协同管理的侧重点。

大量的弱连接和强连接形成一个以节点企业为核心的相对独立的内部网络结构，相比供应链的整体网络，其灵活性较强，可即时规避、转移、缓解供应链中断风险的波及面，并减少供应链网络组织结构固化的影响。大量弱连接的增加，使供应链网络中绝大多数节点企业的度分布趋于均匀化，可以较好地应对随机故障，提升供应链网络整体的鲁棒性和稳定性。大量弱连接的建立，使供应链网络中绝大多数节点企业及时获取低冗余度的风险信息，缩短供应链中断风险传导路径，增加可供选择的应对途径，提升各节点企业中断风险的应对能力。大量弱连接的增加，并未使各节点企业及供应链网络整体的集聚系数有显著提高，更不会导致供应链网络结构僵化。可见，供应链网络中各节点企业应认识并应用无标度网络结构特性，进行弱连接关系管理，以便较好地应对供应链中断风险。

面对供应链中断风险，具有强连接关系的各节点企业之间能高效实现分工协作，在现有的紧密关系和相互信任的基础上，及时利用各节点企业之间的信息管理平台，或各节点企业之间构建信息管理平台，及时共享中断信息，减少信息失真。由于具有强连接关系的各节点企业之间拥有较多的相似性，因此各节点企业之间能够较快建立中断风险协同应对机制。当供应链网络面对蓄意攻击时，若攻击对象为关键节点企业的强连接关系，则可能严重影响供应链网络整体的鲁棒性和稳定性，使供应链网络具有脆弱性。此时，关键节点企业应提高供应链管理水平，关注中断风险事件的发展态势，担负起"中断风险领袖"的职责，带领和引导非关键节点企业识别中断风险关键传导路径，共同抵御中断风险，保障供应链网络整体的稳定性。可见，供应链网络中各节点企业需要认识并应用无标度网络结构特性，进行强连接关系管理，才能较好地应对供应链中断风险。

4.6　本章小结

本章首先进行了理论基础分析，梳理了关系强度理论，将其分为强连接理论、弱连接理论和强弱协同管理理论，并分析了这三种理论在供应链网络管理中的优劣。其次，对选用的分析方法进行了说明，将无标度网络与关系强度理论进行融合，分析其融合应用的适用性，从单统计参量分析和综合分析两个方面详细论述了供应链的网络特性，从关系管理视角对供应链网络的特性进行了深入分析，据此探寻供应链中断风险传导机理和规律。其中，单统计参量分析主要是从度与平均度、顶点度与网络结构熵、度分布函数、特征路径长度和集聚系数五项指标分析供应链网络特性，综合分析主要是从供应链网络中断风险的传导总量和吸收量两个方面分析供应链网络特性。再次，在理论模型分析的基础上，对供应链网络特性进行了数值模拟，验证了单统计参量分析和综合分析的正确性。最后，在充分认识供应链中断风险传导机理和规律的基础上，为应对供应链中断风险，提出对现存的弱连接、新引入的弱连接、现存的强连接和新引入的强连接进行分类分析，并在此基础上有针对性地进行强弱协同管理。

本书的理论意义是对现存的弱连接、新引入的弱连接、现存的强连接和新引入的强连接进行了分类和有针对性的关系管理，提出了应对供应链中断风险传导的强弱协同管理理论。本书的实践意义是：帮助供应链各节点企业认识并应用无标度网络和关系强度理论分析供应链网络特性；探析供应链中断风险传导机理和规律，并提出利用强弱协同管理理论提升节点企业中断风险的应对能力。本书的管理建议是：将无标度网络与关系强度理论进行融合，分析供应链网络特性；充分认识供应链中断风险传导机理和规律，打造具有弹性和柔性的强势供应链，以有效应对中断风险传导。

5 规避供应链中断风险的信息共享价值实现研究

信息共享是指供应链各节点企业之间通过信息共享平台交换和沟通信息，共享相关的需求预测、配送、库存和销售等信息。信息共享能创造价值，如信息共享可以促进供应链各节点企业之间的相互信任，降低供应链的不确定性，提高供应链协作能力等（Chiang和Feng，2007）[282]。如果通过共享信息给信息获得方带来一定边际效用的提高，则可在一定程度上规避供应链中断风险，实现节点企业和供应链整体最优化（Gentry，1996）[283]，如果供应链信息共享能够实现供给与需求的有机衔接，使企业的需求预测更加准确，避免信息失真，则信息共享在规避供应链中断风险方面将会发挥重要的作用。

本章针对制造商自建互联网络平台模式，通过由制造商和物流配送企业组成的二级供应链，探讨规避供应链中断风险的信息共享价值实现问题。首先，构建了制造商与物流配送企业之间的动态信息共享价值独立分配模型，探寻信息共享价值实现路径。其次，构建了制造商与物流配送企业之间的合作价值分配模型，实现供应链整体信息共享价值最大化。再次，根据各节点企业权力地位的差异性，将电商供应链分为三类：制造商与配送商处于等势地位；制造商为核心企业，配送商为配套企业；制造商为配套企业，配送商为核心企业。最后，对这三类电商供应链进行了算例分析，探讨合作的可持续性及合作的动力机制，通过相关分析得到了一些有意义的结论，并对信息共享价值实现策略进行了探讨，给出了一些有价值的建议。

5.1 引言

供应链信息共享价值研究始于 1989 年，Yoo（1989）通过研究发现，企业可通过构建集成的管理信息系统，识别信息需求并实现信息共享价值[284]。随后，诸多学者对信息共享价值展开了研究。张欣和马士华（2007）发现当供应链从传统模式转向完全信息共享与协同合作模式时，制造商订货次数、供应商调整准备次数及运输次数均大大减少，尤其是系统总成本的节约高达 22.76%[285]。当制造商与零售商共享信息时，制造商能够降低订单不确定性波动的大小，缓解供应链系统上的牛鞭效应（李娟等，2008）[286]，能够通过共享需求预测信息而受益，但会损害零售商的利益（Bian 等，2016）[287]，由此给出了零售商自愿共享两种私有信息的条件（李波、孙鹏和李庆华，2015）[288]。相对于局部需求信息共享，全局需求信息共享能给供应链带来更显著的激励效应（胡东波、沈悦和衡如丹，2017）[289]。

现有文献对于规避供应链中断风险的信息共享方面的研究，侧重于机制构建及供应链协同与激励等方面。然而，对于信息共享能否增加供应链整体价值以及信息共享价值的实现路径、实现条件和分配问题，学者们对此仍有争议。有些学者认为信息共享能增加供应链整体利润，降低库存成本。但斌、周茂森和张旭梅（2016）通过实证分析发现，信息共享能够协调制造商之间的竞争，且仅当竞争强度超过某阈值时，信息共享才能够增加供应链系统的预期利润[100]。Ha 等（2011）通过研究发现，在古诺竞争模型环境下，当制造商的规模不经济程度较高时，信息共享能够增加供应链的整体利润[101]。Zhou 等（2017）通过指标分析发现，同业竞争和信息不完全是采购供应链低效率的决定因素[290]。Kim 和 Chai（2017）通过研究发现，信息共享和战略采购在提高供应链敏捷性方面发挥着积极作用[291]。Yan 和 Pei（2011）对信息不对称和信息共享情况下的供应商和零售商的定价策略进行了对比研究，发现信息共享能有效提高整条供应链的收益[103]。Yue 和 Liu（2006）研究了双渠道下信息不对称对制造商的 MTO（按订单生产）模式和 MTS（按库存生产）模式的定价和绩效的影响，研究显示信息共享能够提升制造商和零售商的收益[104]。但还有一部分学者认为信息共享并不能增加供应链系统整体利润。张菊亮和章祥荪（2012）以二级供应链为前提，假设在一个由单一供应商和单一零售商组成的供应链系统中，各节点企业仅可以共享部分信息，通过构建三阶段主从对策模型，证明了各节点企业之间不共享信息是唯一的均衡，这表明信息共享并不能增加供应链系统的整体利润[105]。信息共享所增加的利润与信息的准确性、及时性正相关，但并非信息系统建设投资得越多越好，相匹配的信息系统方可显著提升信息共享的效率，并降低库存成本（肖静华等，2014）[106]。

本章在其他学者研究成果的基础上，以 C2M（Customer-to-Manufactory）电商供应链为例，对供应链信息共享价值的实现路径进行研究，探讨规避供应链中断风险的信息共享价值实现条件，并提出相应的对策和建议。本章剩余内容安排如下：5.2 节是模型假设；5.3 节是基于 Stackelberg 的动态信息共享价值实现模型，主要探讨信息共享投入水平与价值分享因子的依存关系；5.4 节是企业合作时的信息共享价值实现模型，探寻信息共享投入水平、信息共享价值与价值分享因子之间的关系；5.5 节是算例分析，分析参与主体的权力地位差异性对信息共享价值实现机制的影响；5.6 节是信息共享价值实现策略研究，对信息共享价值实现策略进行探讨，并给出一些有价值的建议。

5.2 模型假设

C2M 电商供应链主要由制造商、平台运营商、物流配送企业和消费者等节点构成。C2M 电子商务平台主要可分为制造商自建互联网络平台和与第三方电子商务平台合作两种模式。制造商自建互联网络平台为当前C2M电子商务平台的主流模式。C2M电子商务模式的成功运作，与配送业务息息相关，不妨假设C2M电商供应链由制造商1和物流配送企业2构成，制造商1将商品通过电子商务平台直接销售给顾客，物流配送企业2负责配送，并进一步做如下假设：

（1）假定C2M电商供应链的信息共享总收益为W，并假设制造商1和物流配送企业2的价值（不妨用利润表示，下同）分享因子分别为θ_1和θ_2，满足$\theta_1+\theta_2=1$，且$0 \leq \theta_1$，$\theta_2 \leq 1$。

（2）假定信息共享总收益函数主要取决于制造商1和物流配送企业2的信息共享投入水平，并假设信息共享投入越高，分享到的信息共享总收益就越多。若x_1和x_2分别表示制造商1和物流配送企业2的信息共享投入水平，则信息共享总收益函数可表示为：

$$W=\lambda x_1^{\delta} x_2^{\gamma} \qquad (5.1)$$

其中，δ和γ分别表示制造商1和物流配送企业2的信息共享投入弹性，满足$\delta+\gamma=1$，且$0 \leq \delta$，$\gamma \leq 1$。λ表示社会环境影响因子，面对利好的外部环境，$\lambda \geq 1$；面对不利的外部环境，$0 \leq \lambda \leq 1$。

（3）假设信息共享总收益函数还受节点企业信息共享吸收能力的影响。若ρ_1和ρ_2分别表示制造商1和物流配送企业2的信息共享吸收能力，即吸收能力因子，则C2M电商供应链的信息共享总收益函数可以表示为：

$$W=\lambda x_1^{\delta} x_2^{\gamma}+\rho_1 x_2^2 + \rho_2 x_1^2 \qquad (5.2)$$

其中，$\rho_1 x_2^2$表示制造商1吸收物流配送企业2信息共享投入所带来的收益；$\rho_2 x_1^2$表示物流配送企业2吸收制造商1信息共享投入所带来的收益。

（4）假设C2M电商供应链信息共享过程中制造商1和物流配送企业2均需承担信息共享成本，并假定其与信息共享投入水平成正比。若φ_1和φ_2分别表示制造商1和物流配送企业2的成本影响因子，则制造商1的成本函数C_1和物流配送企业2的成本函数C_2可分别表示为：

$$\begin{cases} C_1 = \varphi_1 x_1^2 \\ C_2 = \varphi_2 x_2^2 \end{cases} \qquad (5.3)$$

此时，假定 $\rho_1 < \varphi_2$，$\rho_2 < \varphi_1$。

根据以上四条假设，制造商1、物流配送企业2和C2M电商供应链整体的信息共享收益函数可分别表示为：

$$\begin{cases} \pi_1 = \theta_1 \lambda x_1^\delta x_2^\gamma + \rho_1 x_2^2 - \varphi_1 x_1^2 \\ \pi_2 = \theta_2 \lambda x_1^\delta x_2^\gamma + \rho_2 x_1^2 - \varphi_2 x_2^2 \\ \pi = \lambda x_1^\delta x_2^\gamma + \rho_1 x_2^2 + \rho_2 x_1^2 - \varphi_1 x_1^2 - \varphi_2 x_2^2 \end{cases} \tag{5.4}$$

5.3 基于Stackelberg的动态信息共享价值实现模型

在Stackelberg博弈模型中，最先是由领头企业做出决策，再由相应的尾随企业紧跟领头企业做出决策。假设制造商1是领头企业，并由其首先做出决策，然后物流配送企业2做出决策。由于求解动态博弈的方法是采用逆向归纳法，即从后一阶段向前一阶段求解，因此先由物流配送企业2做出反应，然后制造商1对物流配送企业2可能的反应做出自身最优化的决策。

第一阶段，物流配送企业2先对制造商1的决策做出反应，追求 π_2 最大化，即 $\frac{\partial \pi_2}{\partial x_2} = 0$，得：

$$x_2 = \left(\frac{\gamma \lambda \theta_2}{2 \varphi_2}\right)^{\frac{1}{1+\delta}} x_1^{\frac{\delta}{1+\delta}} \tag{5.5}$$

第二阶段，制造商1对物流配送企业2可能的反应做出决策，追求 π_1 最大化，即 $\frac{\partial \pi_1}{\partial x_1} = 0$，得：

$$x_1 = \frac{\lambda}{2}\left(\frac{\delta(1-\delta)\theta_1 \theta_2}{\varphi_1 \varphi_2}\right)^{\frac{1}{2}}\left(\frac{\delta \theta_1 \varphi_2}{(1-\delta)\theta_2 \varphi_1}\right)^{\frac{\delta}{2}} \tag{5.6}$$

代入上式，得：

$$x_2 = \frac{\lambda}{4}\left(\frac{\gamma(1-\gamma)\theta_1 \theta_2}{\varphi_1 \varphi_2}\right)^{\frac{1}{2}}\left(\frac{\gamma \theta_2 \varphi_1}{(1-\gamma)\theta_1 \varphi_2}\right)^{\frac{\gamma}{2}} \tag{5.7}$$

再次回代，可得：

$$\begin{cases} x_1 = \frac{\lambda}{4}\left(\frac{\delta(1-\delta)\theta_1 \theta_2}{\varphi_1 \varphi_2}\right)^{\frac{1}{2}}\left(\frac{\delta \theta_1 \varphi_2}{(1-\delta)\theta_2 \varphi_1}\right)^{\frac{\delta}{2}} \\ x_2 = \frac{\lambda}{4}\left(\frac{\gamma(1-\gamma)\theta_1 \theta_2}{\varphi_1 \varphi_2}\right)^{\frac{1}{2}}\left(\frac{\gamma \theta_2 \varphi_1}{(1-\gamma)\theta_1 \varphi_2}\right)^{\frac{\gamma}{2}} \end{cases} \tag{5.8}$$

命题1：制造商1和物流配送企业2的信息共享投入水平与价值分享因子成正比，即信息共享投入水平越高，分享到的价值就越多；同时对方企业的信息共享投入水平与本企业的价值分享因子成正比，即存在正外部性。

通过计算，可得：

$$\begin{cases} \dfrac{\partial x_1}{\partial \theta_1} = \dfrac{\lambda(1+\delta)}{8}(\dfrac{\delta\gamma\theta_2}{\varphi_1\varphi_2})^{\frac{1}{2}}(\dfrac{\delta\varphi_2}{\gamma\theta_2\varphi_1})^{\frac{\delta}{2}}\theta_1^{\frac{\delta-1}{2}} > 0 \\[3mm] \dfrac{\partial x_1^2}{\partial \theta_1^2} = -\dfrac{\lambda(1-\delta^2)}{16}(\dfrac{\delta\gamma\theta_2}{\varphi_1\varphi_2})^{\frac{1}{2}}\theta_1^{\frac{\delta-3}{2}} < 0 \end{cases} \tag{5.9}$$

该结果表明制造商1的信息共享投入水平与价值分享因子成正比。

通过计算，还可得：

$$\begin{cases} \dfrac{\partial x_1}{\partial \theta_2} = \dfrac{\lambda(1-\delta)}{8}(\dfrac{\delta\gamma\theta_1}{\varphi_1\varphi_2})^{\frac{1}{2}}(\dfrac{\delta\theta_1\varphi_2}{\gamma\varphi_1})^{\frac{\delta}{2}}\theta_2^{-\frac{\delta+1}{2}} > 0 \\[3mm] \dfrac{\partial x_1^2}{\partial \theta_2^2} = -\dfrac{\lambda(1-\delta^2)}{16}(\dfrac{\delta\gamma\theta_1}{\varphi_1\varphi_2})^{\frac{1}{2}}(\dfrac{\delta\theta_1\varphi_2}{\gamma\varphi_1})^{\frac{\delta}{2}}\theta_2^{-\frac{\delta+3}{2}} < 0 \\[3mm] \dfrac{\partial x_1^2}{\partial \theta_2\theta_1} = \dfrac{\lambda(1-\delta^2)}{16}(\dfrac{\delta\gamma}{\varphi_1\varphi_2})^{\frac{1}{2}}(\dfrac{\delta\varphi_2}{\gamma\varphi_1})^{\frac{\delta}{2}}\theta_1^{\frac{\delta-1}{2}}\theta_2^{-\frac{\delta+1}{2}} > 0 \end{cases} \tag{5.10}$$

可见，制造商1的信息共享投入水平与物流配送企业2的价值分享因子成正比，即存在明显的正外部性。

同理可求出 $\dfrac{\partial x_2}{\partial \theta_1} > 0$，$\dfrac{\partial x_2^2}{\partial \theta_1^2} < 0$，$\dfrac{\partial x_2}{\partial \theta_2} > 0$，$\dfrac{\partial x_2^2}{\partial \theta_2^2} < 0$，$\dfrac{\partial x_2^2}{\partial \theta_2\theta_1} > 0$，即对配送商也有相同结论。物流配送企业2的信息共享投入水平与价值分享因子成正比，也与制造商1的价值分享因子成正比，即存在明显的正外部性。

5.4 企业合作时的信息共享价值实现模型

C2M电商供应链上各节点企业为了提高市场竞争力，以供应链整体的信息共享总价值最大化或总成本最小化为目标，打造由制造商与物流配送企业构建的战略联盟，加强供应链内部各节点企业之间信息共享，实现信息共享价值，达到双赢的目的。若C2M电商供应链追求整体价值的最大化（不妨用利润最大化体现），只要使总利润π达到最大即可。为了与独立分配模型相区分，此时的 π 不妨用 π' 表示，x_1 不妨用 x_1' 表示，x_2 不妨用 x_2' 表示，即：

$$\begin{cases} \dfrac{\partial \pi'}{\partial x_1} = \delta \theta_1 \lambda x_1^{\delta-1} x_2^{\gamma} - 2\varphi_1 x_1 = 0 \\ \dfrac{\partial \pi'}{\partial x_2} = \gamma \theta_2 \lambda x_1^{\delta} x_2^{\gamma-1} - 2\varphi_2 x_2 = 0 \end{cases} \tag{5.11}$$

可解 x_1' 和 x_2'，得到：

$$\begin{cases} x_1' = \dfrac{\lambda\gamma}{2(\varphi_2 - \rho_1)} \left(\dfrac{\delta(\varphi_2 - \rho_1)}{(1-\delta)(\varphi_1 - \rho_2)} \right)^{\frac{1+\delta}{2}} \\ x_2' = \dfrac{\lambda\gamma}{2(\varphi_2 - \rho_1)} \left(\dfrac{(1-\gamma)(\varphi_2 - \rho_1)}{\gamma(\varphi_1 - \rho_2)} \right)^{\frac{\delta}{2}} \end{cases} \tag{5.12}$$

命题2：合作时制造商1和物流配送企业2的信息共享投入水平均大于独立时信息共享投入水平。

将制造商1合作与独立时的信息共享投入水平相比较，可得到：

$$\dfrac{x_1'}{x_1} = \theta_1^{-\frac{1+\delta}{2}} \theta_2^{-\frac{1-\delta}{2}} \left(\dfrac{\varphi_1}{\varphi_1 - \rho_2} \right)^{\frac{1+\delta}{2}} \left(\dfrac{\varphi_2}{\varphi_2 - \rho_1} \right)^{\frac{1-\delta}{2}} \tag{5.13}$$

由于 $0 < \theta_1$，θ_2，$\delta < 1$，且均为常数，可知 $\theta_1^{-\frac{1+\delta}{2}} \theta_2^{-\frac{1-\delta}{2}} > 1$；又由于

$\dfrac{\varphi_1}{\varphi_1 - \rho_2} > 1$，$\dfrac{\varphi_2}{\varphi_2 - \rho_1} > 1$，可知 $\left(\dfrac{\varphi_1}{\varphi_1 - \rho_2} \right)^{\frac{1+\delta}{2}} \left(\dfrac{\varphi_2}{\varphi_2 - \rho_1} \right)^{\frac{1-\delta}{2}} > 1$，因此 $\dfrac{x_1'}{x_1} > 1$。由此可知，合作时制造商1的信息共享投入水平高于独立时的信息共享投入水平。

将物流配送企业2合作与独立时的信息共享投入水平相比较，可得到：

$$\dfrac{x_2'}{x_2} = \theta_1^{-\frac{1-\gamma}{2}} \theta_2^{-\frac{1+\gamma}{2}} \left(\dfrac{\varphi_1}{\varphi_1 - \rho_2} \right)^{\frac{1-\gamma}{2}} \left(\dfrac{\varphi_2}{\varphi_2 - \rho_1} \right)^{\frac{1-\delta}{2}} \tag{5.14}$$

同理，可证明合作时物流配送企业2的信息共享投入水平高于独立时的信息共享投入水平。

命题3：合作时制造商1和物流配送企业2的信息共享投入水平与本企业和对方企业的价值分享因子均无关。

由于 $\dfrac{\partial x_1}{\partial \theta_1} = 0$，$\dfrac{\partial x_1^2}{\partial \theta_1^2} = 0$，可知制造商1的信息共享投入水平与本企业价值分享因子无关；$\dfrac{\partial x_1}{\partial \theta_2} = 0$，$\dfrac{\partial x_1^2}{\partial \theta_2^2} = 0$，$\dfrac{\partial x_1^2}{\partial \theta_1 \theta_2} = 0$，可知制造商1的信息

共享投入水平与物流配送企业 2 的价值分享因子无关。综上可知，制造商 1 的信息共享投入水平与本企业和物流配送企业 2 的价值分享因子均无关。

同理可求出 $\frac{\partial x_2}{\partial \theta_1} = 0$，$\frac{\partial x_2^2}{\partial \theta_1^2} = 0$，$\frac{\partial x_2}{\partial \theta_2} = 0$，$\frac{\partial x_2^2}{\partial \theta_2^2} = 0$，$\frac{\partial x_2^2}{\partial \theta_2 \theta_1} = 0$，即对物流配送企业 2 亦有相同结论。

5.5 算例分析

为了更深入透彻地分析信息共享投入水平、信息共享价值与价值分享因子之间的关系，不妨在满足模型假设的前提下假定 $\lambda = 1$，$\delta = \gamma = 0.5$，$\rho_1 = \rho_2 = 0.5$，$\varphi_1 = \varphi_2 = 1$，企业独立时可得到：

$$
\begin{cases}
x_1 = \dfrac{1}{4} \theta_1^{\frac{3}{4}} \theta_2^{\frac{1}{2}} \\[2mm]
x_2 = \dfrac{1}{4} \theta_2^{\frac{3}{4}} \theta_1^{\frac{1}{4}} \\[2mm]
\pi = \dfrac{7}{32} \theta_1^{\frac{1}{2}} \theta_2^{\frac{1}{2}} \\[2mm]
\pi_1 = \dfrac{1}{32} \theta_1^{\frac{1}{2}} \theta_2^{\frac{1}{2}} (1 + 5\theta_1) \\[2mm]
\pi_2 = \dfrac{1}{32} \theta_1^{\frac{1}{2}} \theta_2^{\frac{1}{2}} (1 + 5\theta_2)
\end{cases}
\tag{5.15}
$$

在相同的假设前提下，企业合作时可得到：

$$
\begin{cases}
x_1' = x_2' = \dfrac{1}{2} \\[2mm]
\pi' = \dfrac{1}{4} \\[2mm]
\pi_1' = \dfrac{1}{2} \theta_1 - \dfrac{1}{8} \\[2mm]
\pi_2' = \dfrac{1}{2} \theta_2 - \dfrac{1}{8}
\end{cases}
\tag{5.16}
$$

结论 1：供应链各节点企业的合作契约（或合作行为）是实现信息共享价值的有效路径。

根据式（5.15）和式（5.16），可知 $\Delta \pi = \pi' - \pi = \dfrac{1}{4} - \dfrac{7}{32} \theta_1^{\frac{1}{2}} \theta_2^{\frac{1}{2}}$，再通过计算发现 $\Delta \pi > \dfrac{1}{4} (1 - \theta_1^{\frac{1}{2}} \theta_2^{\frac{1}{2}}) \geq 0$，各节点企业合作时的供应链总利润不小

于各节点企业独立时的供应链总利润。

供应链各节点企业在资金、技术、设备、信息等关键资源上存在资源禀赋差异，并在控制力、信任度和专用性资产投资等方面也具有差异性，从而导致供应链网络权力不对等。在供应链网络发展的不同阶段，各节点企业之间的权力地位也处于动态变化中。因此，根据各节点企业权力地位的差异性，将 C2M 电商供应链分为制造商与配送商处于等势地位；制造商为核心企业，配送商为配套企业；制造商为配套企业，配送商为核心企业三类。

当制造商 1 与物流配送企业 2 处于等势地位时，制造商 1 与物流配送企业 2 的价值分享因子相等，即 $\theta_1 = \theta_2 = 0.5$；当制造商 1 处于核心地位时，制造商 1 的价值分享因子大于物流配送企业 2 的价值分享因子，假设 $\theta_1 = 0.64$，$\theta_2 = 0.36$；当物流配送企业 2 处于核心地位时，物流配送企业 2 的价值分享因子大于制造商 1 的价值分享因子，假设 $\theta_1 = 0.36$，$\theta_2 = 0.64$。下面分情况进行讨论：

（1）当制造商与配送商处于等势地位时，即 $\theta_1 = \theta_2 = 0.5$，企业独立时可得：$x_1 = x_2 = 0.125$，$\pi = \frac{7}{64} \approx 0.1094$，$\pi_1 = \pi_2 = \frac{7}{128} \approx 0.0547$；企业合作时可得：$x_1' = x_2' = 0.5$，$\pi' = 0.25$，$\pi_1' = \pi_2' = 0.125$。

综上可得：$\Delta x_1 = \Delta x_2 = 0.422$，$\Delta \pi_1 = \Delta \pi_2 = 0.0703$，$\Delta \pi = 0.1406$。

结论 2：当制造商 1 与物流配送企业 2 处于等势地位时，合作时制造商 1 和物流配送企业 2 的信息共享投入水平与价值实现均明显高于独立时的信息共享投入水平与价值实现；合作时的总价值高于独立时的总价值，增加的总价值被制造商 1 与物流配送企业 2 平分；信息共享投入水平的增长由制造商 1 和物流配送企业 2 各贡献一半。因此，此时的合作是公平的、有意义的。

（2）当制造商 1 处于核心地位时，即 $\theta_1 = 0.64$，$\theta_2 = 0.36$，企业独立时可得：$x_1 \approx 0.1386$，$x_2 \approx 0.1039$，$\pi = 0.105$，$\pi_1 = 0.063$，$\pi_2 = 0.0267$；企业合作时可得：$x_1' = x_2' = 0.5$，$\pi' = 0.25$，$\pi_1' = 0.195$，$\pi_2' = 0.055$。

综上可得：$\Delta x_1 = 0.3614$，$\Delta x_2 = 0.3961$，$\Delta \pi_1 = 0.132$，$\Delta \pi_2 = 0.013$，$\Delta \pi = 0.145$，$\frac{\Delta \pi_1}{\Delta \pi} \approx 0.9103$，$\frac{\Delta \pi_2}{\Delta \pi} \approx 0.0897$。

结论3：当制造商1处于核心地位时，合作时制造商1和物流配送企业2的信息共享投入水平与价值实现均高于独立时的信息共享投入水平与价值实现；合作时的总价值明显高于独立时的总价值，增加的总价值的91%被制造商1占有，物流配送企业2仅分享其中的9%。在信息共享投入水平方面，物流配送企业2的信息共享投入水平高于制造商1的信息共享投入水平。因此，此时合作对制造商1最有利，对物流配送企业2而言，合作的动力不足。

（3）当物流配送企业2处于核心地位时，令$\theta_1 = 0.36$，$\theta_2 = 0.64$，计算方式与制造商1处于核心地位时的计算方式完全相同，在此仅给出结果，即$\Delta x_1 = 0.3961$，$\Delta x_2 = 0.3614$，$\Delta \pi_1 = 0.013$，$\Delta \pi_2 = 0.132$，$\Delta \pi = 0.145$，$\frac{\Delta \pi_2}{\Delta \pi} \approx 0.9103$，$\frac{\Delta \pi_1}{\Delta \pi} \approx 0.0897$。

结论4：当物流配送企业2处于核心地位时，合作时制造商1和物流配送企业2的信息共享投入水平与价值实现均高于独立时的信息共享投入水平与价值实现；合作时的总价值明显高于独立时的总价值，增加的总价值的91%被物流配送企业2占有，制造商1仅分享其中的9%。在信息共享投入水平方面，制造商1的信息共享投入水平高于物流配送企业2的信息共享投入水平。因此，此时的合作对物流配送企业2最有利，对制造商1而言，合作的动力不足。

5.6 信息共享价值实现策略研究

为应对供应链中断风险，供应链企业应密切合作，构建战略联盟，加强各节点企业之间的信息共享。在供应链网络中，信息共享收益与各节点企业在不同的地位上对应着不同的关系：当制造商与配送商处于等势地位时，通过合作增加等量信息共享投入水平，获取等量的信息共享价值，此时的合作能给双方都带来好处，而且双方都认为比较公平；当制造商与配送商地位不等时，合作所带来的价值增量被核心企业占用九成多，而信息共享投入却主要由配套企业或非核心企业提供，此时的合作对核心企业有利，对配套企业或非核心企业而言，往往会由于觉得不公平而导致合作的动力不足。

在供应链信息共享过程中，合作能有效增加各节点企业的价值实现，因此应积极鼓励合作。由于各节点企业在权力地位上的差异性，核心企业可能会损害非核心企业的利益；非核心企业则会根据增量价值实现的实际分配结果投入与之相匹配的努力程度，并做出相应的合作策略。这种合作会因非核心企业价值增量的分配不公而导致合作动力不足，并最终导致合作关系破裂。价值分配机制设计是供应链信息共享价值实现的关键核心问题，只有构建了良好的价值分配机制，才能保障供应链价值分配的合理性与有效性。为了使供应链各节点企业之间的合作持久和稳定，提升供应链信息共享效率，保障供应链共享价值最大化，本书给出了以下一些建议：

（1）供应链中断风险下，供应链各节点企业在引入合作关系时，应建立一套严格规范的筛选机制，高度关注自身的经营状况和存货流动情况，以有效降低交易成本和关系维持成本。对已引入的合作关系，应建立良好的分工协作机制，促成双向信任，站在供应链的高度上培育集体利益共享机制，保障合作关系的持续稳定运行。

（2）供应链中断风险下，电商供应链各节点企业在构建透明有效的信息共享机制时，应内外结合，同时整合资源。各节点企业内部所在的各部门均应基于互联网络下的大数据、云计算和手机智能，实现信息及资源的共享共用，共享内部财务信息、库存信息、生产进度安排和销售业绩，实现高效协同工作。与此同时，各节点企业还应对外部信息进行整合，共享实时销售数据、销售需求预测、订货策略和运输配送信息，联合实施客户关系管理，提升客户服务水平。基于各节点企业内外部信息整合的需要，应投入与本企业发展相匹配的IT基础设施建设经费，以有效提升信息共享效率，尤其是有效提升高质量、高价值的复杂信息的共享效率。

（3）在信息共享价值实现过程中，信息泄露时有发生，已严重影响到各节点企业的参与积极性，并导致供应链合作价值下降。此时，供应链各节点企业之间可以签订多边保密协议，对不遵守保密协议的节点企业在信息共享平台上进行公布，并给予严厉的经济惩罚。与此同时，供应链各节点企业还应加强信息共享平台的安全建设，利用信息安全技术构建分级信息共享制度，设计不同级别的信息准入权限，从硬件和软件上杜绝信息泄露，在最大程度上保障供应链信息共享价值的实现。

5.7　本章小结

本章针对制造商自建互联网络平台模式下，由制造商和配送商组成的二级供应链，探讨规避供应链中断风险的信息共享价值实现问题。

首先，构建了制造商与配送商之间的动态信息共享价值独立分配模型，分析信息共享投入水平与价值分享因子的依存关系。其次，构建了制造商与物流配送企业之间的合作价值分配模型，探寻信息共享投入水平、信息共享价值和价值分享因子之间的关系，以实现供应链整体信息共享价值最大化。再次，根据各节点企业权力地位的差异性，将电商供应链分为制造商与配送商处于等势地位；制造商为核心企业，配送商为配套企业；制造商为配套企业，配送商为核心企业三类。最后，对这三类电商供应链进行了算例分析，探析参与主体的权力地位差异性对信息共享价值实现机制的影响，并对信息共享价值实现策略进行了探讨，给出了一些有价值的建议。

通过算例分析，得到了以下有意义的结论：（1）在信息共享价值独立分配模型下，制造商和配送商的信息共享投入水平与价值分享因子成正比，同时对方企业的信息共享投入水平与本企业价值分享因子成正比，即存在正外部性；（2）合作时制造商与配送商的信息共享投入水平大于独立时的信息共享投入水平，信息共享投入水平与本企业及对方企业的价值分享因子均无关。可见，供应链各节点企业之间的合作契约（或合作行为）是实现信息共享价值的有效路径。

当制造商与配送商处于等势地位时，合作时两者的信息共享投入水平与价值实现均明显高于独立时的信息共享投入水平与价值实现，增加的总价值被制造商与配送商平分；当制造商与配送商处于不等势地位时，合作时两者的信息共享投入水平与价值实现均高于独立时的信息共享投入水平与价值实现，但增加的总价值的91%被核心企业占有。因此，此时合作对核心企业有利，对非核心企业而言，合作的动力不足。

信息共享价值实现策略方面的建议有：（1）供应链中断风险下，供应链各节点企业在引入合作关系时，应建立一套严格规范的筛选机制；（2）供应链中断风险下，电商供应链各节点企业在构建透明有效的信息共享机制时，应内外结合，同时整合资源；（3）供应链各节点企业之间签订多边保密协议，对不遵守保密协议的节点企业在信息共享平台上进行公布，并给予严厉的经济惩罚；（4）供应链各节点企业应加强信息共享平台的安全建设，利用信息安全技术，构建分级信息共享制度，设计不同级别的信息准入权限，从硬件和软件上杜绝信息泄露，在最大程度上保障供应链信息共享价值的实现。

6 规避供应链中断风险的信息共享价值分配研究

　　信息技术的发展极大地推动了信息共享服务的实现，信息共享能帮助节点企业有效规避供应链中断风险，但信息共享价值的实现条件及价值分配仍存在争议。

　　上一章主要就信息共享价值的实现条件进行了研究，通过构建信息共享价值独立分配模型及信息共享合作价值分配模型，研究节点企业及合作伙伴信息共享投入水平与企业信息共享价值分配之间的相关关系，探析信息共享价值实现策略。上一章的研究还表明，当供应链上的各节点企业的地位不等时，合作所带来的价值增量主要被核心企业占用，合作动力不足。此时，须设计良好的价值分配机制，培育供应链信息共享利益共享机制，以提升信息共享效率，实现供应链信息共享价值分配的合理性与有效性，并在最大程度上保障供应链信息共享价值最大化。

　　本章内容是上一章内容的延续，主要就价值分配进行探讨和分析。这里的价值分配主要是就利润分配而言的。本章以供应链上的单一制造商和两家物流配送企业为例，分别应用核仁理论分配模型、Shapley 值法、GQP法和纳什谈判解法模型等四种方法进行合作信息共享价值分配，发现这四种分配模型计算出的分配结果具有一定的差异性、公平性和合理性，然后在引入信息熵概念的基础上创新性地提出了信息熵法，并且应用信息熵值对这四种分配模型进行综合，探讨信息共享价值优化分配方案。

6.1 引言

针对信息共享价值收益分配方面的研究，主要从利益分享影响因素、影响效果、绩效及契约参数变化等方面展开。信息共享合作模式下的利益分享要素主要受资源、风险和努力程度等三方面影响[292]。刘志硕和郭葆春（2009）应用多人合作博弈理论，建立了供应链库存效益分配模型，对比分析协调、满意及协同等多种分配方案的影响效果，发现协同分配方案能将制造商和分销商之间的信息共享收益分享给下游零售商，能有效提升零售商信息共享的参与积极性，促成供应链协同[293]。可采用Shapley值法对供应商和零售商之间的利润共享效益进行分配[294]，信息共享可增加闭环供应链整体利润，但零售商的信息共享会导致其丧失信息优势和减少利润，并最终泄露共享信息[107]。陈长彬和杨忠（2008）以供货价格和交货提前期这两个契约参数为例对供应链契约进行设计，研究契约参数变化对零售商利润的影响路径，探寻信息共享实现路径[295]。

C2M电商供应链是电子商务与供应链的融合，C2M模式的成功需要对供应链进行有效管理，需要将供应商以及其他业务伙伴无缝地连接在一起。为建立起这样的无缝连接，供应链上的企业需将自己的信息如物流信息、需求信息、生产与配送计划信息及市场信息等与上下游企业共享。然而在现有信息共享机制下，考虑到成本及运营风险，大部分企业不愿意共享信息。为提高供应链绩效，增强供应链竞争力，规避供应链中断风险，研究如何制订公平合理的信息价值分配方案以激励供应链节点企业参与信息共享，已经成为供应链中断风险控制中的一项重要课题。

本章剩余内容安排如下：6.2 节是合作博弈方法介绍，主要介绍核仁理论分配模型、Shapley 值法、GQP 法和纳什谈判解法模型等四种方法；6.3 节在引入信息熵概念的基础上创新性地提出了信息熵法，可用于多指标综合评价；6.4 节将 C2M 电商供应链参与主体数目限定为制造商、物流配送企业 1 和物流配送企业 2 等三家，基于核仁理论分配模型、Shapley 值法、GQP 法和纳什谈判解法模型等四种不同价值分配方法，进行信息共享价值分配过程分析，通过计算发现，这四种分配模型计算出的分配结果具有一定的差异性、公平性和合理性，为使电商供应链合作运作模式能够更加稳定地存在并且更加有效地运作，采用信息熵法对这四种分配模型进行综合，探讨信息共享价值分配优化分配方案。

6.2　合作博弈方法

本节介绍的合作博弈方法主要有核仁理论分配模型、Shapley 值法、GQP 法和纳什谈判解法模型等四种方法。

6.2.1　核仁理论模型

1969 年，Schmeidler 提出核仁理论模型，其分配理念是即使在最不利的分配方案中，参与主体通过合作仍能实现价值最大化。其分配对策是有且仅有一个核仁。价值最大化可表现为损失最小化或利润最大化，本章主要用利润最大化予以表示。C2M 电商供应链可采用核仁理论模型对合作价值进行分配。设 $X = (x_1, x_2, \cdots, x_n)$ 表示 C2M 电商供应链转归集合，即合作博弈对策对应的分配结果。$V(S)$ 为 C2M 电商供应链 S 的价值实现（用利润表示）。基于核仁的分配方案可简化为：

$$\min \varepsilon$$

$$\text{s.t.} \begin{cases} x_i \geqslant V(i) \\ \sum_{i \in S_1} x_i = V(S) \\ \sum_{i \in S_2} x_i + \varepsilon \geqslant V(S) \end{cases} \tag{6.1}$$

式中：S_1 为 C2M 电商供应链各节点企业组成的集合；S_2 为 C2M 电商供应链各节点企业的所有非空子集。

当 C2M 电商供应链的节点企业为 3 个时，核仁理论价值分配模型可转化为：

$$\min \varepsilon$$

$$s.t. \begin{cases} x_1 \geq V(1) \\ x_2 \geq V(2) \\ x_3 \geq V(3) \\ x_1 + x_2 + \varepsilon \geq V(1,2) \\ x_1 + x_3 + \varepsilon \geq V(1,3) \\ x_2 + x_3 + \varepsilon \geq V(2,3) \\ x_1 + x_2 + x_3 = V(1,2,3) \end{cases} \tag{6.2}$$

6.2.2 Shapley 值法

设 $N = \{1, 2, \cdots, n\}$，表示 C2M 电商供应链 n 个节点企业组成的集合。如果对于 N 的任一子集 S（表示 n 个节点企业所组成的 C2M 电商供应链的任一组合）都对应一个实值函数 V(S)，满足：

$$V(\Phi) = 0 \tag{6.3}$$

$$V(S_1 \cup S_2) \geq V(S_1) + V(S_2), \quad S_1 \cap S_2 = \Phi(S_1, S_2 \subseteq N) \tag{6.4}$$

称 [N, V] 为 n 人合作博弈对策，V 为对策特征函数，V(S) 为 C2M 电商供应链 S 对应的利润。式（6.3）和式（6.4）表明合作时节点企业的利润要至少不小于不合作时的利润。不妨将合作时最大合作利润记作 V(N)，将 X_i（i=1, 2, $\cdots$, n）记为 C2M 电商供应链中节点企业 i 从最大合作利润 V(N) 中获得的收入。

在应用 Shapley 值法求解合作博弈对策时，须满足如下公理：

（1）无序性。每一节点企业的利润分配与其被赋予的记号 i 无关。

（2）有效性。所有节点企业利润分配之和等于合作时的供应链总收益，即 $\sum_{i \in N} X_i \geq V(N)$。

（3）无贡献不分配。参与 C2M 电商供应链的某一节点企业若没带来供应链整体利润增长，则该节点企业应分配的利润为零。

（4）可加性。某一节点企业若同时参与两条供应链，则其分配到的利润是两条供应链对应的利润分配之和。

满足以上4条公理的分配方案，是以C2M电商供应链整体价值最大化为出发点，又是以分配结果满足节点企业个体理性需求为落脚点的分配方案。基于分配公平和公正视角产生的Shapley值法，其计算出的某一节点企业 x_i 对应的价值分配具有唯一解，解为：

$$x_i(V) = \sum_{S \in S_i} W(|S|)[V(S) - V(S \backslash i)] \quad i = 1, 2, \cdots, n \tag{6.5}$$

$$w(|S|) = \frac{(N - |S|)!(|S| - 1)!}{N!} \tag{6.6}$$

式中：$S(i)$ 是集合 N 中包含节点企业 i 的所有子集；$|S|$ 是 C2M 电商供应链 S 中节点企业个数；N 为 C2M 电商供应链的所有节点企业个数；$W(|S|)$ 是利润加权因子；$V(S)$ 为子集 S 的利润，$V(S \backslash i)$ 是子集 S 中去掉节点企业 i 后获得的利润。

6.2.3　GQP（Game Quadratic Programming）法

GQP法是应用二次规划方法（QP）计算出"最优"分配方案的方法。设 $X = (x_1, x_2, \cdots, x_n)$，表示 C2M 电商供应链各节点企业价值分配结果集合；v_i 为节点企业 i 单独运营时的利润；$V(S)$ 为 C2M 电商供应链子集 S 的利润。基于 GQP 法的分配方案可简化为：

$$\min Z = \sum_{i \in S_1} (x_i - v_i)^2$$

$$s.t. \begin{cases} x_i \geqslant V(i) \\ \sum_{i \in S_1} x_i = V(S) \\ \sum_{i \in S_2} x_i \leqslant V(S) \end{cases} \tag{6.7}$$

式中：S_1 为 C2M 电商供应链各节点企业组成的集合；S_2 为 C2M 电商供应链各节点企业的所有非空子集。

当 C2M 电商供应链的节点企业为 3 个时，GQP 法对应的分配方案为：

$$\min Z = (x_1 - v_1)^2 + (x_2 - v_2)^2 + (x_3 - v_3)^2$$

$$s.t. \begin{cases} x_1 \geqslant v_1 \\ x_2 \geqslant v_2 \\ x_3 \geqslant v_3 \\ x_1 + x_2 \leqslant V(1,2) \\ x_1 + x_3 \leqslant V(1,3) \\ x_2 + x_3 \leqslant V(2,3) \\ x_1 + x_2 + x_3 = V(1,2,3) \end{cases} \quad (6.8)$$

6.2.4　纳什谈判模型

纳什谈判模型是在讨价还价基础上发展起来的一种应用公理化方法获取个体与联盟理性结果的经典解法。纳什谈判模型将C2M电商供应链合作博弈问题描述为(S,X)，$X \in S$，且$S \in R^2$。假设支付向量集S为闭凸子集，谈判破裂点为$\bar{X} = (\bar{X}_1, \cdots, \bar{X}_i, \cdots, \bar{X}_n)$，纳什解为$\vartheta(S,X^*) = (X_1^*, \cdots, X_i^*, \cdots, X_n^*)$，其中，$i=1,\cdots,n$。当满足以下四条公理时，存在唯一的最优解：

公理1：帕累托效率性。对于S中任意的X，有$X \geqslant \vartheta(S,X^*)$，则$X = \vartheta(S,X^*)$，此时$\vartheta(S,X^*)$为支付向量集S上的最优价值分配方案。

公理2：度量无关性。对于任意的$\rho_i(i=1,\cdots,n)$及任意大于零的$\gamma_i(i=1,\cdots,n)$，如果$E = \{(\gamma_1 X_1 + \rho_1, \cdots, \gamma_i X_i + \rho_i, \cdots, \gamma_n X_n + \rho_n) / (X_1, \cdots, X_i, \cdots, X_n) \in S\}$，并且$\tilde{X} = (\gamma_1 X_1 + \rho_1, \cdots, \gamma_i X_i + \rho_i, \cdots, \gamma_n X_n + \rho_n)$，则$\vartheta(S,\tilde{X}) = (\gamma_1 \vartheta_1(S,X) + \rho_1, \cdots, \gamma_i \vartheta_i(S,X) + \rho_i, \cdots, \gamma_n \vartheta_n(S,X) + \rho_1)$。

公理3：独立无关选择性。对于任意闭凸子集W，如果$W \in S$，且$\vartheta(S,X) \in W$，则$\vartheta(W,X) = \vartheta(S,X)$。

公理4：对称性。C2M电商供应链每一节点企业的价值分配与其被赋予的记号i无关，如若$\{(X_2,X_1) / (V_1,V_2) \in S\}$，则$\vartheta_1(S,X) = \vartheta_2(S,X)$。

纳什谈判理论对应的价值分配模型如下：

$$\max V(S_1) = \prod_{i \in S_i}(x_i - V_i) \quad (i=1, \cdots, n)$$

$$s.t. \begin{cases} x_1 \geqslant V(1) \\ \vdots \\ x_i \geqslant V(i) \\ \vdots \\ x_n \geqslant V(n) \\ x_1 + x_2 + \cdots + x_i + \cdots + x_n = V(1,2,\cdots,i,\cdots,n) \end{cases} \quad (6.9)$$

当 n=3 时，为了维持 C2M 电商供应链合作的稳定性，各节点企业如何公平、合理、有效地分配合作利润是考虑重点。各节点企业通过合作后分配到的利润应至少不小于单干时的利润，3 个节点企业参与 C2M 电商供应链下的纳什谈判模型为：

$$\max V(S_1) = (x_1 - V_1)(x_2 - V_2)(x_3 - V_3)$$

$$s.t. \begin{cases} x_1 \geqslant V_1 \\ x_2 \geqslant V_2 \\ x_3 \geqslant V_3 \\ x_1 + x_2 + x_3 = x(S_1) \end{cases} \tag{6.10}$$

6.3 信息熵法

1948 年，Shannon 将熵引入信息论，提出了信息熵概念，用以表示信息的不确定程度，其定义如下：

$$H = -k \sum_{i=1}^{m} p(x_i) \ln p(x_i) \tag{6.11}$$

式中：x_i 表示独立随机事件的可能状态；$p(x_i)$ 为其对应的概率；$\{p(x_1), p(x_i), \cdots, p(x_m)\}$ 为相应的概率集；H 为概率集 $\{p(x_1), p(x_i), \cdots, p(x_m)\}$ 的熵，即信息熵。信息熵值越大，表明不确定程度越高；信息熵值越小，表明不确定程度越低。Shannon 在引入信息熵概念的基础上创新性地提出了信息熵法，用于多指标综合评价，其计算步骤如下所示：

（1）确定所需分析的待评序列。不妨假设有 m 个待评对象，每个待评对象对应 n 个指标。原始数列矩阵如下：$X_i = (X_{i1}, X_{i2}, \cdots, X_{in})$，$i=1, 2, \cdots, m$。

（2）无量纲化指标数据。为了使指标具有可比性，须对待评指标数据进行无量纲化处理。本处的无量纲化处理是采用平均值方式进行的，即 $\bar{X}_{ij} = \dfrac{X_{ij}}{\sum\limits_{j=1}^{n} X_{ij}}$，其中，$i=1, 2, \cdots, m$，$j=1, 2, \cdots, n$。无量纲化处理后对应的无量纲化指标矩阵为：

$$X_1 = \left(\bar{X}_{11}, \bar{X}_{12}, \cdots, \bar{X}_{1n} \right) \tag{6.12}$$

$$\vdots$$

$$X_m = \left(\bar{X}_{m1}, \bar{X}_{mi}, \cdots, \bar{X}_{mn} \right) \tag{6.13}$$

（3）计算信息熵值。

$$H_j = -k \sum_{i=1}^{m} \bar{X}_{ij} \ln \bar{X}_{ij} \tag{6.14}$$

式中：k 为玻尔兹曼常数，可通过以下公式进行计算：$k = \dfrac{1}{\ln m}$。

（4）计算信息偏差系数。

$$\rho_j = 1 - H_j \tag{6.15}$$

（5）计算熵权 w_j。

$$w_j = \frac{\rho_j}{\sum_{i=1}^{m} \rho_j} \tag{6.16}$$

其中，$0 \leq w_j \leq 1$ 且 $\sum_{j=1}^{n} w_j = 1$。w_j 越大，对应的信息熵值越小，表明待评指标的变异程度越大，待评指标所提供的有用信息越多；反之亦反。

6.4　模型构建与求解

6.4.1　基本假设

为简化模型，将 C2M 电商供应链参与主体数目限定为三家，分别包括制造商 1、物流配送企业 2 和物流配送企业 3，故其形成的合作博弈为 [N，V]，其中，N= {A，B，C}，不妨设 A 代表制造商 1，B 代表物流配送企业 2，C 代表物流配送企业 3。由于供应链各节点企业在资金、技术、设备、信息等关键资源存在资源禀赋差异，其在供应链上的控制力、信任度和关系专用性资产投资等方面也具有差异性，直接导致供应链网络权利不对等。在供应链网络发展的不同阶段，各节点企业的权利地位处于动态变化中。鉴于此，本书根据各节点企业权利地位的差异性，假定 C2M 电商供应链中的制造商为核心企业，物流配送企业 2 和物流配送企业 3 为非核心企业，并做如下假设：

（1）当制造商 1、物流配送企业 2 和物流配送企业 3 单独运营时，年信息共享利润为 1 000 万元、200 万元、100 万元，即 V_A=1 000，V_B = 200，V_C = 100；

（2）当制造商 1 和物流配送企业 2 合作时，总信息共享利润为 1 400 万元，即 V（A，B）=1 400；

（3）当制造商 1 和物流配送企业 3 合作时，总信息共享利润为 1 200 万元，即 V（A，C）=1 200；

（4）当物流配送企业 2 和物流配送企业 3 合作时，总信息共享利润为 500 万元，即 V（B，C）=500；

（5）当制造商 1、物流配送企业 2 和物流配送企业 3 合作时，总信息共享利润为 1 800 万元，即 V（A，B，C）=1 800。

经整理，见表 6-1。

表 6-1　　　　　　　　C2M 电商供应链价值分配数据　　　　　　　单位：万元

		信息共享利润	
	A	B	C
A	1 000	1 400	1 200
B	1 400	200	500
C	1 200	500	100

6.4.2　基于不同价值分配方法的信息共享价值分配过程分析

1）基于核仁理论模型的信息共享价值分配过程分析

C2M 电商供应链可采用核仁理论模型对信息共享价值进行分配。在表 6-1 的基础上，可将三个参与主体的核仁理论价值分配模型转化为如下线性规划问题：

$$\min \varepsilon$$

$$\text{s.t.} \begin{cases} x_1 \geqslant 1\,000 \\ x_2 \geqslant 200 \\ x_3 \geqslant 100 \\ x_1 + x_2 + \varepsilon \geqslant 1\,400 \\ x_1 + x_3 + \varepsilon \geqslant 1\,200 \\ x_2 + x_3 + \varepsilon \geqslant 500 \\ x_1 + x_2 + x_3 = 1\,800 \end{cases} \quad (6.17)$$

求解得：X =(1147.08,405.86,247.06)。制造商1、物流配送企业2及物流配送企业3的信息共享价值分配值分别为1147.08万元、405.86万元以及247.06万元。因此，通过合作，可实现信息共享价值增长。信息共享价值增长量及信息共享价值增长率见表6-2。

表6-2　　　　基于核仁理论模型C2M电商供应链

信息共享价值增长情况表　　　金额单位：万元

信息共享利润分配	A	B	C
独立分配	1 000	200	100
合作分配	1 147.08	405.86	247.06
增长量	147.08	205.86	147.06
增长率（%）	14.71	102.93	147.06

2）基于Shapley值法的信息共享价值分配过程分析

C2M电商供应链可采用Shapley值法对信息共享价值进行分配。在表6-1的基础上，可用Shapley值法计算出C2M电商供应链合作时具体的价值分配，见表6-3、表6-4及表6-5。

表6-3　　　基于Shapley值法制造商1信息共享价值分配表　金额单位：万元

S	A	AUB	AUC	AUBUC
V(S)	1 000	1 400	1 200	1 800
V(S\A)	0	200	100	500
V(S)-V(S\A)	1 000	1 200	1 100	1 300
W(|S|)	1/3	1/6	1/6	1/3
X_A =1 150	333.33	200	183.33	433.33

表6-4　　　　基于Shapley值法物流配送企业2

信息共享价值分配表　　　金额单位：万元

S	B	BUA	BUC	AUBUC
V（S）	200	1 400	500	1 800
V(S\B)	0	1 000	100	1 200
V(S)-V(S\B)	200	400	400	600
W(|S|)	1/3	1/6	1/6	1/3
X_B = 400	66.67	66.67	66.67	200

表6-5　　　　　　　　　基于Shapley值法物流配送企业3

信息共享价值分配表　　　　　金额单位：万元

S	C	C∪A	C∪B	A∪B∪C
V(S)	100	1 200	500	1 800
V(S\C)	0	1 000	200	1 400
V(S)−V(S\C)	100	200	300	400
W(|S|)	1/3	1/6	1/6	1/3
X_C = 250	33.33	33.33	50	133.33

从表6-3、表6-4及表6-5可以看出，制造商1、物流配送企业2及物流配送企业3的信息共享价值分配值分别为1 150万元、400万元及250万元。因此，通过C2M电商供应链合作，可实现信息共享价值增长，信息共享价值增长量及价值增长率见表6-6。

表6-6　　　　　　　基于Shapley值法C2M电商供应链

信息共享价值增长情况表　　　　　金额单位：万元

利润分配	A	B	C
独立分配	1 000	200	100
合作分配	1 150	400	250
增长量	150	200	150
增长率（%）	15	100	150

3）基于GQP法的信息共享价值分配过程分析

C2M电商供应链可采用GQP法对信息共享价值进行分配，需先计算出可分离信息共享价值，然后在此基础上转化为二次规划问题。分离信息共享价值分别为：制造商1的可分离价值= V(A,B,C)−V(B,C)=1 800−500=1 300；物流配送企业2的可分离价值= V(A,B,C)−V(A,C)=1 800−1 200=600；物流配送企业3的可分离价值= V(A,B,C)−V(A,B)=1 800−1 400=400。在表6-1的基础上，三个参与主体的GQP法模型可转化为如下二次规划问题：

$$\min Z = (x_1 - 1\,300)^2 + (x_2 - 600)^2 + (x_3 - 400)^2$$

$$\text{s.t.} \begin{cases} x_1 \geqslant 1\,000 \\ x_2 \geqslant 200 \\ x_3 \geqslant 100 \\ x_1 + x_2 \leqslant 1\,400 \\ x_1 + x_3 \leqslant 1\,200 \\ x_2 + x_3 \leqslant 500 \\ x_1 + x_2 + x_3 = 1\,800 \end{cases} \tag{6.18}$$

求解得：X=（1 133.33，433.33，233.34）。制造商 1 信息共享价值分配为 1 133.33 万元，物流配送企业 2 的信息共享价值分配为 433.33 万元，物流配送企业 3 的信息共享价值分配为 233.34 万元。通过合作，可实现信息共享价值增长，信息共享价值增长量及价值增长率见表 6-7。

表 6-7　　　　　　　　　　**基于 GQP 法 C2M 电商供应链**

信息共享价值增长情况表　　　　金额单位：万元

利润分配	A	B	C
独立分配	1 000	200	100
合作分配	1 133.33	433.33	233.34
增长量	133.33	233.33	133.34
增长率（%）	13.33	116.67	133.34

4）基于纳什谈判解法模型的信息共享价值分配过程分析

C2M 电商供应链可采用纳什谈判解法模型对信息共享价值进行分配。在表 6-1 的基础上，三个参与主体的纳什谈判解法模型可转化为如下非线性规划问题：

$$\max V(S_1) = (x_1 - 1\,000)(x_2 - 200)(x_3 - 100)$$

$$\text{s.t.} \begin{cases} x_1 \geqslant 1\,000 \\ x_2 \geqslant 200 \\ x_3 \geqslant 100 \\ x_1 + x_2 + x_3 = 1\,800 \end{cases} \tag{6.19}$$

求解得：X=（1 166.67，366.67，266.66）。制造商 1、物流配送企业 2 及物流配送企业 3 的信息共享价值分配值分别为 1 166.67 万元、366.67 万元以及 266.66 万元。可见，C2M 电商供应链通过合作，可实现信息共享价值增长，价值增长量及价值增长率见表 6-8。

表6-8　　　　　　基于纳什谈判解法的C2M电商供应链

信息共享价值增长情况表　　　金额单位：万元

利润分配	A	B	C
独立分配	1 000	200	100
合作分配	1 166.67	366.67	266.66
增长量	166.67	166.67	166.66
增长率（%）	16.67	83.34	166.66

通过应用核仁理论分配模型、Shapley值法、GQP法和纳什谈判解法模型进行一次分配，此时可分别计算出制造商和两家物流配送企业通过合作可实现的信息共享价值分配。这四种分配模型计算出的分配结果具有一定的差异性、公平性和合理性，见表6-9。

表6-9　　　　　　基于四种分配模型的C2M电商供应链

合作信息共享价值分配表　　　单位：万元

分配模型	A	B	C
核仁理论模型	1 147.08	405.86	247.06
Shapley值法	1 150	400	250
GQP法	1 133.33	433.33	233.34
纳什谈判解法模型	1 166.67	366.67	266.66

为使C2M电商供应链合作运作模式能够更加稳定地存在并且更加有效地运作，拟采用信息熵法进行改进，进而得到优化的信息共享价值分配方案。

6.4.3　基于信息熵法的信息共享价值分配分析

第1步，确定分析序列。

对制造商和物流配送企业的信息共享价值进行评价和再优化，评价对象为制造商1、物流配送企业2和物流配送企业3，分别设定为X_1、X_2和X_3，每一评价对象均有4个指标，对应的是核仁理论模型、Shapley值法、GQP法和纳什谈判解法模型等四种信息共享价值分配数值，则$X_1=$（1 147.08，1 150，1 133.33，1 166.67），$X_2=$（405.86，400，433.33，366.67），$X_3=$（247.06，250，233.34，266.66）。

第2步，将原始数据无量纲化。

$\bar{X}_1=$（0.2495，0.2502，0.2465，0.2538）

$\bar{X}_2=$（0.2527，0.2491，0.2698，0.2283）

$\bar{X}_3=$（0.2478，0.2507，0.2340，0.2674）

第3步，计算信息熵值。

经计算，信息熵值分别为：$H_1=0.9464$；$H_2=0.9664$；$H_3=0.9453$；$H_4=0.9448$。

第4步，计算信息偏差系数。

经计算，信息偏差系数分别为：$\rho_1=0.0536$；$\rho_2=0.0536$；$\rho_3=0.0547$；$\rho_4=0.0552$。

第5步，计算指标权重熵权w_j。

经计算，指标权重熵权分别为：$w_1=24.70\%$；$w_2=24.70\%$；$w_3=25.18\%$；$w_4=25.43\%$。

根据计算出的指标权重，可计算出制造商1、物流配送企业2及物流配送企业3的最终信息共享价值分配值分别为：1 149.32万元，401.36万元，249.32万元。应用信息熵法，C2M电商供应链通过合作对应的信息共享价值实现增长，价值增长量及价值增长率见表6-10。

表6-10　　　　　　　　**基于信息熵法C2M电商供应链**

信息共享价值增长情况表　　　　　金额单位：万元

利润分配	A	B	C
独立分配	1 000	200	100
信息熵法	1 149.32	401.36	249.32
增长量	149.32	201.36	149.32
增长率（%）	14.93	100.68	149.32

通过表6-10可知，通过合作，制造商和物流配送企业的价值均得

到了不同程度的提升。但在价值增长量和价值增长率方面，物流配送企业要明显高于制造商，说明与单独运营相比，C2M电商供应链信息共享能给物流配送企业带来巨量增量收益。

6.4.4　比较分析

独立分配方案、核仁理论分配模型对应的分配方案、Shapley值法对应的分配方案、GQP法对应的分配方案、纳什谈判解法模型对应的分配方案及基于信息熵法的信息共享价值分配方案的C2M电商供应链信息共享价值分配结果见表6-11。

表6-11　　　**C2M电商供应链信息共享价值分配比较分析**　　金额单位：万元

利润分配	A	B	C
独立分配	1 000	200	100
信息熵法	1 149.32	401.36	249.32
核仁理论模型	1 147.08	405.86	247.06
Shapley值法	1 150	400	250
GQP法	1 133.33	433.33	233.34
纳什谈判解法模型	1 166.67	366.67	266.66

通过表6-11可知，制造商和物流配送企业通过核仁理论分配模型、Shapley值法、GQP法、纳什谈判解法模型和信息熵法等计算的五种合作信息共享价值分配方案要明显优于独立分配方案。通过表6-11还可知，相对于核仁理论分配模型、Shapley值法、GQP法和纳什谈判解法模型等四种合作信息共享价值分配方案，信息熵法更具备公平性和合理性。

6.5　本章小结

本章以由单一制造商和两家物流配送企业所构成的C2M电商供应链为例，分别应用核仁理论分配模型、Shapley值法、GQP法和纳什谈判解法模型等四种方法进行合作信息共享价值分配，通过计算发现这四种分配模型计算出的分配结果具有一定的差异性、公平性和合理性。为使电商供应链合作运作模式能够更加稳定地存在并且更加有效地运作，应用信息熵值对这四种分配模型进行综合，探讨信息共享价值优化分配方案。

研究发现，通过合作，制造商和物流配送企业的价值均得到了不同程度的提升，但在价值增长量和价值增长率方面物流配送企业要明显高于制造商，说明与单独运营相比，C2M电商供应链信息共享能给物流配送企业带来巨量增量收益。

制造商和物流配送企业通过合作，能提高C2M电商供应链信息资源的利用效率和效益，提升信息共享在C2M电商供应链中的价值创造功能，增加C2M电商供应链信息共享合作价值总值。但由于制造商和物流配送企业在C2M电商供应链上的影响力和谈判力不同，可采用的分配方法也不同，故供应链节点企业可通过加强其在C2M电商供应链上的影响力和谈判力，增加在C2M电商供应链上的贡献度，从而获取更多的价值增值。

7 转移供应链中断风险的营业中断保险购买决策研究

节点企业在认识到供应链中断风险必然性的基础上，正积极主动、被动、有弹性地应用不同控制策略，降低风险，转移中断风险（Kumar，2012；Giri 和 Sarker，2017；Saghafian 和 Van Oyen，2016）[296][297][298]。营业中断保险作为转移供应链中断风险的有力工具，能有效补偿中断事件所造成的经济损失，能帮助企业尽快恢复生产，并降低对整条供应链的影响。

本章首先对营业中断保险在欧美国家及我国的发展情况进行了简单介绍，阐述在我国发展营业中断保险业务的严峻形势与重要性。其次对供应链中断风险损失进行分类，然后在此基础上将供应链中断风险损失分为 BI 保险可赔付损失和 BI 保险不可赔付损失两类进行测算。再次研究由一个制造商和一个零售商组成的二级供应链系统，当制造商营业中断时，营业中断保险的购买价值及购买决策条件。在制造商营业中断环境下，对不投保、制造商投保、零售商和供应链整体投保三种情况进行了模型构建，并进行了比较分析，探寻营业中断保险的购买价值及购买决策条件。最后用数值仿真对上述模型进行模拟和验证。

7.1 引言

营业中断保险（Business Interruption Insurance，BI 保险），是指被保险企业遭受到某些保险责任范围内的损失，例如意外事故、自然灾害等等，可向保险公司提出保险补偿的财产保险。一般而言，当被保险企业满足理赔要求时，保险公司需要向该企业支付由于停产、停业或营业中断等产生的直接或间接的经济损失。营业中断保险与一般财产保险相比的突出特点是，保险公司只对因保险标的物的毁损、灭失而导致的被保险人收入损失或费用增加的间接损失承担保险责任。

作为转移营业中断风险的有力工具，BI 保险于 18 世纪末被提出，是欧美日等发达国家企业普遍购买的一类财产保险，已经成为一项重要风险保障计划和制度，它不仅能够帮助企业补偿营业中断经济损失，还能帮助企业恢复生产运营。如 2000 年，爱立信因其供应商发生火灾而导致营业中断，为此保险公司赔偿爱立信营业中断损失近 2 亿美元。如 "9·11" 恐怖袭击导致近 400 亿美元的保险赔偿，其中 BI 保险赔偿额占比高达三分之一。在我国，BI 保险作为多家保险公司经营的一类险种，却长期处于边缘化发展状态。如 2008 年冰灾所造成的巨额经济损失中，保险赔偿额仅占直接经济损失的百分之一。

在我国，1994 年中国人民银行发布了利润损失险和机器损失险条款，并从 1995 年 1 月 1 日起实施。在我国营业中断保险经营实务中，营业中断保险包括适用于非制造业的利润损失险和适用于制造业的机损利损险，且这两个险种是作为财产保险和机器损坏险的附加险来承保的。投保利润损失险是以企业投保财产保险为前提的，主要保障企业因自然灾害、意外事故及盗窃、疏忽、恶意行为等人为事故造成企业营业中断而导致的利润损失。投保机损利损险是以企业投保机器损坏险为基础的，主要保障企业机器设备在遭受意外事故受损时，由于重置或修复机器设备致使营业中断带来的利润损失。目前，中国人民财产保险股份有限公司、中国平安保险公司、中国太平洋保险公司和华泰财产保险公司等48家保险公司经营营业中断保险。目前，我国营业中断保险业务发展十分缓慢，保险公司提供的营业中断保险产品少，保费收入规模很小，营业中断保险的投保主体主要为"三资企业"，我国内资企业很少购买BI保险，这与发达国家企业的购买情况形成了鲜明对比。

差别如此之大，我国企业的BI保险投保率如此低下，原因何在？在宏观层面上，我国BI保险制度发展严重滞后，BI保险理论体系不完善，BI保险承保理赔专业人才稀缺等，均在一定程度上制约了BI保险的发展。在中观层面上，我国保险行业对营业中断保险产品开发主要参考了发达国家保险条款，并没有开发出符合我国国情及我国保险市场实际需求的保险产品，而且对BI保险的支持和推广力度不到位，因而市场覆盖率极低。在微观层面上，国内企业的风险意识薄弱，对BI保险的认知率和投保积极性均不高。保障我国企业持续稳定发展的当务之急是帮助企业认知和熟悉BI保险，增强风险意识，合理制订风险保障计划，积极寻求现代风险管控方式保护。

为此，本章假定存在由一个制造商和一个零售商组成的二级供应链系统，当制造商出现营业中断时，综合考虑利润、风险、惩罚成本、商誉成本和融资成本等因素，分别建立供应链企业不投保、制造商投保及制造商营业中断零售商投保三种模型，探讨BI保险购买决策条件，探寻BI保险购买决策对供应链节点企业的利润及供应链整体利润的影响，为企业BI保险购买决策、成本补偿机制和合作策略提供决策支持。

供应链中断风险损失分类与测算是企业购买BI保险和制定营业中断风险转移策略的直接依据，故本章7.2节先对供应链营业中断风险损失进行分类，然后在此基础上将供应链营业中断风险损失分为BI保险可赔付损失和BI保险不可赔付损失两类进行测算。本章7.3节是模型描述与参数设置。假设当制造商出现营业中断时，制造商可在不购买财产保险的基础上单独购买BI保险，零售商也可通过购买BI保险补偿损失，供应链还可以供应链整体为投保对象购买BI保险。本章7.4节是对制造商营业中断但不投保模型的构建与分析。本章7.5节是对制造商营业中断且制造商投保模型、零售商投保模型及供应链整体投保模型的构建与分析，主要分析不同购买主体下营业中断保险的购买价值及购买决策条件，对比分析其对制造商、零售商及供应链整体的影响过程。本章 7.6 节是数值仿真。本章 7.7 节是结论和建议。

7.2 供应链中断风险损失分类与测算

供应链中断风险损失分类是进行中断风险损失测算的前提和依据，而供应链中断风险损失测算主要包含 BI 保险可赔付损失测算和 BI 保险不可赔付损失测算两部分。供应链中断风险损失测算是企业购买 BI 保险和制定营业中断风险转移策略的直接依据。

7.2.1 供应链中断风险损失分类

为了便于企业从 BI 保险购买视角对供应链中断风险损失进行测算，本章将供应链中断风险损失分为 BI 保险可赔付损失和 BI 保险不可赔付损失。在参考美国 BI 保险赔付模式的基础上，将 BI 保险可赔付损失界定为由中断所导致的营业利润低于正常情况下营业利润的差额，可通过 BI 保险赔付。当责任范围内的保险事故发生时，BI 保险的被保险人提出理赔要求，需满足引起直接的财产损坏或物质损失、必要的营业中断、实际收入损失、营业中断期限等条件。

为了便于企业区分直接中断损失、间接中断损失、有形中断损失和无形中断损失的差异，本章对此进行界定。按损失类型，将供应链中断损失分为直接中断损失和间接中断损失。直接中断损失是指由于中断导致的收入减少，如企业减产、停产、延期交货、违约、原材料价格上涨、库存不能及时售出等损失；而间接中断损失是指因中断导致的额外费用的增加，如处理剩余库存的费用、消除灾害的费用、灾害安抚费用、重建预期费用、惩罚成本等。直接中断损失和间接中断损失具备较好的损失可度量性，是有形中断损失的最主要组成部分。无形中断损失是一些较难度量的中断损失，如中断导致的企业声誉受损、市场份额下降、增长放缓等。据此，部分有形中断损失是 BI 保险可赔付损失，部分有形中断损失和无形中断损失是 BI 保险不可赔付损失。

7.2.2　营业中断保险可赔付损失测算

营业中断保险可赔付损失测算，首先需确定保险赔偿期，然后预测并调整如果没有发生中断可获取的营业利润。本章在研究 BI 保险可赔付损失特征的基础上，科学地界定营业中断持续时间和保险赔偿期，基于利润=收入−成本（费用）视角，将 BI 保险可赔付损失分解为营业收入减少导致的利润损失（简记为"营业收入损失"）以及费用变化导致的利润损失两部分。营业收入损失测算方法主要有"事前事后法"和"标杆法"两种。费用变化导致的利润损失由两部分构成：中断导致的某些非持续性费用的减少，如原材料生产成本；中断导致的某些额外费用的增加，如未售出处理成本。费用变化导致的利润损失可直接从企业财务数据的记录中获得，直接进行测算。

7.2.3　营业中断保险不可赔付损失测算

部分有形中断损失和无形中断损失属于 BI 保险不可赔付损失，是企业自身需承担的额外成本。相对于 BI 保险可赔付损失，BI 保险不可赔付损失的测算难度更大。本章拟在研究 BI 保险不可赔付损失特征的基础上进行分类分析，挖掘 BI 保险不可赔付损失的核心组成部分，确定与之对应的中断恢复时间。

声誉损失、市场份额损失和惩罚成本损失是 BI 保险不可赔付损失的核心组成部分。声誉恢复时间和市场份额恢复时间可能远长于中断持续时间。声誉恢复时间是声誉损失对应的中断恢复时间，市场份额恢复时间是市场份额损失所对应的中断恢复时间。惩罚成本损失是指由于中断所造成的有形收益损失而带来的资金短缺，将带来外部融资成本。惩罚恢复时间是惩罚成本损失对应的中断恢复时间。BI 保险购买的作用机制在于能对 BI 保险可赔付损失进行赔付，该部分在 BI 保险可赔付损失部分进行测算。与此同时，BI 保险购买的作用机制还可通过减少外部融资成本和投资不足所带来的利益损失而使公司获益，这种补偿机制可通过引入 BI 保险补偿系数进行描述，可部分弥补惩罚成本损失，这部分应放在惩罚成本损失中，在 BI 保险不可赔付损失部分进行测算。

在挖掘出 BI 保险不可赔付损失的核心组成部分，并对声誉损失、市场份额损失和惩罚成本损失三类核心 BI 保险不可赔付损失进行内涵界定和核算口径界定后，对 BI 保险不可赔付损失的各组成部分进行分项测算，并确定与之对应的中断恢复时间，进而根据企业类型汇总测算出 BI 保险不可赔付损失。

7.3 模型描述与参数设置

本章研究的是由一个制造商和一个零售商组成的二级供应链系统。当制造商正常营业时，生产产品的单位成本为 c，并以单位批发价格 w 批发给零售商，零售商根据市场需求 Q=α-βp（α 为市场容量，β 为价格敏感因子，p 为市场销售价格，均大于 0）制定订货量 q。由于零售商具备掌握终端渠道能力，拥有销售定价权，其制定的是市场出清价 p，订货量 q 等于市场需求 Q。为了规避缺货及供货不足风险，零售商与制造商签订中断惩罚契约，制造商每少供应一件产品的惩罚成本为 φ，不妨用中断惩罚系数表示。制造商出现营业中断的概率为 ρ。当制造商出现营业中断时，制造商会面临商誉损失和融资成本损失。当制造商出现营业中断时，为了恢复营业，制造商急需专项资金投入，导致企业融资需求增加，带来融资成本损失，考虑到生产营业恢复能力、利润与融资成本损失呈反比，不妨将单件融资成本损失定义为单件利润减少导致的融资成本增加，用 σ 表示。当制造商出现营业中断时，由于不能及时满足消费者对商品的需求，导致制造商和零售商面临商誉损失成本，不妨将单件商誉成本损失定义为每少卖一件产品导致的商誉减损，用 δ 表示。

在英国，企业能够单独投保营业中断保险，但是在美国和中国，营业中断保险只能作为财产保险的附加险，换句话来说，只有在投保财产保险的前提下，才能投保营业中断保险，且只有前者得到了赔偿，营业中断保险才能得到赔偿。当制造商出现营业中断时，若节点企业购买了财产保险和营业中断保险，则可通过保险索赔。通过保险索赔可补偿节点企业的部分损失，称为 BI 保险可赔付损失，不妨用 ϑ 表示，营业中断保险费用 r 表示。与此同时，部分损失不能通过保险索赔，称为 BI 保险不可赔付损失，不妨用 τ 表示，如商誉损失成本和融资成本损失就属于 BI 保险不可赔付损失。

模型假设如下：

（1）零售商和制造商是风险中性的，均以各自期望利润最大化为决策目标。

（2）零售商订货量为市场出清的订货量，即零售商订货量正好满足市场需求，即 q = Q。

（3）供货中断不妨用 μ（μ = 0 或 1）表示，制造商若能正常供货，表明能满足零售商全部订单，取值为 1；制造商若营业中断，供货为 0，取值为 0。

（4）BI 保险保险费率外生，用 r 表示，且赔偿期在保险合同最大赔偿期限内。

（5）BI 保险购买条件之一是营业中断后的 BI 保险可赔付损失的期望值要大于其向保险公司缴纳的保费，否则企业不投保，此时 r < ρ。

模型参数定义见表 7-1。

表 7-1   **模型参数定义**

参数	定义	参数	定义	参数	定义
c	单位生产成本	φ	中断惩罚系数	μ	供货中断
w	单位批发价格	σ	单件融资成本损失	r	BI 保险保险费率
q	零售商订货量	δ	单件商誉成本损失	ϑ	BI 保险可赔付损失
α	市场容量	π_M	制造商利润	τ	BI 保险不可赔付损失
β	价格敏感因子	π_R	零售商利润	p	市场销售价格
ρ	营业中断概率	π	供应链总利润		

当制造商正常运营时，制造商和零售商的利润函数分别为：$\pi_M(w) = (w - c)q$；$\pi_R(q) = (p - w)q$。

将 q = α − βp 代入上式，通过计算，可得到零售商的最优订货量

$q_0^* = \dfrac{\alpha - \beta c}{4}$，此时的市场价格 $p_0^* = \dfrac{3\alpha + \beta c}{4\beta}$，制造商的最优批发价

$w_0^* = \dfrac{\alpha + \beta c}{2\beta}$，制造商的最大利润 $\pi_M^* = \dfrac{2}{\beta}(q_0^*)^2 = \dfrac{(\alpha - \beta c)^2}{8\beta}$，零售商的最大利

润 $\pi_R^* = \dfrac{1}{\beta}(q_0^*)^2 = \dfrac{(\alpha - \beta c)^2}{16\beta}$。

7.4　制造商营业中断但不投保模型

当制造商出现营业中断时，制造商和零售商需承担商誉损失和融资成本损失。为了简化模型结构，仅就制造商和零售商分别单项承担情况进行讨论，而不就共同承担和同时承担进行讨论。

7.4.1　制造商承担融资成本损失和商誉成本损失模型（情景1）

当制造商营业中断时，制造商和零售商的利润函数分别为：$\pi_M(w) = (w-c)\mu q - (\varphi + \sigma + \delta)(q - \mu q)$，$\pi_R(q) = (p-w)\mu q + \varphi(q - \mu q)$，分别求均值，可得：

$$E[\pi_M(w)] = (1-\rho)(w-c)q - \rho(\varphi + \sigma + \delta)q \tag{7.1}$$

$$E[\pi_R(q)] = (1-\rho)(p-w)q + \rho\varphi q \tag{7.2}$$

定理1：当制造商不投保时：$q_1^* = \dfrac{\alpha - \beta c}{4} - \dfrac{\beta\rho(\sigma + \delta)}{4(1-\rho)}$，$p_1^* = \dfrac{3\alpha + \beta c}{4}$

$+ \dfrac{\rho(\sigma + \delta)}{4(1-\rho)}$，$w_1^* = \dfrac{\alpha + \beta c}{2\beta} + \dfrac{\rho(2\varphi + \sigma + \delta)}{2(1-\rho)}$，$E[\pi_M(w_1^*)] = \dfrac{2(1-\rho)}{\beta}(q_1^*)^2 =$

$\dfrac{2(1-\rho)}{\beta}\left[\dfrac{\alpha - \beta c}{4} - \dfrac{\beta\rho(\sigma + \delta)}{4(1-\rho)}\right]^2$，$E[\pi_R(q_1^*)] = \dfrac{(1-\rho)}{\beta}(q_1^*)^2 = \dfrac{(1-\rho)}{\beta}$

$\left[\dfrac{\alpha - \beta c}{4} - \dfrac{\beta\rho(\sigma + \delta)}{4(1-\rho)}\right]^2$。

证明：将 $q = \alpha - \beta p$ 代入式（7.2），可得：

$$E[\pi_R(q)] = (1-\rho)\left(\frac{\alpha-q}{\beta} - w\right)q + \rho\varphi q \tag{7.3}$$

对式（7.3）分别求关于 q 的一阶偏导和二阶偏导，可得：

$$\frac{\partial E[\pi_R(q)]}{\partial q} = (1-\rho)\left(\frac{\alpha}{\beta} - w + \frac{\rho\varphi}{1-\rho} - \frac{2}{\beta}q\right) , \qquad \frac{\partial^2 E[\pi_R(q)]}{\partial q^2} = (1-\rho)$$

$$\left(\frac{\alpha}{\beta} - w + \frac{\rho\varphi}{1-\rho} - \frac{2}{\beta}q\right) = -\frac{2}{\beta}(1-\rho) < 0 。$$综上可知，针对制造商给定的批发

价 w，在定义域内，$E[\pi_R(q)]$ 是 q 的凹函数，存在唯一的最优订货量，

满足 $q_i^* = \dfrac{\alpha - \beta w + \rho\beta\varphi\big/(1-\rho)}{2}$。零售商订购量是制造商的生产量，将 q_i^*

代入式（7.1），可得：

$$E[\pi_M(w)] = \left[(1-\rho)(w-c) - \rho(\varphi+\sigma+\delta)\right]\frac{\alpha - \beta w + \rho\beta\varphi\big/(1-\rho)}{2} \tag{7.4}$$

对式（7.4）分别求关于 w 的一阶偏导和二阶偏导，可得：

$$\frac{\partial E[\pi_M(w)]}{\partial w} = \frac{1-\rho}{2}\left(\alpha + \beta c + \frac{\beta\rho(2\varphi+\sigma+\delta)}{1-\rho} - 2\beta w\right) , \qquad \frac{\partial^2 E[\pi_M(q)]}{\partial w^2} =$$

$$-\beta(1-\rho) < 0 。$$综上可知，针对零售商制定的订货量 q，在定义域内，

$E[\pi_R(w)]$ 是 w 的凹函数，存在唯一的最优批发价，满足 $w_i^* = \dfrac{\alpha+\beta c}{2\beta} +$

$\dfrac{\rho(2\varphi+\sigma+\delta)}{2(1-\rho)} = w_0^* + \dfrac{\rho(2\varphi+\sigma+\delta)}{2(1-\rho)}$，将 w_i^* 代入 $q_i^* = \dfrac{\alpha - \beta w - \rho\beta\varphi\big/(1-\rho)}{2}$，可

得 $q_i^* = \dfrac{\alpha - \beta c}{4} - \dfrac{\beta\rho(\sigma+\delta)}{4(1-\rho)}$，$p_i^* = \dfrac{3\alpha+\beta c}{4} + \dfrac{\rho(\sigma+\delta)}{4(1-\rho)}$。将 $w_i^* = \dfrac{\alpha+\beta c}{2\beta}$

$+\dfrac{\rho(2\varphi+\sigma+\delta)}{2(1-\rho)}$ 和 $q_i^* = \dfrac{\alpha-\beta c}{4} - \dfrac{\beta\rho(\sigma+\delta)}{4(1-\rho)}$ 代入式（7.1）和式（7.2）可

得：$E[\pi_M(w_i^*)] = \dfrac{2(1-\rho)}{\beta}(q_i^*)^2 = \dfrac{2(1-\rho)}{\beta}\left[\dfrac{\alpha-\beta c}{4} - \dfrac{\beta\rho(\sigma+\delta)}{4(1-\rho)}\right]^2$，

$$E[\pi_R(q_i^*)] = \dfrac{1-\rho}{\beta}(q_i^*)^2 = \dfrac{1-\rho}{\beta}\left[\dfrac{\alpha-\beta c}{4} - \dfrac{\beta\rho(\sigma+\delta)}{4(1-\rho)}\right]^2，$$定理 1 得以

证明。

推论 1：当制造商营业中断但不投保且制造商承担融资成本损失和商誉成本损失时，与正常营业情况相比较，最优订货量、制造商和零售商最大期望利润均下降，制造商通过将批发价提高 $\dfrac{\rho(2\varphi+\sigma+\delta)}{2(1-\rho)}$ 来转嫁中断惩罚契约中的中断惩罚成本、融资成本损失和商誉成本损失，零售商则通过将销售价格提高 $\dfrac{\rho(\sigma+\delta)}{4(1-\rho)}$ 将部分损失转嫁给消费者。

证明：因为 $0\leqslant\rho\leqslant1$，根据定理 1 可知，

$$\Delta w_1 = w_1^* - w_0^* = \left[\frac{\alpha+\beta c}{2\beta}+\frac{\rho(2\varphi+\sigma+\delta)}{2(1-\rho)}\right] - \left[\frac{\alpha+\beta c}{2\beta}\right] = \frac{\rho(2\varphi+\sigma+\delta)}{2(1-\rho)}\geqslant0,$$

$$\Delta q_1 = q_1^* - q_0^* = \left[\frac{\alpha-\beta c}{4}-\frac{\beta\rho(\sigma+\delta)}{4(1-\rho)}\right] - \left[\frac{\alpha-\beta c}{4}\right] = -\frac{\beta\rho(\sigma+\delta)}{4(1-\rho)}\leqslant0,$$

$$\Delta p_1 = p_1^* - p_0^* = \left[\frac{3\alpha+\beta c}{4}+\frac{\rho(\sigma+\delta)}{4(1-\rho)}\right] - \left[\frac{3\alpha+\beta c}{4\beta}\right] = \frac{\rho(\sigma+\delta)}{4(1-\rho)}\geqslant0, \quad \Delta\pi_{1M} =$$

$$E\left[\pi_M(w_1^*)\right] - E\left[\pi_M(w_0^*)\right] = \frac{2(1-\rho)}{\beta}(q_1^*)^2 - \frac{2}{\beta}(q_0^*)^2 \leqslant \frac{2}{\beta}(q_1^*)^2 - \frac{2}{\beta}(q_0^*)^2$$

$$= -\frac{\rho(\sigma+\delta)}{2(1-\rho)}\left[\frac{\alpha-\beta c}{2}-\frac{\beta\rho(\sigma+\delta)}{4(1-\rho)}\right](q_1^*+q_0^*) \leqslant 0, \quad \Delta\pi_{1R} = E\left[\pi_R(q_1^*)\right]$$

$$- E\left[\pi_R(q_0^*)\right] = \frac{(1-\rho)}{\beta}(q_1^*)^2 - \frac{1}{\beta}(q_0^*)^2 \leqslant \frac{1}{\beta}(q_1^*)^2 - \frac{1}{\beta}(q_0^*)^2 = \frac{1}{\beta}\Delta q_1(q_1^*+q_0^*)$$

$$= -\frac{\rho(\sigma+\delta)}{4(1-\rho)}\left[\frac{\alpha-\beta c}{2}-\frac{\beta\rho(\sigma+\delta)}{4(1-\rho)}\right]\leqslant0。$$

推论 2：当制造商营业中断但不投保且不考虑商誉成本损失和融资成本损失时，与正常营业情况相比较，最优订货量与销售价格不变，制造商通过提高批发价 $\dfrac{\rho\varphi}{(1-\rho)}$ 将中断惩罚契约中的中断惩罚成本部分转嫁给零售商，零售商通过所获取的中断惩罚收入部分补偿制造商的转嫁成本，并不将损失转嫁给消费者，制造商和零售商最大期望利润均

下降。

证明：因为 $0 \leqslant \rho \leqslant 1$，$\sigma = \delta = 0$，根据定理 1 可知，$q_1^* = \dfrac{\alpha - \beta c}{4}$，$p_1^* =$

$\dfrac{3\alpha + \beta c}{4}$，$w_1^* = \dfrac{\alpha + \beta c}{2\beta} + \dfrac{\rho\varphi}{(1-\rho)}$，$E[\pi_M(w_1^*)] = \dfrac{2(1-\rho)}{\beta}(q_1^*)^2 = \dfrac{2(1-\rho)}{\beta}$

$(\dfrac{\alpha - \beta c}{4})^2$，$E[\pi_R(q_1^*)] = \dfrac{(1-\rho)}{\beta}(q_1^*)^2 = \dfrac{(1-\rho)}{\beta}(\dfrac{\alpha - \beta c}{4})^2$，$\Delta w_1 = w_1^* - w_0^*$

$= \left[\dfrac{\alpha + \beta c}{2\beta} + \dfrac{\rho\varphi}{(1-\rho)}\right] - (\dfrac{\alpha + \beta c}{2\beta}) = \dfrac{\rho\varphi}{(1-\rho)} \geqslant 0$，$\Delta q_1 = q_1^* - q_0^* = (\dfrac{\alpha - \beta c}{4})$

$-(\dfrac{\alpha - \beta c}{4})$，$= 0$，$\Delta p_1 = p_1^* - p_0^* = (\dfrac{3\alpha + \beta c}{4}) - (\dfrac{3\alpha + \beta c}{4}) = 0$，$\Delta \pi_{1M} =$

$E[\pi_M(w_1^*)] - E[\pi_M(w_0^*)] = \dfrac{2(1-\rho)}{\beta}(q_1^*)^2 - \dfrac{2}{\beta}(q_1^*)^2 = -\dfrac{2\rho}{\beta}(q_1^*)^2 = -\dfrac{2\rho}{\beta}(\dfrac{\alpha - \beta c}{4})^2$

$\leqslant 0$，$\Delta \pi_{1R} = E[\pi_R(q_1^*)] - E[\pi_R(q_0^*)] = \dfrac{(1-\rho)}{\beta}(q_1^*)^2 - \dfrac{1}{\beta}(q_1^*)^2 = -\dfrac{\rho}{\beta}(\dfrac{\alpha - \beta c}{4})^2$

$\leqslant 0$。

推论 3：当制造商营业中断但不投保且制造商承担融资成本损失和商誉成本损失且不考虑中断惩罚成本时，与正常营业情况相比较，最优订货量、制造商和零售商最大期望利润均下降，制造商通过将批发价提高 $\dfrac{\rho(\sigma + \delta)}{2(1-\rho)}$ 来转嫁融资成本损失和商誉成本损失，零售商则通过将销售价格提高 $\dfrac{\rho(\sigma + \delta)}{4(1-\rho)}$ 将部分损失转嫁给消费者。

证明：因为 $0 \leqslant \rho \leqslant 1$，$\varphi = 0$，根据定理 1 可知，$q_1^* = \dfrac{\alpha - \beta c}{4}$

$-\dfrac{\beta\rho(\sigma + \delta)}{4(1-\rho)}$，$p_1^* = \dfrac{3\alpha + \beta c}{4} + \dfrac{\rho(\sigma + \delta)}{4(1-\rho)}$，$w_1^* = \dfrac{\alpha + \beta c}{2\beta} + \dfrac{\rho(\sigma + \delta)}{2(1-\rho)}$，$E[\pi_M(w_1^*)]$

$= \dfrac{2(1-\rho)}{\beta}(q_1^*)^2 = \dfrac{2(1-\rho)}{\beta}\left[\dfrac{\alpha - \beta c}{4} - \dfrac{\beta\rho(\sigma + \delta)}{4(1-\rho)}\right]^2$，$E[\pi_R(q_1^*)] = \dfrac{(1-\rho)}{\beta}(q_1^*)^2$

$= \dfrac{(1-\rho)}{\beta}\left[\dfrac{\alpha - \beta c}{4} - \dfrac{\beta\rho(\sigma + \delta)}{4(1-\rho)}\right]^2$，$\Delta w_1 = w_1^* - w_0^* = \left[\dfrac{\alpha + \beta c}{2\beta} + \dfrac{\rho(\sigma + \delta)}{2(1-\rho)}\right] -$

$$(\frac{\alpha + \beta c}{2\beta}) = \frac{\rho(\sigma + \delta)}{2(1 - \rho)} \geq 0, \quad \Delta q_1 = q_1^* - q_0^* = \left[\frac{\alpha - \beta c}{4} - \frac{\beta\rho(\sigma + \delta)}{4(1 - \rho)}\right] - (\frac{\alpha - \beta c}{4})$$

$$= \quad \Delta q_1 = q_1^* - q_0^* = \left[\frac{\alpha - \beta c}{4} - \frac{\beta\rho(\sigma + \delta)}{4(1 - \rho)}\right] - (\frac{\alpha - \beta c}{4}) = -\frac{\beta\rho(\sigma + \delta)}{4(1 - \rho)} \leq 0,$$

$$\Delta p_1 = p_1^* - p_0^* = \left[\frac{3\alpha + \beta c}{4} + \frac{\rho(\sigma + \delta)}{4(1 - \rho)}\right] - (\frac{3\alpha + \beta c}{4\beta}) = \frac{\rho(\sigma + \delta)}{4(1 - \rho)} \geq 0, \quad \Delta\pi_{1M} =$$

$$E\left[\pi_M(w_1^*)\right] - E\left[\pi_M(w_0^*)\right] = \frac{2(1 - \rho)}{\beta}(q_1^*)^2 - \frac{2}{\beta}(q_0^*)^2 \leq \frac{2}{\beta}(q_1^*)^2 = \frac{2}{\beta}(q_0^*)^2 =$$

$$-\frac{\rho(\sigma + \delta)}{2(1 - \rho)}\left[\frac{\alpha - \beta c}{2} - \frac{\beta\rho(\sigma + \delta)}{4(1 - \rho)}\right](q_1^* + q_0^*) \leq 0, \quad \Delta\pi_{1R} = E\left[\pi_R(q_1^*)\right] -$$

$$E\left[\pi_R(q_0^*)\right] = \frac{(1 - \rho)}{\beta}(q_1^*)^2 - \frac{1}{\beta}(q_0^*)^2 \leq \frac{1}{\beta}(q_1^*)^2 - \frac{1}{\beta}(q_0^*)^2 = \frac{1}{\beta}\Delta q_1(q_1^* + q_0^*) =$$

$$-\frac{\rho(\sigma + \delta)}{4(1 - \rho)}\left[\frac{\alpha - \beta c}{2} - \frac{\beta\rho(\sigma + \delta)}{4(1 - \rho)}\right] \leq 0_\circ$$

推论 4：当制造商营业中断但不投保且不考虑中断惩罚成本、融资成本损失和商誉成本损失时，与正常营业情况相比较，最优订货量、销售量、销售价格均不变，制造商和零售商最大期望利润均下降。

证明：因为 $0 \leq \rho \leq 1$，$\sigma = \delta = \varphi = 0$，根据定理 1 可知，$q_1^* = \frac{\alpha - \beta c}{4}$，

$$p_1^* = \frac{3\alpha + \beta c}{4}, \quad w_1^* = \frac{\alpha + \beta c}{2\beta}, \quad E\left[\pi_M(w_1^*)\right] = \frac{2(1 - \rho)}{\beta}(q_1^*)^2 = \frac{2(1 - \rho)}{\beta}(\frac{\alpha - \beta c}{4})^2,$$

$$E\left[\pi_R(q_1^*)\right] = \frac{(1 - \rho)}{\beta}(q_1^*)^2 = \frac{(1 - \rho)}{\beta}(\frac{\alpha - \beta c}{4})^2, \quad \Delta w_1 = w_1^* - w_0^* = (\frac{\alpha + c}{2\beta}) -$$

$$(\frac{\alpha + \beta c}{2\beta}) = 0, \quad \Delta q_1 = q_1^* - q_0^* = (\frac{\alpha - \beta c}{4}) - (\frac{\alpha - \beta c}{4}) = 0, \quad \Delta p_1 = p_1^* - p_0^* =$$

$$(\frac{3\alpha + \beta c}{4}) - (\frac{3\alpha + \beta c}{4\beta}) = 0, \quad \Delta\pi_{1M} = E\left[\pi_M(w_1^*)\right] - E\left[\pi_M(w_0^*)\right] = \frac{2(1 - \rho)}{\beta}(q_1^*)^2$$

$$-\frac{2}{\beta}(q_0^*)^2 = -\frac{2\rho}{\beta}(q_1^*)^2 \leq 0, \quad \Delta\pi_{1R} = E\left[\pi_R(q_1^*)\right] - E\left[\pi_R(q_0^*)\right] = \frac{(1 - \rho)}{\beta}(q_1^*)^2 - \frac{1}{\beta}$$

$$(q_1^*)^2 = -\frac{\rho}{\beta}(q_0^*)^2 \leq 0_\circ$$

7.4.2 零售商承担融资成本损失和商誉成本损失模型（情景2）

当制造商营业中断时，制造商和零售商的利润函数分别为：

$\pi_M(w) = (w-c)\mu q - \varphi(q-\mu q)$；$\pi_R(q) = (p-w)\mu q + (\varphi-\sigma-\delta)(q-\mu q)$，

分别求均值，可得：

$$E[\pi_M(w)] = (1-\rho)(w-c)q - \rho\varphi q \tag{7.5}$$

$$E[\pi_R(q)] = (1-\rho)(p-w)q + \rho(\varphi-\sigma-\delta)q \tag{7.6}$$

定理2：在制造商不投保时：$q_2^* = \dfrac{\alpha-\beta c}{4} - \dfrac{\beta\rho(\sigma+\delta)}{4(1-\rho)}$，$w_2^* = \dfrac{\alpha+\beta c}{2\beta} +$

$\dfrac{\rho(2\varphi-\sigma-\delta)}{2(1-\rho)}$，$p_2^* = \dfrac{3\alpha+\beta c}{4\beta} + \dfrac{\rho(\sigma+\delta)}{4(1-\rho)}$，$E[\pi_M(w_2^*)] = \dfrac{2(1-\rho)}{\beta}(q_2^*)^2 =$

$\dfrac{2(1-\rho)}{\beta}\left[\dfrac{\alpha-\beta c}{4} - \dfrac{\beta\rho(\sigma+\delta)}{4(1-\rho)}\right]^2$，$E[\pi_R(q_2^*)] = \dfrac{(1-\rho)}{\beta}(q_1^*)^2 = \dfrac{(1-\rho)}{\beta}$

$\left[\dfrac{\alpha-\beta c}{4} - \dfrac{\beta\rho(\sigma+\delta)}{4(1-\rho)}\right]^2$。

证明：将 $q = \alpha - \beta p$ 代入式（7.6），可得：

$$E[\pi_R(q)] = (1-\rho)\left(\dfrac{\alpha-q}{\beta} - w\right)q + \rho(\varphi-\sigma-\delta)q \tag{7.7}$$

对式（7.7）分别求关于 q 的一阶偏导和二阶偏导，可得：

$$\dfrac{\partial E[\pi_R(q)]}{\partial q} = (1-\rho)\left(\dfrac{\alpha}{\beta} - w + \dfrac{\rho\varphi}{1-\rho} - \dfrac{\rho(\varphi-\sigma-\delta)}{2(1-\rho)} - \dfrac{2}{\beta}q\right)，\quad \dfrac{\partial^2 E[\pi_R(q)]}{\partial q^2}$$

$= -\dfrac{2}{\beta}(1-\rho) < 0$。综上可知，针对制造商给定的批发价 w，在定义域内，

$E[\pi_R(q)]$ 是 q 的凹函数，存在唯一的最优订货量，满足 $q_2^* =$

$\dfrac{\alpha-\beta w + \rho\beta(\varphi-\sigma-\delta)\big/(1-\rho)}{2}$。零售商的订购量是制造商的生产量，将

q_2^* 代入式（7.5），可得：

$$E[\pi_M(w)] = \left[(1-\rho)(w-c) - \rho\varphi\right]\dfrac{\alpha-\beta w + \rho\beta(\varphi-\sigma-\delta)\big/(1-\rho)}{2} \tag{7.8}$$

对式（7.8）分别求关于 w 的一阶偏导和二阶偏导，可得：

$$\frac{\partial E[\pi_M(w)]}{\partial w} = \frac{(1-\rho)}{2}\left[\alpha + \beta c + \frac{\beta\rho(2\varphi - \sigma - \delta)}{1-\rho} - 2\beta w\right], \quad \frac{\partial^2 E[\pi_M(q)]}{\partial w^2} = -\beta(1-\rho) < 0$$。综上可知，针对零售商制定的订货量 q，在定义域内，

$E[\pi_R(w)]$ 是 w 的凹函数，存在唯一的最优批发价，满足 $w_2^* = \frac{\alpha + \beta c}{2\beta} +$

$\frac{\rho(2\varphi - \sigma - \delta)}{2(1-\rho)}$，将 w_2^* 代入 $q_2^* = \dfrac{\alpha - \beta w + \rho\beta(\varphi - \sigma - \delta)\Big/(1-\rho)}{2}$，可得 $q_2^* =$

$\dfrac{\alpha - \beta c}{4} - \dfrac{\beta\rho(\sigma + \delta)}{4(1-\rho)}$，$p_2^* = \dfrac{3\alpha + \beta c}{4\beta} + \dfrac{\rho(\sigma + \delta)}{4(1-\rho)}$。将 $w_2^* = \dfrac{\alpha + \beta c}{2\beta} + \dfrac{\rho(2\varphi - \sigma - \delta)}{2(1-\rho)}$

和 $q_2^* = \dfrac{\alpha - \beta c}{4} - \dfrac{\beta\rho(\sigma + \delta)}{4(1-\rho)}$ 代入式（7.5）和式（7.6）可得：$E[\pi_M(w_2^*)]$

$$= \frac{2(1-\rho)}{\beta}(q_2^*)^2 = \frac{2(1-\rho)}{\beta}\left[\frac{\alpha - \beta c}{4} - \frac{\beta\rho(\sigma + \delta)}{4(1-\rho)}\right]^2, \quad E[\pi_R(q_2^*)] =$$

$$\frac{(1-\rho)}{\beta}(q_2^*)^2 = \frac{(1-\rho)}{\beta}\left[\frac{\alpha - \beta c}{4} - \frac{\beta\rho(\sigma + \delta)}{4(1-\rho)}\right]^2$$，定理 2 得以证明。

推论 5：当制造商营业中断但不投保时，且零售商承担融资成本损失和商誉成本损失时，与正常营业情况相比较，制造商和零售商的期望利润均有所降低。

证明：因为 $0 \leqslant \rho \leqslant 1$，根据定理 2 可知，$\Delta q_2 = q_2^* - q_0^*$

$$= \left[\frac{\alpha - \beta c}{4} - \frac{\beta\rho(\sigma + \delta)}{4(1-\rho)}\right] - \left(\frac{\alpha - \beta c}{4}\right) = -\frac{\beta\rho(\sigma + \delta)}{4(1-\rho)} \leqslant 0, \quad \Delta\pi_{2M} = E[\pi_M(w_2^*)]$$

$$- E[\pi_M(w_0^*)] = \frac{2(1-\rho)}{\beta}(q_2^*)^2 - \frac{2}{\beta}(q_0^*)^2 \leqslant \frac{2}{\beta}(q_2^*)^2 - \frac{2}{\beta}(q_0^*)^2 = -\frac{\rho(\sigma + \delta)}{\beta(1-\rho)}$$

$$(q_2^* + q_0^*) \leqslant 0, \quad \Delta\pi_{2R} = E[\pi_R(q_2^*)] - E[\pi_R(q_0^*)] = \frac{(1-\rho)}{\beta}(q_2^*)^2 - \frac{1}{\beta}(q_0^*)^2 \leqslant$$

$$\frac{1}{\beta}(q_2^*)^2 - \frac{1}{\beta}(q_0^*)^2 = -\frac{\rho(\sigma + \delta)}{2\beta(1-\rho)}(q_2^* + q_0^*) \leqslant 0$$。

推论 6：当制造商营业中断但不投保时，由制造商还是零售商承担

融资成本损失和商誉成本损失不改变最优订货量、销售价格、制造商和零售商的最大期望利润，仅改变最优订货价格。当制造商承担融资成本损失和商誉成本损失时，制造商可通过提高订货价格将部分损失转嫁给零售商；而当零售商承担融资成本损失和商誉成本损失时，零售商不具备损失转嫁能力。

证明：根据定理 1 和定理 2 可知，$\Delta w_2 = w_2^* - w_1^*$

$$= \left[\frac{\alpha+\beta c}{2\beta} + \frac{\rho(2\varphi-\sigma-\delta)}{2(1-\rho)}\right] - \left[\frac{\alpha+\beta c}{2\beta} + \frac{\rho(2\varphi+\sigma+\delta)}{2(1-\rho)}\right] = -\frac{\sigma+\delta}{(1-\rho)} < 0, \quad \Delta q_2 =$$

$$q_2^* - q_1^* = \left[\frac{\alpha-\beta c}{4} - \frac{\beta\rho(\sigma+\delta)}{4(1-\rho)}\right] - \left[\frac{\alpha-\beta c}{4} - \frac{\beta\rho(\sigma+\delta)}{4(1-\rho)}\right] = 0, \quad \Delta p_2 = p_2^* - p_1^*$$

$$= \left[\frac{3\alpha+\beta c}{4} + \frac{\rho(\sigma+\delta)}{4(1-\rho)}\right] - \left[\frac{\alpha-\beta c}{4} - \frac{\beta\rho(\sigma+\delta)}{4(1-\rho)}\right] = 0, \quad \Delta\pi_{2M} = E\left[\pi_M(w_2^*)\right]$$

$$-E\left[\pi_M(w_1^*)\right] = 0, \quad \Delta\pi_{2R} = E\left[\pi_R(q_2^*)\right] - E\left[\pi_R(q_1^*)\right] = 0。$$

7.5　制造商营业中断且投保模型

在美国，企业的 BI 保险，要与财产保险一起投保。在英国，BI 保险分为标准火险营业中断保险和标准全险营业中断保险两种形式，两者的差异主要体现在承保风险事故和除外责任方面，可以独立投保。在我国，企业在购买了财产保险的基础上才能投保 BI 保险，即 BI 保险是财产保险的附加险。这里不妨假定，制造商既可以在购买财产保险的基础上购买 BI 保险，也可单独购买 BI 保险。当制造商购买 BI 保险后，若制造商出现营业中断时，则可通过 BI 保险索赔。

2002 年，美国保险服务局发布了依赖保险保单，即当供应链上某一节点企业出现中断时可能导致其他节点企业出现营业中断，此时供应链上的其他节点企业可通过购买 BI 保险补偿损失。本书假设当制造商出现营业中断时，零售商可通过购买 BI 保险补偿损失。本书还假设当制造商出现营业中断时，供应链还可以供应链整体为投保对象购买 BI 保险。

7.5.1 制造商营业中断且制造商投保模型（情景3）

零售商制定订货量 q 后，制造商正常营业情况下的利润为 $(w-c)q$，制造商可据此进行营业中断保险投保，于是，向保险公司缴纳的保费为 $(w-c)qr$，其中 r 是保险费率。当制造商出现营业中断时，$\mu=0$，供货量为 0，其获得的营业中断保险赔偿是假定正常营业情况下的利润损失，即 BI 保险可赔付损失 ϑ 为 $w-cq$，但此时，商誉损失成本和融资成本损失不能通过 BI 保险索赔，为 BI 保险不可赔付损失 τ。当制造商正常营业时，供货没有中断，其获得的营业中断保险赔偿为 0。据此，BI 保险可赔付损失 ϑ 和 BI 保险不可赔付损失 τ 可分别表示为：

$$\vartheta=(1-\mu)(w-c)q=\begin{cases}(w-c)q,\mu=0,Pr.=\rho\\0,\mu=1,Pr.=1-\rho\end{cases}$$

$$\tau=(\varphi+\sigma+\delta)(q-\mu q)=\begin{cases}(\varphi+\sigma+\delta)q,\mu=0,Pr.=\rho\\0,\mu=1,Pr.=1-\rho\end{cases}$$

当制造商购买 BI 保险时，购买条件之一是营业中断后的 BI 保险可赔付损失的期望值要大于其向保险公司缴纳的保费，否则企业不投保，因此 $\rho(w-c)q>r(w-c)q$，即 $r<\rho$。可见，只有当保险费率小于制造商预估的营业中断概率时，企业才会考虑购买 BI 保险。

当制造商营业中断且制造商购买 BI 保险时，制造商和零售商的利润函数分别为：$\pi_M(w)=(w-c)\mu q+\vartheta-\tau-r(w-c)q$，$\pi_R(q)=(p-w)\mu q+\varphi(q-\mu q)$，分别求均值，可得：

$$E[\pi_M(w)]=(1-r)(w-c)q-\rho(\varphi+\sigma+\delta)q \tag{7.9}$$

$$E[\pi_R(q)]=(1-\rho)(p-w)q+\rho\varphi q \tag{7.10}$$

定理 3：在制造商投保且中断受惩罚的情形时：$q_3^*=\dfrac{\alpha-\beta c}{4}+\dfrac{\beta\rho\varphi}{4(1-\rho)}-\dfrac{\beta\rho(\varphi+\sigma+\delta)}{4(1-r)}$，$p_3^*=\dfrac{3\alpha+\beta c}{4\beta}+\dfrac{\rho(\varphi+\sigma+\delta)}{4(1-r)}-\dfrac{\rho\varphi}{4(1-\rho)}$，$w_3^*=\dfrac{\alpha+\beta c}{2\beta}+\dfrac{\rho\varphi}{2(1-\rho)}+\dfrac{\rho(\varphi+\sigma+\delta)}{2(1-r)}$，$E[\pi_M(w_3^*)]=\dfrac{2(1-r)}{\beta}(q_3^*)^2=\dfrac{2(1-r)}{\beta}\left[\dfrac{\alpha-\beta c}{4}+\dfrac{\beta\rho\varphi}{4(1-\rho)}-\dfrac{\beta\rho(\varphi+\sigma+\delta)}{4(1-r)}\right]^2$，$E[\pi_R(q_3^*)]=\dfrac{(1-\rho)}{\beta}(q_3^*)^2=\dfrac{(1-\rho)}{\beta}$

$$\left[\frac{\alpha-\beta c}{4}+\frac{\beta\rho\varphi}{4(1-\rho)}-\frac{\beta\rho(\varphi+\sigma+\delta)}{4(1-r)}\right]^2。$$

证明：将 $q=\alpha-\beta p$ 代入式（7.10），可得：

$$E[\pi_R(q)]=(1-\rho)\left(\frac{\alpha-q}{\beta}-w\right)q+\rho\varphi q \qquad (7.11)$$

对式（7.11）分别求关于 q 的一阶偏导和二阶偏导，可得：

$$\frac{\partial E[\pi_R(q)]}{\partial q}=(1-\rho)\left(\frac{\alpha}{\beta}-w+\frac{\rho\varphi}{1-\rho}-\frac{2}{\beta}q\right),\quad \frac{\partial^2 E[\pi_R(q)]}{\partial q^2}=-\frac{2}{\beta}(1-\rho)<0。$$

综上可知，针对制造商给定的批发价 w，在定义域内，$E[\pi_R(q)]$ 是 q 的

凹函数，存在唯一的最优订货量，满足 $q_3^*=\dfrac{\alpha-\beta w+\rho\beta\varphi\big/(1-\rho)}{2}$。零售商

的订购量是制造商的生产量，将 q_3^* 代入式（7.9），可得：

$$E[\pi_M(w)]=\left[(1-r)(w-c)-\rho(\varphi+\sigma+\delta)\right]\frac{\alpha-\beta w+\rho\beta\varphi\big/(1-\rho)}{2} \qquad (7.12)$$

对式（7.12）分别求关于 w 的一阶偏导和二阶偏导，可得：

$$\frac{\partial E[\pi_M(w)]}{\partial w}=\frac{(1-r)}{2}\left(\alpha-\beta w+\frac{\beta\rho\varphi}{1-\rho}\right)-\frac{\beta}{2}\left[(1-r)(w-c)-\rho(\varphi+\sigma+\delta)\right],$$

$$\frac{\partial^2 E[\pi_M(q)]}{\partial w^2}=-\beta(1-r)<0。$$ 综上可知，针对零售商制定的订货量 q，

在定义域内，$E[\pi_R(w)]$ 是 w 的凹函数，存在唯一的最优批发价，满足

$w_3^*=\dfrac{\alpha+\beta c}{2\beta}+\dfrac{\rho\varphi}{2(1-\rho)}+\dfrac{\rho(\varphi+\sigma+\delta)}{2(1-r)}$，将 w_3^* 代入 $q_3^*=\dfrac{\alpha-\beta w+\rho\beta\varphi\big/(1-\rho)}{2}$，

可得 $q_3^*=\dfrac{\alpha-\beta c}{4}+\dfrac{\beta\rho\varphi}{4(1-\rho)}-\dfrac{\beta\rho(\varphi+\sigma+\delta)}{4(1-r)}$，可推出 $p_3^*=\dfrac{3\alpha+\beta c}{4\beta}+$

$\dfrac{\rho(\varphi+\sigma+\delta)}{4(1-r)}-\dfrac{\rho\varphi}{4(1-\rho)}$。将 $w_3^*=\dfrac{\alpha+\beta c}{2\beta}+\dfrac{\rho\varphi}{2(1-\rho)}+\dfrac{\rho(\varphi+\sigma+\delta)}{2(1-r)}$ 和

$q_3^*=\dfrac{\alpha-\beta c}{4}+\dfrac{\beta\rho\varphi}{4(1-\rho)}-\dfrac{\beta\rho(\varphi+\sigma+\delta)}{4(1-r)}$ 代入式（7.9）和式（7.10），可得

$$E[\pi_R(q_3^*)]=(1-\rho)\frac{(q_3^*)^2}{\beta}=\frac{(1-\rho)}{\beta}\left[\frac{\alpha-\beta c}{4}+\frac{\beta\rho\varphi}{4(1-\rho)}-\frac{\beta\rho(\varphi+\sigma+\delta)}{4(1-r)}\right]^2,$$

$$E\left[\pi_M(w_3^*)\right] = (1-r)\left[\frac{\alpha+\beta c}{2\beta} + \frac{\rho\varphi}{2(1-\rho)} + \frac{\rho(\varphi+\sigma+\delta)}{2(1-r)} - c - \frac{\beta\rho(\varphi+\sigma+\delta)}{1-r}\right]q_3^*$$

$$= \frac{2(1-r)}{\beta}(q_3^*)^2 = \frac{2(1-r)}{\beta}\left[\frac{\alpha-\beta c}{4} + \frac{\beta\rho\varphi}{4(1-\rho)} - \frac{\beta\rho(\varphi+\sigma+\delta)}{4(1-r)}\right]^2，\text{定理 3 得}$$

以证明。

推论 7：当制造商出现营业中断时，与不购买相比，制造商购买 BI 保险会导致最优批发价下降，最优订货量增加，制造商和零售商的期望利润也随之增加。当 $r \leqslant \rho \leqslant \dfrac{r(\sigma+\delta)}{\varphi+\sigma+\delta}$ 时，最优销售价下降，当 $\dfrac{r(\sigma+\delta)}{\varphi+\sigma+\delta} \leqslant \rho \leqslant 1$ 时，最优销售价上升。

证明：因为 $0 \leqslant r \leqslant \rho \leqslant 1$，根据定理 1 和定理 3 可知，$\Delta w_3 =$

$$w_3^* - w_1^* = \left[\frac{\alpha+\beta c}{2\beta} + \frac{\rho\varphi}{2(1-\rho)} + \frac{\rho(\varphi+\sigma+\delta)}{2(1-r)}\right] - \left[\frac{\alpha+\beta c}{2\beta} + \frac{\rho(2\varphi+\sigma+\delta)}{2(1-\rho)}\right] =$$

$$-\frac{\rho(\varphi+\sigma+\delta)(\rho-r)}{2(1-r)(1-\rho)} \leqslant 0，\quad \Delta q_3 = q_3^* - q_1^* = \left[\frac{\alpha-\beta c}{4} + \frac{\beta\rho\varphi}{4(1-\rho)} - \frac{\beta\rho(\varphi+\sigma+\delta)}{4(1-r)}\right]$$

$$-\left[\frac{\alpha-\beta c}{4} - \frac{\beta\rho(\sigma+\delta)}{4(1-\rho)}\right] = \frac{\beta\rho(\varphi+\sigma+\delta)(\rho-r)}{4(1-\rho)(1-r)} \geqslant 0，\quad \Delta\pi_{3M} = E\left[\pi_M(w_3^*)\right] -$$

$$E\left[\pi_M(w_1^*)\right] = \frac{2(1-r)}{\beta}(q_3^*)^2 - \frac{2(1-\rho)}{\beta}(q_1^*)^2 \geqslant \frac{2(1-r)}{\beta}(q_1^*)^2 - \frac{2(1-\rho)}{\beta}(q_1^*)^2 =$$

$$\frac{2(\rho-r)}{\beta}(q_1^*)^2 \geqslant 0，\quad \Delta\pi_{3R} = E\left[\pi_R(q_3^*)\right] - E\left[\pi_R(q_1^*)\right] = \frac{(1-\rho)}{\beta}(q_3^*)^2 -$$

$$\frac{(1-\rho)}{\beta}(q_1^*)^2 = \frac{(1-\rho)}{\beta}\Delta q_2(q_3^* + q_1^*) \geqslant 0。\quad \Delta p_3 = p_3^* - p_1^* = \left[\frac{3\alpha+\beta c}{4\beta} + \right.$$

$$\left.\frac{\rho(\varphi+\sigma+\delta)}{4(1-r)} - \frac{\rho\varphi}{4(1-\rho)}\right] - \left[\frac{3\alpha+\beta c}{4} + \frac{\rho(\sigma+\delta)}{4(1-\rho)}\right] = \frac{\rho\varphi(1-\rho) - \rho(\sigma+\delta)(\rho-r)}{4(1-\rho)(1-r)}，$$

当 $r \leqslant \rho \leqslant \dfrac{r(\sigma+\delta)}{\varphi+\sigma+\delta}$ 时，最优销售价下降，当 $\dfrac{r(\sigma+\delta)}{\varphi+\sigma+\delta} \leqslant \rho \leqslant 1$ 时，最优销售价上升。

推论 7 的结论可以解释为：当制造商出现营业中断且投保时，制造商可通过 BI 保险赔偿来补偿中断惩罚成本损失、商誉成本损失和融资成本损失，制造商完全不用采用提高批发价方式来转嫁惩罚成本损失、商誉成本损失和融资成本损失。当制造商适当降低批发价时，零售商会增加订货量，制造商和零售商的期望利润也随之增加。

推论 8：当 r<ρ<1 时，零售商订货量增量、制造商期望利润增量和零售商的期望利润增量均是 ρ 的单调递增函数，表明中断概率越大，营业中断保险价值越大。

由推论 7 的证明可知，$\Delta q_3 = \dfrac{\beta\rho(\varphi+\sigma+\delta)(\rho-r)}{4(1-\rho)(1-r)}$，可求出 $\dfrac{\partial\Delta q_2}{\partial\rho} =$

$\dfrac{\beta(\varphi+\sigma+\delta)(-\rho^2+2\rho-r)}{4(1-\rho)^2(1-r)}$，该式的正负由 $-\rho^2+2\rho-r$ 的正负决定，不妨

将其简记为 $\tau=-\rho^2+2\rho-r$。在定义域 0<r<ρ<1 内，有 $\dfrac{\partial\tau}{\partial\rho}=2(1-\rho)>0$，可

见 τ 在 r<ρ<1 上单调递增。再令 ρ=r，可求出 $\tau=\rho(1-\rho)>0$，故在 r<ρ<1

上，τ≥0，有 $\dfrac{\partial\Delta q_2}{\partial\rho}>0$，此时，$\Delta q_3$ 随着 ρ 的增大而增大。

由推论 7 的证明还可知，零售商的期望利润增量 $\Delta\pi_{3R}=E\left[\pi_R(q_3^*)\right]$

$-E\left[\pi_R(q_1^*)\right]=\dfrac{(1-\rho)}{\beta}\left[\dfrac{\alpha-\beta c}{2}-\dfrac{\beta\rho(\sigma+\delta)}{2(1-\rho)}+\Delta q_3\right]\Delta q_3$，因为前面已证明

当 r<ρ<1 时，Δq 随着 ρ 的增大而增大，可据此推出 $\Delta\pi_{3R}$ 也随着 ρ 的增大而增大。制造商的期望利润增量 $\Delta\pi_{3M}=E\left[\pi_M(w_3^*)\right]-E\left[\pi_M(w_1^*)\right]=$

$\dfrac{2(1-r)}{\beta}(q_3^*)^2-\dfrac{2(1-\rho)}{\beta}(q_1^*)^2 > \dfrac{2(1-\rho)}{\beta}(q_3^*)^2-\dfrac{2(1-\rho)}{\beta}(q_1^*)^2 =$

$\dfrac{2(1-\rho)}{\beta}\Delta q_3\left[\dfrac{\alpha-\beta c}{2}-\dfrac{\beta\rho(\sigma+\delta)}{2(1-\rho)}+\Delta q_3\right]$，当 r<ρ<1 时，Δq 随着 ρ 的增大

而增大，可据此推出 $\Delta\pi_{3M}$ 也随着 ρ 的增大而增大。

推论 8 得以证明。

7.5.2 制造商营业中断且零售商投保模型（情景 4）

零售商制定订货量 q 后，制造商正常营业情况下的零售商利润为

$(p-w)q$，零售商可据此进行营业中断保险投保，于是，向保险公司缴纳的保费为$(p-w)qr$，其中 r 是保险费率。当制造商出现营业中断时，$\mu=0$，供货量为0，此时零售商获得的营业中断保险赔偿是假定正常营业情况下的利润损失，即 BI 保险可赔付损失 ϑ，为 $(p-w)q$，但此时，商誉损失成本和融资成本损失不能通过 BI 保险索赔，为 BI 保险不可赔付损失 τ。当制造商正常营业时，供货没有中断，零售商获得的营业中断保险赔偿为0。据此，BI 保险可赔付损失 ϑ 和 BI 保险不可赔付损失 τ 可分别表示为：

$$\vartheta=(1-\mu)(p-w)q=\begin{cases}(p-w)q,\mu=0,Pr.=\rho\\0,\mu=1,Pr.=1-\rho\end{cases}$$

$$\tau=(\sigma+\delta)(q-\mu q)=\begin{cases}(\sigma+\delta)q,\mu=0,Pr.=\rho\\0,\mu=1,Pr.=1-\rho\end{cases}$$

当零售商购买 BI 保险时，购买条件之一是营业中断后的 BI 保险可赔付损失的期望值大于其向保险公司缴纳的保费，否则企业不投保，因此 $\rho(w-c)q>r(w-c)q$，即 $r<\rho$。可见，只有当保险费率小于零售商预估的营业中断概率时，企业才会考虑购买 BI 保险。

当制造商营业中断且零售商购买 BI 保险时，制造商和零售商的利润函数分别为：$\pi_M(w)=(w-c)\mu q-\varphi(q-\mu q)$，$\pi_R(q)=(p-w)\mu q+\vartheta-\tau-r(p-w)q+\varphi(q-\mu q)$，分别求均值，可得：

$$E[\pi_M(w)]=(1-\rho)(w-c)q-\rho\varphi q \tag{7.13}$$

$$E[\pi_R(q)]=(1-r)(p-w)q+\rho(\varphi-\sigma-\delta)q \tag{7.14}$$

定理 4：当制造商营业中断且零售商购买 BI 保险时：

$$w_4^*=\frac{\alpha+\beta c}{2\beta}+\frac{\rho\varphi}{2(1-\rho)}+\frac{\rho(\varphi-\sigma-\delta)}{2(1-r)}, \quad p_4^*=\frac{3\alpha+\beta c}{4\beta}-\frac{\rho(\varphi-\sigma-\delta)}{4(1-r)}+$$

$$\frac{\rho\varphi}{4(1-\rho)}, q_4^*=\frac{\alpha-\beta c}{4}+\frac{\beta\rho(\varphi-\sigma-\delta)}{4(1-r)}-\frac{\beta\rho\varphi}{4(1-\rho)}, \quad E[\pi_R(q_4^*)]=\frac{(1-r)}{\beta}(q_4^*)^2$$

$$=\frac{(1-r)}{\beta}\left[\frac{\alpha-\beta c}{4}+\frac{\beta\rho(\varphi-\sigma-\delta)}{4(1-r)}-\frac{\beta\rho\varphi}{4(1-\rho)}\right]^2, \quad E[\pi_M(w_4^*)]=\frac{2(1-\rho)}{\beta}(q_4^*)^2$$

$$=\frac{2(1-\rho)}{\beta}\left[\frac{\alpha-\beta c}{4}+\frac{\beta\rho(\varphi-\sigma-\delta)}{4(1-r)}-\frac{\beta\rho\varphi}{4(1-\rho)}\right]^2。$$

证明：将 $q = \alpha - \beta p$ 代入式（7.14），可得：

$$E[\pi_R(q)] = (1-r)\left(\frac{\alpha - q}{\beta} - w\right)q + \rho(\varphi - \sigma - \delta)q \tag{7.15}$$

对式（7.15）分别求关于 q 的一阶偏导和二阶偏导，可得：$\dfrac{\partial E[\pi_R(q)]}{\partial q} = (1-r)\left(\dfrac{\alpha}{\beta} - w + \dfrac{\rho(\varphi - \sigma - \delta)}{1-r} - \dfrac{2}{\beta}q\right)$，$\dfrac{\partial^2 E[\pi_R(q)]}{\partial q^2} = -\dfrac{2}{\beta}(1-r) < 0$。综上可知，针对制造商给定的批发价 w，在定义域内，$E[\pi_R(q)]$ 是 q 的凹函数，存在唯一的最优订货量，满足 $q_4^* = \dfrac{\alpha - \beta w + \rho\beta(\varphi - \sigma - \delta)\big/(1-r)}{2}$。零售商的订购量是制造商的生产量，将 q_4^* 代入式（7.13），可得：

$$E[\pi_M(w)] = \left[(1-\rho)(w-c) - \rho\varphi\right]\frac{\alpha - \beta w + \rho\beta(\varphi - \sigma - \delta)\big/(1-r)}{2} \tag{7.16}$$

对式（7.16）分别求关于 w 的一阶偏导和二阶偏导，可得：

$$\frac{\partial E[\pi_M(w)]}{\partial w} = \frac{(1-\rho)}{2}\left[\alpha - \beta w + \frac{\rho\beta(\varphi - \sigma - \delta)}{1-r}\right] - \frac{\beta}{2}\left[(1-\rho)(w-c) - \rho\varphi\right],$$

$\dfrac{\partial^2 E[\pi_M(q)]}{\partial w^2} = -\beta(1-\rho) < 0$。综上可知，针对零售商制定的订货量 q，在定义域内，$E[\pi_R(w)]$ 是 w 的凹函数，存在唯一的最优批发价，满足 $w_4^* = \dfrac{\alpha + \beta c}{2\beta} + \dfrac{\rho\varphi}{2(1-\rho)} + \dfrac{\rho(\varphi - \sigma - \delta)}{2(1-r)}$。将 w_4^* 代入 $q_4^* = \dfrac{\alpha - \beta w_4^* + \rho\beta(\varphi - \sigma - \delta)\big/(1-r)}{2}$，可得 $q_4^* = \dfrac{\alpha - \beta c}{4} + \dfrac{\beta\rho(\varphi - \sigma - \delta)}{4(1-r)} - \dfrac{\beta\rho\varphi}{4(1-\rho)}$，据此，可计算出 $p_4^* = \dfrac{3\alpha + \beta c}{4\beta} - \dfrac{\rho(\varphi - \sigma - \delta)}{4(1-r)} + \dfrac{\rho\varphi}{4(1-\rho)}$。将 $q_4^* = \dfrac{\alpha - \beta c}{4} + \dfrac{\beta\rho(\varphi - \sigma - \delta)}{4(1-r)} - \dfrac{\beta\rho\varphi}{4(1-\rho)}$ 和 $w_4^* = \dfrac{\alpha + \beta c}{2\beta} + \dfrac{\rho\varphi}{2(1-\rho)} + \dfrac{\rho(\varphi - \sigma - \delta)}{2(1-r)}$ 代入式（7.13）和式（7.14），计算过程在此不再赘述，仅给出计算结果，可得到 $E[\pi_M(w_4^*)] = \dfrac{2(1-\rho)}{\beta}(q_4^*)^2 = \dfrac{2(1-\rho)}{\beta}\left[\dfrac{\alpha - \beta c}{4} + \dfrac{\beta\rho(\varphi - \sigma - \delta)}{4(1-r)} - \dfrac{\beta\rho\varphi}{4(1-\rho)}\right]^2$，同理可求

出 $E[\pi_R(q_4^*)] = \frac{(1-r)}{\beta}(q_4^*)^2 = \frac{(1-r)}{\beta}\left[\frac{\alpha-\beta c}{4}+\frac{\beta\rho(\varphi-\sigma-\delta)}{4(1-r)}-\frac{\beta\rho\varphi}{4(1-\rho)}\right]^2$，

定理4得以证明。

推论9：当制造商出现营业中断时，零售商购买BI保险与不购买相比，当 $\varphi>\sigma+\delta$ 且 $r<\rho<1$ 时，最优批发价下降，最优订货量下降，最优销售价格上升，制造商和零售商的利润均得到了一定程度的增加。

证明：因为 $0<r<\rho<1$，根据定理1和定理4可知，$\Delta p_4 =$

$p_4^* - p_2^* = \left[\frac{3\alpha+\beta c}{4\beta}-\frac{\rho(\varphi-\sigma-\delta)}{4(1-r)}+\frac{\rho\varphi}{4(1-\rho)}\right]-\left[\frac{3\alpha+\beta c}{4\beta}+\frac{\rho(\sigma+\delta)}{4(1-\rho)}\right]=$

$\frac{(\varphi-\sigma-\delta)(\rho-r)}{4(1-r)(1-\rho)}$，$\Delta q_4 = q_4^* - q_2^* = \left[\frac{\alpha-\beta c}{4}+\frac{\beta\rho(\varphi-\sigma-\delta)}{4(1-r)}-\frac{\beta\rho\varphi}{4(1-\rho)}\right]-$

$\left[\frac{\alpha-\beta c}{4}-\frac{\beta\rho(\sigma+\delta)}{4(1-\rho)}\right]=-\frac{\beta\rho(\varphi-\sigma-\delta)(\rho-r)}{4(1-\rho)(1-r)}$，$\Delta w_4 = w_4^* - w_2^* = \left[\frac{\alpha+\beta c}{2\beta}+\right.$

$\left.\frac{\rho\varphi}{2(1-\rho)}+\frac{\rho(\varphi-\sigma-\delta)}{2(1-r)}\right]-\left[\frac{\alpha+\beta c}{2\beta}+\frac{\rho(2\varphi-\sigma-\delta)}{2(1-\rho)}\right]=-\frac{\rho(\varphi-\sigma-\delta)(\rho-r)}{2(1-r)(1-\rho)}$，

$\Delta\pi_{M_4} = E[\pi_M(w_4^*)] - E[\pi_M(w_2^*)] = \frac{2(1-\rho)}{\beta}\left[\frac{\alpha-\beta c}{4}+\frac{\beta\rho(\varphi-\sigma-\delta)}{4(1-r)}-\right.$

$\left.\frac{\beta\rho\varphi}{4(1-\rho)}\right]^2-\frac{2(1-\rho)}{\beta}\left[\frac{\alpha-\beta c}{4}-\frac{\beta\rho(\sigma+\delta)}{4(1-\rho)}\right]^2=\frac{2(1-\rho)}{\beta}\Delta q_4(q_4^*+q_2^*)$，

$\Delta\pi_{R_4} = E[\pi_R(q_4^*)] - E[\pi_R(q_2^*)] = \frac{(1-r)}{\beta}\left(\frac{\alpha-\beta c}{4}+\Delta q_4\right)^2-\frac{(1-\rho)}{\beta}$

$\left[\frac{\alpha-\beta c}{4}-\frac{\beta\rho(\sigma+\delta)}{4(1-\rho)}\right]^2=\frac{(\rho-r)(\alpha-\beta c)^2}{16\beta}+\frac{(1-r)(\alpha-\beta c)}{2\beta}\Delta q_4+\frac{(1-r)}{\beta}$

$(\Delta q_4)^2$。当 $\varphi>\sigma+\delta$ 且 $r<\rho<1$ 时，$\Delta p_4>0$，$\Delta q_4<0$，$\Delta w_4<0$，$\Delta\pi_{M_4}>0$，$\Delta\pi_{R_4}>0$。

推论9的结论可以解释为：当制造商出现营业中断且零售商投保时，零售商是通过BI保险索赔、提高销售价格和获得中断惩罚补偿收入三方面来共同补偿商誉成本损失和融资成本损失的，最终导致销售量下降。制造商在观察到零售商商誉成本损失和融资成本损失补偿方式后，主动下调批发价，以刺激订货量增加，但订货量反而下降。此时，制造商不能通过提高批发价方式转嫁惩罚成本损失，惩罚成本损失完全由制造商承担。

推论 10：当 $\varphi > \sigma + \delta$ 及 $r < \rho < 1$ 时，零售商订货量增量、制造商期望利润增量和零售商的期望利润增量均是 ρ 的单调递增函数，表明营业中断概率越大，营业中断保险价值越大。

由推论 9 的证明可知，$\Delta q_4 = -\dfrac{\beta\rho(\varphi-\sigma-\delta)(\rho-r)}{4(1-\rho)(1-r)}$，可求出 $\dfrac{\partial \Delta q_4}{\partial \rho} =$

$\dfrac{\beta(\varphi-\sigma-\delta)(-\rho^2+2\rho-r)}{4(1-\rho)^2(1-r)}$，该式的正负由 $(\varphi-\sigma-\delta)(-\rho^2+2\rho-r)$ 的正

负决定，而 $\varphi > \sigma + \delta$，所以该式的正负由 $-\rho^2+2\rho-r$ 的正负决定。不妨将其简记为 $\tau = -\rho^2+2\rho-r$，在定义域 $0<r<\rho<1$ 内，有 $\dfrac{\partial \tau}{\partial \rho}=2(1-\rho)>0$，可见 τ 在 $r<\rho<1$ 上单调递增。再令 $\rho=r$，可求出 $\tau=\rho(1-\rho)>0$，故在 $r<\rho<1$ 上，$\tau \geq 0$ 且 $\varphi > \sigma + \delta$ 时，有 $\dfrac{\partial \Delta q_4}{\partial \rho}>0$，此时，$\Delta q_4$ 随着 ρ 的增大而增大。

由推论 9 的证明还可知，制造商利润增量 $\Delta \pi_{M4} = \dfrac{2(1-\rho)}{\beta}$

$\Delta q_4 [\dfrac{\alpha-\beta c}{2}+\dfrac{\beta\rho(\sigma+\delta)}{2(1-\rho)}+\Delta q_4]$。当 $\varphi>\sigma+\delta$ 且 $r<\rho<1$ 时，根据前面已证明

结论，订货增量 Δq_4 随着 ρ 的增大而增大。零售商利润增量 $\Delta \pi_{R4} = \dfrac{(1-r)}{\beta}$

$(\dfrac{\alpha-\beta c}{4}+\Delta q_4)^2 - \dfrac{(1-\rho)}{\beta}\left[\dfrac{\alpha-\beta c}{4}-\dfrac{\beta\rho(\sigma+\delta)}{4(1-\rho)}\right]^2 > \dfrac{(1-\rho)}{\beta}(\dfrac{\alpha-\beta c}{4}+\Delta q_4)^2$

$-\dfrac{(1-\rho)}{\beta}\left[\dfrac{\alpha-\beta c}{4}-\dfrac{\beta\rho(\sigma+\delta)}{4(1-\rho)}\right]^2 = \dfrac{(1-\rho)}{\beta}\Delta q_4[\dfrac{\alpha-\beta c}{2}+\dfrac{\beta\rho(\sigma+\delta)}{2(1-\rho)}+\Delta q_4]$，当

$\varphi-\sigma-\delta>0$ 及 $r<\rho<1$ 时，销售增量 Δq 随着 ρ 的增大而增大。可见，当 $\varphi>\sigma+\delta$ 且 $r<\rho<1$ 时，根据前面已证明结论，订货增量 Δq_4 随着 ρ 的增大而增大，$\Delta \pi_{R4}$ 和 $\Delta \pi_{M4}$ 随着 ρ 的增大而增大。

推论 11：当制造商出现营业中断时，零售商 BI 保险购买策略与制造商购买 BI 保险策略相比，最优批发价下降，最优订货量减少，最优销售价格上升。制造商的利润下降，零售商的利润是否增加要视具体情况而定。

证明：因为 $0 < r < \rho < 1$，根据定理 4 和定理 3 可知，$\Delta q_5 = \Delta q_4 = q_4^* - q_3^* =$

$$
\left[\frac{\alpha - \beta c}{4} + \frac{\beta \rho (\varphi - \sigma - \delta)}{4(1-r)} - \frac{\beta \rho \varphi}{4(1-\rho)} \right] - \left[\frac{\alpha - \beta c}{4} + \frac{\beta \rho \varphi}{4(1-\rho)} - \frac{\beta \rho (\varphi + \sigma + \delta)}{4(1-r)} \right]
$$

$$
= -\frac{\beta \rho \varphi (\rho - r)}{2(1-\rho)(1-r)} < 0, \Delta p_5 = p_4^* - p_3^* = \left[\frac{3\alpha + \beta c}{4\beta} - \frac{\rho(\varphi - \sigma - \delta)}{4(1-r)} + \frac{\rho \varphi}{4(1-\rho)} \right] -
$$

$$
\left[\frac{3\alpha + \beta c}{4\beta} + \frac{\rho(\varphi + \sigma + \delta)}{4(1-r)} - \frac{\rho \varphi}{4(1-\rho)} \right] = \frac{\rho \varphi(\rho - r)}{2(1-\rho)(1-r)} > 0, \quad \Delta w_4 = w_4^* - w_2^*
$$

$$
= \left[\frac{\alpha + \beta c}{2\beta} + \frac{\rho \varphi}{2(1-\rho)} + \frac{\rho(\varphi - \sigma - \delta)}{2(1-r)} \right] - \left[\frac{\alpha + \beta c}{2\beta} + \frac{\rho \varphi}{2(1-\rho)} + \frac{\rho(\varphi + \sigma + \delta)}{2(1-r)} \right]
$$

$$
= -\frac{\rho(\sigma + \delta)}{2(1-r)(1-\rho)} < 0, \quad \Delta \pi_{M_5} = E\left[\pi_M(w_4^*) \right] - E\left[\pi_M(w_3^*) \right] = \frac{2(1-\rho)}{\beta}
$$

$$
\left[\frac{\alpha - \beta c}{4} + \frac{\beta \rho (\varphi - \sigma - \delta)}{4(1-r)} - \frac{\beta \rho \varphi}{4(1-\rho)} \right]^2 - \frac{2(1-r)}{\beta} \left[\frac{\alpha - \beta c}{4} + \frac{\beta \rho \varphi}{4(1-\rho)} - \right.
$$

$$
\left. \frac{\beta \rho (\varphi + \sigma + \delta)}{4(1-r)} \right]^2 < \frac{2(1-r)}{\beta} \Delta q_4 (q_4^* + q_2^*) < 0, \Delta \pi_{R_5} = E\left[\pi_R(q_4^*) \right] - E\left[\pi_R(q_3^*) \right]
$$

$$
= \frac{(1-r)}{\beta} \left(\frac{\alpha - \beta c}{4} + \Delta q_4 \right)^2 - \frac{(1-\rho)}{\beta} \left[\frac{\alpha - \beta c}{4} + \frac{\beta \rho \varphi}{4(1-\rho)} - \frac{\beta \rho (\varphi + \sigma + \delta)}{4(1-r)} \right]^2,
$$

$\Delta \pi_{R_5}$ 的取值要视具体情况而定。

7.5.3 制造商营业中断且供应链整体投保模型（情景 5）

零售商制定订货量 q 后，制造商和零售商正常营业情况下的利润分别为 $(w-c)q$ 和 $(p-w)q$，供应链整体利润为 $(p-c)q$，以供应链整体进行 BI 保险投保，于是，向保险公司缴纳的保费为 $(p-c)qr$，其中 r 是保险费率。BI 保险可赔付损失 ϑ 和 BI 保险不可赔付损失 τ 可分别表示为：

$$\vartheta = (1-\mu)(p-c)q = \begin{cases} (p-c)q, \mu=0, Pr.=\rho \\ 0, \mu=1, Pr.=1-\rho \end{cases}$$

$$\tau = (\sigma+\delta)(q-\mu q) = \begin{cases} (\sigma+\delta)q, \mu=0, Pr.=\rho \\ 0, \mu=1, Pr.=1-\rho \end{cases}$$

当制造商营业中断且供应链整体购买 BI 保险时，供应链整体的利润函数为：

$$\pi(q) = (p-c)\mu q + \vartheta - \tau - r(p-c)q$$

假定制造商和零售商按照一定的比例分配利润，制造商和零售商的分配因子分别为 λ_1、λ_2（$0 \leq \lambda_1$、$\lambda_2 \leq 1$；且 $\lambda_1 + \lambda_2 = 1$）。与此同时，将中断惩罚考虑进来，则制造商和零售商的利润函数分别为：

$$\pi_M(w) = \lambda_1 \pi(q) - \varphi(q-\mu q)$$

$$\pi_R(q) = \lambda_2 \pi(q) + \varphi(q-\mu q)$$

对 $\pi(q)$、$\pi_M(w)$ 和 $\pi_R(q)$ 分别求均值，可得：

$$E[\pi(q)] = (1-r)(p-c)q - \rho(\sigma+\delta)q \tag{7.17}$$

$$E[\pi_M(w)] = \lambda_1[(1-r)(p-c)q - \rho(\sigma+\delta)q] - \rho\varphi q \tag{7.18}$$

$$E[\pi_R(q)] = \lambda_2[(1-r)(p-c)q - \rho(\sigma+\delta)q] + \rho\varphi q \tag{7.19}$$

定理 5：在供应链整体购买 BI 保险且中断受惩罚的情形时：

$$p_5^* = \frac{\alpha+\beta c}{2\beta} + \frac{\rho(\sigma+\delta)}{2(1-r)}, \quad q_5^* = \frac{\alpha-\beta c}{2} - \frac{\beta\rho(\sigma+\delta)}{2(1-r)}, \quad E[\pi(q_5^*)]$$

$$= \frac{1-r}{\beta}\left[\frac{\alpha-\beta c}{2} - \frac{\beta\rho(\sigma+\delta)}{2(1-r)}\right]^2。$$

证明：将 $q = \alpha - \beta p$ 代入式（7.17），可得：

$$E[\pi(q)] = (1-r)\left(\frac{\alpha-q}{\beta}-c\right)q - \rho(\sigma+\delta)q \tag{7.20}$$

对式（7.20）分别求关于 q 的一阶偏导和二阶偏导，可得：

$$\frac{\partial E[\pi(q)]}{\partial q} = (1-r)\left(\frac{\alpha}{\beta}-\frac{2}{\beta}q-c\right) - \rho(\sigma+\delta)q, \quad \frac{\partial^2 E[\pi(q)]}{\partial q^2} = -\frac{2}{\beta}(1-r) <$$

0。综上可知，在定义域内，$E[\pi(q)]$ 是 q 的凹函数，存在唯一的最优订货量，满足 $q_5^* = \frac{\alpha-\beta c}{2} - \frac{\beta\rho(\sigma+\delta)}{2(1-r)}$。将 $q_5^* = \frac{\alpha-\beta c}{2} - \frac{\beta\rho(\sigma+\delta)}{2(1-r)}$ 代入 q=

$\alpha - \beta p$，可得 $p_5^* = \dfrac{\alpha + \beta c}{2\beta} + \dfrac{\rho(\sigma + \delta)}{2(1-r)}$，据此代入（7.20），可得

$$E\left[\pi\left(q_5^*\right)\right] = \dfrac{1-r}{\beta}\left[\dfrac{\alpha - \beta c}{2} - \dfrac{\beta\rho(\sigma + \delta)}{2(1-r)}\right]^2，定理 5 得以证明。$$

推论 12：当制造商营业中断时，供应链整体投保的期望利润要高于制造商（或零售商）不投保时的期望利润。

证明：根据定理 1、定理 2 和定理 5 可知，$E\left[\pi\left(q_1^*\right)\right] =$

$E\left[\pi\left(q_2^*\right)\right] = \dfrac{3(1-\rho)}{\beta}(q_1^*)^2 = \dfrac{3(1-\rho)}{\beta}\left[\dfrac{\alpha - \beta c}{4} - \dfrac{\beta\rho(\sigma + \delta)}{4(1-\rho)}\right]^2$，$E\left[\pi\left(q_5^*\right)\right] =$

$\dfrac{1-r}{\beta}\left[\dfrac{\alpha - \beta c}{2} - \dfrac{\beta\rho(\sigma + \delta)}{2(1-r)}\right]^2 = \dfrac{4(1-r)}{\beta}\left[\dfrac{\alpha - \beta c}{4} - \dfrac{\beta\rho(\sigma + \delta)}{4(1-r)}\right]^2$。因为 $0 \leqslant r \leqslant$

ρ，有 $\dfrac{4(1-r)}{\beta} - \dfrac{3(1-\rho)}{\beta} = \dfrac{1-r+\rho-r}{\beta} \geqslant 0$，故 $E\left[\pi\left(q_5^*\right)\right] - E\left[\pi\left(q_1^*\right)\right] \geqslant$

$\dfrac{3(1-\rho)}{\beta}\left[(q_5^*)^2 - (q_1^*)^2\right] = \dfrac{3(1-\rho)}{\beta}(q_5^* - q_1^*)(q_5^* + q_1^*)$，而 $q_5^* - q_1^* = \dfrac{\alpha - \beta c}{4} -$

$\dfrac{\beta\rho(\sigma + \delta)}{4(1-r)} - \dfrac{\alpha - \beta c}{4} + \dfrac{\beta\rho(\sigma + \delta)}{4(1-\rho)} = \dfrac{\beta\rho(\sigma + \delta)}{4(1-\rho)} - \dfrac{\beta\rho(\sigma + \delta)}{4(1-r)} \geqslant \dfrac{\beta\rho(\sigma + \delta)}{4(1-\rho)} -$

$\dfrac{\beta\rho(\sigma + \delta)}{4(1-\rho)} = 0$。综上可知，$E\left[\pi\left(q_5^*\right)\right] \geqslant E\left[\pi\left(q_1^*\right)\right]$，同理可得，

$E\left[\pi\left(q_5^*\right)\right] \geqslant E\left[\pi\left(q_2^*\right)\right]$，推论 12 得以证明。

推论 13：当制造商营业中断时，供应链整体投保的期望利润要高于制造商单独投保时的期望利润。

证明：根据定理 3 和定理 5 可知，$E\left[\pi\left(q_3^*\right)\right] = \dfrac{3(1-\rho)}{\beta}(q_3^*)^2 =$

$\dfrac{2(1-r)+(1-\rho)}{\beta}\left[\dfrac{\alpha - \beta c}{4} + \dfrac{\beta\rho\varphi}{4(1-\rho)} - \dfrac{\beta\rho(\varphi + \sigma + \delta)}{4(1-r)}\right]^2$，$E\left[\pi\left(q_5^*\right)\right] = \dfrac{1-r}{\beta}$

$\left[\dfrac{\alpha - \beta c}{2} - \dfrac{\beta\rho(\sigma + \delta)}{2(1-r)}\right]^2 = \dfrac{4(1-r)}{\beta}\left[\dfrac{\alpha - \beta c}{4} - \dfrac{\beta\rho(\sigma + \delta)}{4(1-r)}\right]^2$。因为 $0 \leqslant r \leqslant \rho$，

有 $\dfrac{4(1-r)}{\beta} - \dfrac{2(1-r)+(1-\rho)}{\beta} = \dfrac{1+\rho-2r}{\beta} = \dfrac{1-r+\rho-r}{\beta} \geqslant 0$，故 $E\left[\pi\left(q_5^*\right)\right] -$

$E\left[\pi\left(q_3^*\right)\right] \geqslant \dfrac{3(1-\rho)}{\beta}\left[\left(q_5^*\right)^2-\left(q_3^*\right)^2\right]=\dfrac{3(1-\rho)}{\beta}\left(q_5^*-q_3^*\right)\left(q_5^*+q_3^*\right)$，而 $q_5^*-q_3^*=$

$\dfrac{\alpha-\beta c}{2}-\dfrac{\beta\rho(\sigma+\delta)}{2(1-r)}-\dfrac{\alpha-\beta c}{4}-\dfrac{\beta\rho\varphi}{4(1-\rho)}+\dfrac{\beta\rho(\varphi+\sigma+\delta)}{4(1-r)}=\dfrac{\alpha-\beta c}{4}-$

$\dfrac{\beta\rho(\sigma+\delta-\varphi)}{4(1-r)}-\dfrac{\beta\rho\varphi}{4(1-\rho)} \geqslant \dfrac{\alpha-\beta c}{4}-\dfrac{\beta\rho(\sigma+\delta)}{4(1-\rho)}=q_1^* \geqslant 0$。综上可知，

$E\left[\pi\left(q_5^*\right)\right] \geqslant E\left[\pi\left(q_3^*\right)\right]$，推论 13 得以证明。

推论 14：当制造商营业中断时，供应链整体投保的期望利润要高于零售商单独投保时的期望利润。

证明：根据定理 4 和定理 5 可知，$E\left[\pi\left(q_4^*\right)\right]=\dfrac{3(1-\rho)}{\beta}\left(q_4^*\right)^2$

$=\dfrac{(1-r)+2(1-\rho)}{\beta}\left[\dfrac{\alpha-\beta c}{4}+\dfrac{\beta\rho(\varphi-\sigma-\delta)}{4(1-r)}-\dfrac{\beta\rho\varphi}{4(1-\rho)}\right]^2$，$\quad E\left[\pi\left(q_5^*\right)\right]=$

$\dfrac{1-r}{\beta}\left[\dfrac{\alpha-\beta c}{2}-\dfrac{\beta\rho(\sigma+\delta)}{2(1-r)}\right]^2=\dfrac{4(1-r)}{\beta}\left[\dfrac{\alpha-\beta c}{4}-\dfrac{\beta\rho(\sigma+\delta)}{4(1-r)}\right]^2$。因为 $0 \leqslant r \leqslant$

ρ，有 $\dfrac{4(1-r)}{\beta}-\dfrac{(1-r)+2(1-\rho)}{\beta}=\dfrac{1-3r+2\rho}{\beta}=\dfrac{1-r+2(\rho-r)}{\beta} \geqslant 0$，故

$E\left[\pi\left(q_5^*\right)\right]-E\left[\pi\left(q_4^*\right)\right] \geqslant \dfrac{3(1-\rho)}{\beta}\left[\left(q_5^*\right)^2-\left(q_4^*\right)^2\right]=\dfrac{3(1-\rho)}{\beta}\left(q_5^*-q_4^*\right)\left(q_5^*+q_4^*\right)$，

而 $q_5^*-q_4^*=\dfrac{\alpha-\beta c}{2}-\dfrac{\beta\rho(\sigma+\delta)}{2(1-r)}-\dfrac{\alpha-\beta c}{4}-\dfrac{\beta\rho(\varphi-\sigma-\delta)}{4(1-r)}+\dfrac{\beta\rho\varphi}{4(1-\rho)}=$

$\dfrac{\alpha-\beta c}{4}-\dfrac{\beta\rho(\sigma+\delta+\varphi)}{4(1-r)}+\dfrac{\beta\rho\varphi}{4(1-\rho)} \geqslant \dfrac{\alpha-\beta c}{4}-\dfrac{\beta\rho(\sigma+\delta+\varphi)}{4(1-r)}+\dfrac{\beta\rho\varphi}{4(1-\rho)}=$

$\dfrac{\alpha-\beta c}{4}-\dfrac{\beta\rho(\sigma+\delta)}{4(1-\rho)}=q_1^* \geqslant 0$。综上可知，$E\left[\pi\left(q_5^*\right)\right] \geqslant E\left[\pi\left(q_4^*\right)\right]$，推论 14 得以证明。

7.6 数值仿真

在制造商营业中断的环境下，对不投保、制造商投保和零售商投保这三种情况进行比较分析：（1）营业中断保险对制造商（或零售商）的

价值大小；（2）节点企业投保对供应链成员的影响以及营业中断概率对保险价值的影响；（3）中断惩罚损失、融资成本损失和商誉成本损失对供应链成员的影响以及营业中断概率对中断惩罚损失、融资成本损失和商誉成本损失的影响。

相关参数取值主要参考于辉和吴腾飞（2016）[227]的研究成果，选取 r=0.0001，ρ的取值范围［0.005，0.25］，市场规模 α、价格敏感系数 β、生产成本 c 的取值分别为 2 000、5 和 50。中断惩罚系数 φ、单件融资成本损失 σ 与单件商誉成本损失 δ 由于没有相关文献可供参考，不妨分别取值为 100、20 和 40。相关参数设定见表 7-2，无营业中断的基本情况见表 7-3。

表 7-2 相关参数设定表

参数	α	β	c	φ	r	σ	δ
取值	2 000	5	50	100	0.0001	20	40

表 7-3 无营业中断的基本情况表

参数	ρ	q	p	π_m	π_r	π
取值	0	437.5	312.5	38 281.25	76 562	114 843.75

（1）制造商营业中断时制造商是否投保的利润对比（情景 3 和情景 1）。

由推论 7 可知，当制造商出现营业中断时，制造商购买 BI 保险与不购买相比，最优批发价下降，最优订货量增加，制造商和零售商的期望利润也随之增加。在此仅对制造商和零售商的期望利润进行了仿真，见表 7-4。

由表 7-4 可以看出，与制造商不投保营业中断保险进行比较，投保的确能够增加制造商所期望的利润。这其中的缘由是，投保后的制造商在遭遇营业中断时，通过获得中断损失补偿补充企业的资金流。而伴随着营业中断概率的增大，投保与不投保所对应的利润结果将拉开巨大的差距，因此，就制造商而言，购买营业中断保险的价值会随着营业中断概率的增大而增加。制造商可通过 BI 保险赔偿来补偿中断惩罚成本损

表7-4　　　　　　　　制造商是否投保利润对比　　　　　　　单位：元

ρ	制造商			零售商		
	不投保利润	投保利润	利润增量	不投保利润	投保利润	利润增量
0.005	76 048.49403	76 424.7264	376.232318	38 024.247	38 025.104	0.856853558
0.01	75 534.60227	76 296.9363	762.334069	37 767.3011	37 770.761	3.45942861
0.05	71 427.79605	75 361.9288	3 934.13276	35 713.898	35 800.496	86.59820808
0.1	66 306.25	74 430.4154	8 124.16538	33 153.125	33 497.037	343.9116229
0.2	56 112.5	73 521.9001	17 409.4001	28 056.25	29 411.701	1 355.451203
0.25	51 046.875	73 664.5273	22 617.6523	25 523.4375	27 626.96	2 103.52292

失、商誉成本损失和融资成本损失，制造商完全不用采用提高批发价方式来转嫁惩罚成本损失、商誉成本损失和融资成本损失。当制造商适当降低批发价时，零售商会增加订货量，制造商和零售商的期望利润也随之增加。

（2）制造商运营中断时零售商是否投保的利润对比（情景4和情景2）。

由推论9可知，当制造商出现营业中断时，零售商购买BI保险与不购买相比，当$φ>σ+δ$且$r<ρ<1$时，最优批发价下降，最优订货量下降，最优销售价格上升，制造商和零售商的利润均得到了一定程度的增加。在此仅对制造商和零售商的期望利润进行了仿真，见表7-5。

表7-5　　　　　　　　零售商是否投保利润对比　　　　　　　单位：元

ρ	制造商			零售商		
	不投保利润	投保利润	利润增量	不投保利润	投保利润	利润增量
0.005	76 048.49403	76 048.05691	−0.43712	38 024.24702	38 211.282	187.0354
0.01	75 534.60227	75 532.85531	−1.74696	37 767.30114	38 144.092	376.7908
0.05	71 427.79605	71 384.44737	−43.3487	35 713.89803	37 567.005	1 853.107
0.1	66 306.25	66 134.69444	−171.556	33 153.125	36 737.823	3 584.698
0.2	56 112.5	55 444.5	−668	28 056.25	34 649.347	6 593.097
0.25	51 046.875	50 020.83333	−1 026.04	25 523.4375	33 343.888	7 820.45

由表 7-5 可以看出，与零售商不投保营业中断保险进行比较，投保的确能够增加制造商所期望的利润。这其中的缘由是，投保后的零售商在遭遇营业中断时，通过获得中断损失补偿补充企业的资金流。而伴随着中断概率的增大，投保与不投保所对应的利润结果将拉开巨大的差距，因此，就制造商而言，购买营业中断保险的价值会随着营业中断概率的增大而增加。零售商是通过 BI 保险赔偿、提高销售价格方式和中断惩罚补偿收入三方面来共同补偿商誉成本损失和融资成本损失的，最终导致销售量下降。制造商在观察到零售商商誉成本损失和融资成本损失补偿方式后，主动下调批发价，制造商和零售商的期望利润也随之增加。根据表 7-4 及表 7-5 可绘制图 7-1 及图 7-2。

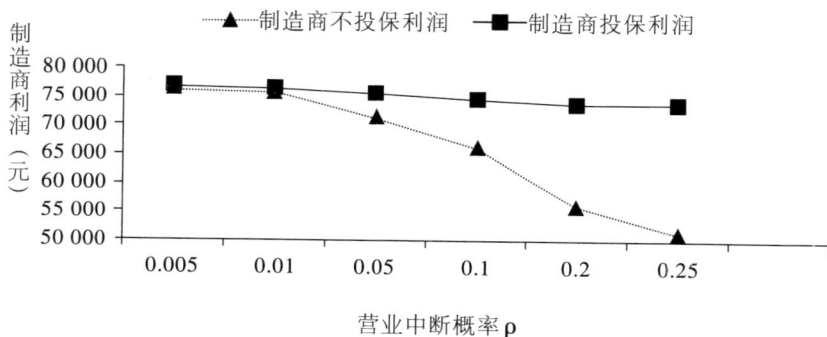

图 7-1 制造商是否投保利润对比图

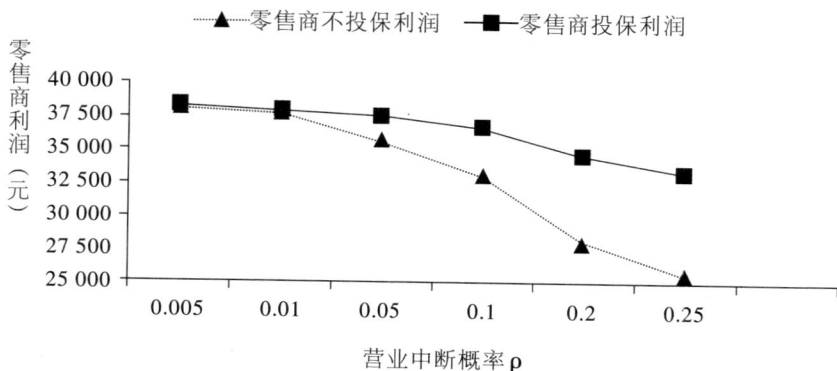

图 7-2 零售商是否投保利润对比图

由图 7-1 可知，与制造商不投保 BI 保险进行比较，投保的确能够增加制造商所期望的利润。这是因为，投保后的制造商在遭遇营业中断时，通过获得中断损失补偿补充企业的资金流。而伴随着营业中断概率的增大，投保与不投保所对应的利润结果将拉开巨大的差距，因此，就制造商而言，购买BI的价值会随着营业中断概率的增大而增加。制造商可通过BI保险赔偿来补偿中断惩罚成本损失、商誉成本损失和融资成本损失。

由图7-2可知，与零售商不投保BI保险进行比较，零售商投保行为会导致自身期望利润增加，但却会导致制造商期望利润减少。这是因为，投保后的零售商在遭遇营业中断时，通过获得中断损失补偿补充企业的资金流。而伴随着营业中断概率的增大，投保与不投保所对应的利润结果将拉开巨大的差距，因此，就零售商而言，购买BI保险的价值会随着营业中断概率的增大而增加。此时，零售商可通过BI保险赔偿、提高销售价格方式和中断惩罚补偿收入三方面来共同补偿商誉成本损失和融资成本损失，最终导致销售量下降。制造商在观察到零售商商誉成本损失和融资成本损失补偿方式后，主动下调批发价，导致制造商期望利润减少。

综合表7-4、表7-5及图7-1、图7-2可知，制造商（或零售商）投保营业中断保险，不但使自身的利润相对于不投保时增大，而且能使零售商的利润相对增大。于是，营业中断保险的价值就从单个投保企业扩展到整个供应链，补充了供应链双方的资金流，从而帮助供应链应对中断风险。且营业中断概率越大，利润差距越明显，营业中断保险的价值也就越大。因此，可以得出结论，营业中断概率越大，制造商与零售商的投保意愿也就越强。

（3）制造商投保与零售商投保利润对比（情景3和情景4）。

由定理3和定理4可得零售商利润、制造商利润、订货量、批发价格和销售价格相关信息，编制表7-6。由推论11可知，当制造商出现营业中断时，零售商BI保险购买策略与制造商购买BI保险策略相比，最优批发价下降，最优订货量减少，最优销售价格上升。制造商的利润下降，零售商的利润上升，见表7-7。

表7-6 制造商投保与零售商投保对比表

项目 ρ		0.005	0.01	0.05	0.1	0.2	0.25
制造商投保	制造商利润	76 424.7264	76 296.9363	75 361.9288	74 430.4154	73 521.9001	73 664.5273
	零售商利润	38 025.1039	37 770.7606	35 800.4962	33 497.0366	29 411.7012	27 626.9604
	批发价格	225.6513	226.3051	231.6320	238.5564	253.5016	261.6687
	订货量	437.1280	436.7624	434.0779	431.3869	428.7460	429.1617
	销售价格	312.5744	312.6475	313.1844	313.7226	314.2508	314.1677
零售商投保	制造商利润	76 048.0569	75 532.8553	71 384.4474	66 134.6944	55 444.5000	50 020.8333
	零售商利润	38 211.2825	38 144.0919	37 567.0047	36 737.8228	34 649.3472	33 343.8875
	批发价格	225.3513	225.7051	228.6317	232.5558	241.5004	246.6672
	订货量	437.1219	436.7374	433.4213	428.6116	416.2510	408.3346
	销售价格	312.5756	312.6525	313.3157	314.2777	316.7498	318.3331

表7-7 零售商投保与制造商投保差额对比表

ρ	Δq_5	Δp_5	Δw_5	$\Delta \pi_{M_5}$	$\Delta \pi_{R_5}$
0.005	−0.00616	0.001231	−0.30003	−376.66944	186.178595
0.01	−0.025	0.005001	−0.60006	−764.08103	373.331368
0.05	−0.65664	0.131329	−3.0003	−3 977.4814	1 766.50846
0.1	−2.77528	0.555056	−6.0006	−8 295.7209	3 240.78614
0.2	−12.495	2.499	−12.0012	−18 077.4	5 237.64602
0.25	−20.8271	4.165417	−15.0015	−23 643.694	5 716.92708

　　零售商投保与制造商投保时在订货量、销售价格、批发价格及利润方面的变化分别如图7-3、图7-4、图7-5、图7-6及图7-7所示。

营业中断概率 ρ

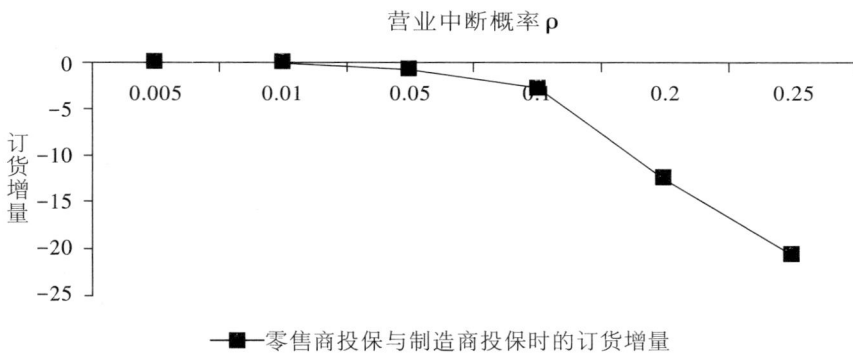

━■━零售商投保与制造商投保时的订货增量

图7-3　零售商投保与制造商投保时的订货增量图

━■━零售商投保与制造商投保时的销售价格变化

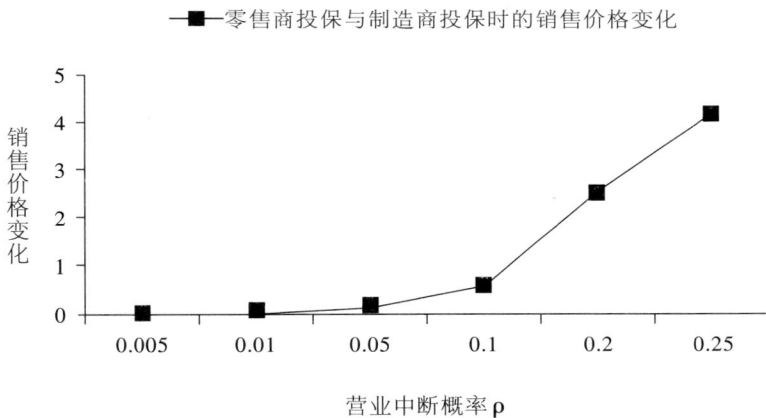

营业中断概率 ρ

图7-4　零售商投保与制造商投保时的销售价格变化

营业中断概率 ρ

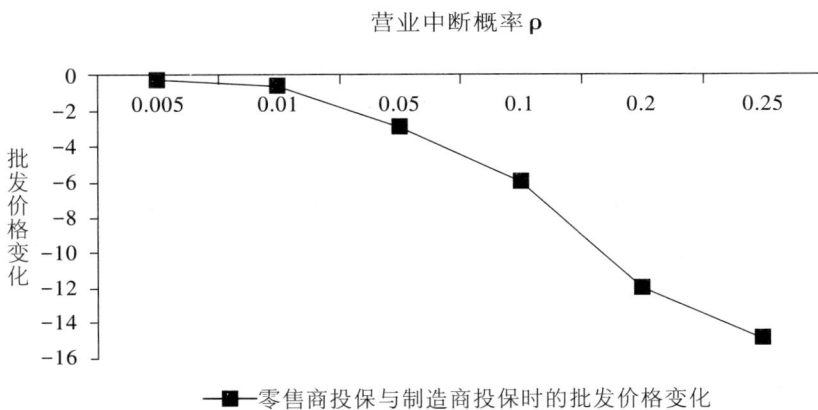

━■━零售商投保与制造商投保时的批发价格变化

图7-5　零售商投保与制造商投保时的批发价格变化

营业中断概率 ρ

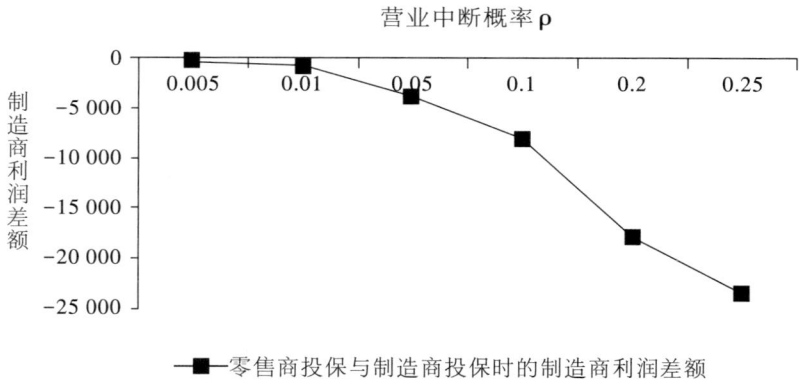

—■—零售商投保与制造商投保时的制造商利润差额

图7-6　零售商投保与制造商投保时的制造商利润差额

—■—零售商投保与制造商投保时的零售商利润差额

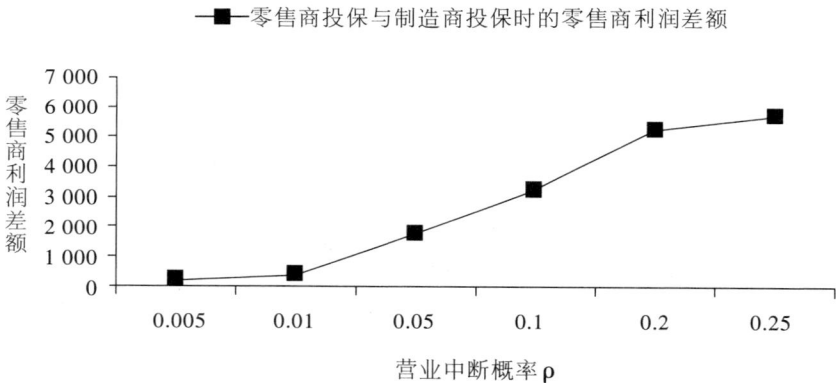

营业中断概率 ρ

图7-7　零售商投保与制造商投保时的零售商利润差额

当制造商出现营业中断时，零售商购买BI保险策略与制造商购买BI保险策略相比，由图7-5可知最优批发价格下降，由图7-3可知最优订货量减少，由图7-4可知最优销售价格上升，由图7-6可知制造商的利润下降，由图7-7可知零售商的利润增加。

综合图7-3、图7-4、图7-5、图7-6及图7-7可知，制造商购买BI保险，能使自身期望利润相对于不投保时增大，也能增大零售商的期望利润。而零售商购买BI保险，能使自身的期望利润相对于不投保时增大，但却不能使制造商期望利润增加。据此可知，相对于供应链整体期望利润而言，制造商购买BI保险决策要优于零售商购买BI保险决策。

（4）供应链整体投保与节点企业不投保期望利润对比（情景5、

情景1和情景2）及节点企业投保期望利润对比（情景3、情景4和情景5）。

当制造商出现营业中断时，可根据供应链整体投保期望利润、制造商不投保时供应链整体期望利润和零售商不投保时供应链整体期望利润绘制图7-8。

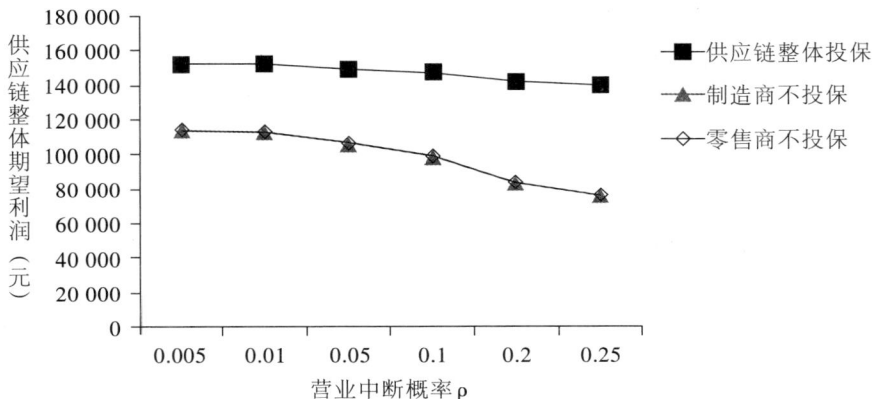

图7-8 供应链整体投保与企业不投保时供应链整体期望利润对比

当制造商出现营业中断时，可根据供应链整体投保期望利润、制造商投保期望利润和零售商投保期望利润绘制图7-9。

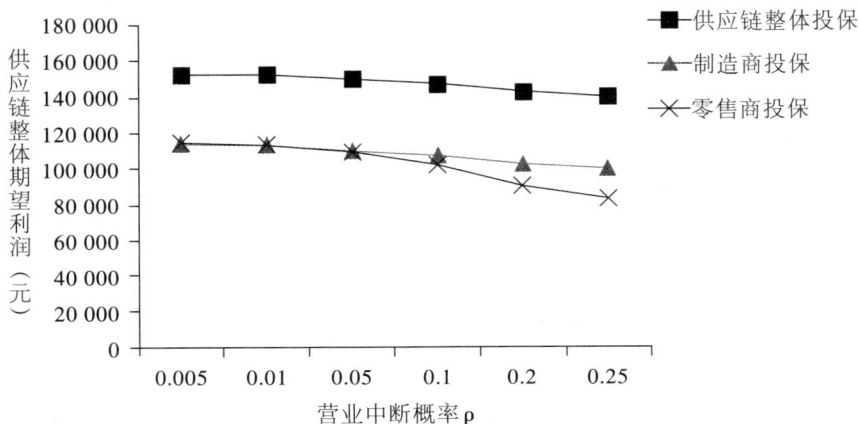

图7-9 供应链整体投保与企业投保时供应链整体期望利润对比

由图7-8可知，当制造商与零售商均不投保时，制造商与零售商的期望利润是相同的，供应链整体投保时的期望利润要远高于制造商（或零售商）不投保时供应链整体期望利润。由图 7-9 可知，供应链整体投保时的期望利润要远高于制造商（或零售商）单独投保时供应链整体期望利润。这是因为，以供应链整体投保可实现如下协同效应：当制造商出现营业中断时，供应链系统可通过获取中断损失保险赔偿以合理补偿制造商与零售商所需的资金流；BI 保险费用可在供应链系统中进行协同优化，使保险费用最小化，并在系统内部对商誉成本损失和融资成本损失进行合理分配；在通过 BI 保险赔偿补偿中断惩罚成本损失、商誉成本损失和融资成本损失的过程中，也可在供应链系统中进行协同优化，并在系统内部进行合理分配。

7.7 结论与建议

本章以由一个制造商和一个零售商组成的二级供应链系统为例，就制造商营业中断的情景下，制造商、零售商及供应链整体是否购买营业中断保险这四种情景进行对比分析，探讨营业中断保险的价值实现过程及对制造商、零售商及供应链整体的影响过程。研究结论如下：

（1）制造商实施营业中断保险购买策略能有效增加制造商和零售商的利润（见定理 3 和推论 7），零售商实施营业中断保险购买策略仅在满足特定条件时（$\varphi > \sigma + \delta$）才能有效增加制造商和零售商的利润（见定理 4 和推论 9）。

（2）营业中断保险的购买对象不同，利润增值路径不同。制造商实施营业中断保险购买策略主要通过增加最优销售价格和最优订货量、降低最优批发价的方式实现利润增值（见推论 7）；零售商实施营业中断保险购买策略则主要通过降低最优批发价和最优订货量、增加最优销售价格的方式实现利润增值（推论 9）。

（3）营业中断概率越大，营业中断保险价值越大，制造商与零售商的投保意愿也越强。当制造商实施营业中断保险购买策略时，零售商订货量增量、制造商期望利润增量和零售商的期望利润增量均是 ρ 的单调递增函数，表明营业中断概率越大，营业中断保险价值越大（见推论8）。当零售商实施营业中断保险购买策略时，在满足 $\varphi > \sigma + \delta$ 及 $r < \rho < 1$ 时，零售商订货量增量、制造商期望利润增量和零售商期望利润增量均是 ρ 的单调递增函数，表明营业中断概率越大，营业中断保险价值越大（见推论10）。

（4）当实施营业中断保险购买策略时，制造商与零售商的中断惩罚成本损失、商誉成本损失和融资成本损失的补偿机制是不同的。当制造商投保时，制造商可通过BI保险赔偿来补偿中断惩罚成本损失、商誉成本损失和融资成本损失，制造商完全不用采用提高批发价方式来转嫁中断惩罚成本损失、商誉成本损失和融资成本损失（见推论7）；当零售商投保时，零售商是通过BI保险赔偿、提高销售价格和获取中断惩罚补偿收入三种方式来共同补偿商誉成本损失和融资成本损失的，制造商不能通过提高批发价方式转嫁惩罚成本损失，惩罚成本损失完全由制造商承担（见推论9）。

（5）就供应链整体期望利润而言，当制造商营业中断时，供应链整体BI保险购买策略要优于制造商BI保险购买策略（见推论13），供应链整体BI保险购买策略也优于零售商单独投保策略（见推论14），还优于制造商不投保策略和零售商不投保策略（见推论12）。可见，就供应链整体期望利润而言，供应链整体BI保险购买策略是最优策略。

这些具有实践应用价值的结论，能较好地帮助企业正确认识BI保险的作用和价值，并为企业实施BI保险购买策略和供应链合作策略提供理论支持。

7.8 本章小结

本章首先对营业中断保险在欧美国家及我国的发展情况进行了简单介绍，阐述在我国发展营业中断保险业务的严峻形势与重要性；其次对供应链中断风险损失进行分类，并将供应链中断风险损失测算分为BI保险可赔付损失测算和BI保险不可赔付损失测算两类；再次，研究由一个制造商和一个零售商组成的二级供应链系统中，在制造商营业中断的环境下，对不投保、制造商投保、零售商投保及供应链整体投保这四种情况进行模型构建，分析不同购买主体下营业中断保险的购买价值及购买决策条件，并对比分析其对制造商、零售商及供应链整体的影响过程；最后，应用数值仿真验证了不投保、制造商投保、零售商投保和供应链整体投保这四种情况下模型构建的有效性。通过模型构建和分析，可得到如下结论：

（1）制造商营业中断但不投保（分两种情景进行分析）

①情景1：制造商承担融资成本损失和商誉成本损失。最优订货量、制造商和零售商最大期望利润均下降，制造商通过将批发价提高来转嫁中断惩罚契约中的中断惩罚成本损失、融资成本损失和商誉成本损失，零售商则通过将销售价格提高将部分损失转嫁给消费者；不考虑商誉成本损失和融资成本损失时，最优订货量与销售价格不变，制造商通过提高批发价格将中断惩罚契约中的中断惩罚成本部分转嫁给零售商，零售商通过所获取的中断惩罚收入部分补偿制造商的转嫁成本，并不将损失转嫁给消费者，制造商和零售商最大期望利润均下降；制造商承担融资成本损失和商誉成本损失且不考虑中断惩罚成本损失时，最优订货量、制造商和零售商最大期望利润均下降，制造商通过将批发价格提高来转嫁融资成本损失和商誉成本损失，零售商则通过将销售价格提高将部分损失转嫁给消费者；不考虑中断惩罚成本、融资成本损失和商誉成本损失时，最优订货量、销售量、销售价格均不变，制造商和零售商最大期望利润均下降。

②情景2：制造商营业中断但不投保，零售商承担融资成本损失和商誉成本损失。当制造商营业中断但不投保时，由制造商还是零售商承担融资成本损失和商誉成本损失不改变最优订货量、销售价格、制造商和零售商最大期望利润，仅改变最优订货价格。当制造商承担融资成本损失和商誉成本损失时，制造商可通过提高订货价格将部分损失转嫁给零售商；而当零售商承担融资成本损失和商誉成本损失时，零售商不具备损失转嫁能力。

（2）制造商营业中断且制造商投保（情景3）

当制造商出现营业中断且投保时，制造商可通过BI保险赔偿来补偿中断惩罚成本损失、商誉成本损失和融资成本损失，制造商完全不用采用提高批发价格的方式来转嫁中断惩罚成本损失、商誉成本损失和融资成本损失；当制造商适当降低批发价格时，零售商会增加订货量，制造商和零售商期望利润也随之增加；零售商订货量增量、制造商期望利润增量和零售商的期望利润增量均是营业中断概率ρ的单调递增函数，即营业中断概率越大，营业中断保险价值越大。

（3）制造商营业中断且零售商投保（情景4）

当制造商出现营业中断且零售商投保时，零售商是通过BI保险赔偿、提高销售价格和中断惩罚补偿收入三方面来共同补偿商誉成本损失和融资成本损失的，最终导致销售量下降；制造商在观察到零售商商誉成本损失和融资成本损失补偿方式后，主动下调批发价格，以刺激订货量增加，但订货量反而下降，此时，制造商不能通过提高批发价格的方式转嫁中断惩罚成本损失，中断惩罚成本损失完全由制造商承担；零售商订货量增量、制造商期望利润增量和零售商期望利润增量均是营业中断概率ρ的单调递增函数，表明营业中断概率越大，营业中断保险价值越大；当制造商出现营业中断时，零售商BI保险购买策略与制造商购买BI保险策略相比，最优批发价格下降，最优订货量减少，最优销售价格上升。

（4）制造商营业中断且供应链整体投保（情景5）

当制造商营业中断时，供应链整体投保的期望利润要高于制造商（或零售商）不投保时的期望利润；当制造商营业中断时，供应链整体投保的期望利润要高于制造商单独投保时的期望利润；当制造商营业中断时，供应链整体投保的期望利润要高于零售商单独投保时的期望利润。

本章最后利用数值方真验证了在制造商营业中断的环境下，不投保、制造商投保、零售商投保和供应链整体投保这四种情况下模型的有效性。通过研究发现：就供应链整体期望利润而言，供应链整体BI保险购买策略是最优策略；营业中断保险的购买对象不同，利润增值路径不同；营业中断概率越大，营业中断保险价值越大，制造商与零售商的投保意愿也越强；当实施营业中断保险购买策略时，制造商与零售商的中断惩罚成本损失、商誉成本损失和融资成本损失的补偿机制是不同的。这些具有实践应用价值的结论，能较好地帮助企业正确认识BI保险的作用和价值，并为企业实施BI保险购买策略和供应链合作策略提供理论支持。

8 缓解供应链中断风险的需求预测管理研究

在中断风险传导过程中，产品供需具有高度不确定性，对供应链中断或突变序列构建与之匹配的中断风险预测模型是当务之急，但对缓解供应链中断风险方面的需求预测模型与方法的研究甚少，本章正是基于此，先用传统灰色 GM（1，1）模型对供应链中断的时间序列进行预测，由于数据的不平稳导致了预测精度较差；在此基础上进行残差改进，将原始数据分为正常值和异常值两类，找出相应的上、下中断值。对正常情况和中断情况，分别运用 GM（1，1）残差改进模型进行预测。但 GM（1，1）残差改进模型得到的预测结果并不完美，因为预测结果不能告知下一时间是正常情况还是异常情况，此时通过马尔可夫链方法精确估计每种情况可能出现的概率，从而得出下一时间的期望预测值。本章最后应用某电子产品 48 周的销售量作为历史数据进行了预测，表明该模型能明显提高预测精度，增强预测的可操作性。这种改进的 GM（1，1）-Markov 模型预测方法突破了传统灰色 GM（1，1）模型对原始数据的要求，能应用于供应链中断或突变的序列中，并能为企业的需求预测提供科学的理论依据和有效的实时指导。

8.1 引言

现今，供应链中断风险控制已发展成为学术研究的重点和热点，并被企业高度重视，这和供应链所发生的时空变化密不可分。时空变化势必提高中断发生的概率，而经济波动、自然灾害、计算机病毒等外界环境因素的动态影响，使得供应链更为脆弱，供应链中断风险发生的概率进一步提高，供应链中断风险控制的难度进一步加大。在这种背景下，许多学者主要进行了供应链日常运作风险的定性研究及基于供应链设计、供应链应急协调的定量研究，但针对供应链中断风险方面的需求预测研究甚少，本章是在灰色系统理论的基础上对供应链中断风险的需求进行预测的。

灰色系统理论是邓聚龙教授首次提出的，解决了学术界一直无人解决的微积分方程建模问题，其研究对象是"部分信息已知，部分信息未知"的小样本、贫信息的不确定性系统[299]，具有建模过程简单、建模表达式简洁等优点，被广泛应用于经济、旅游、医药、水利、动漫及房地产等领域[300][301]，但此仅适用于变化速度平稳的时间序列，尤其是当数据序列波动性较大时，其预测结果的误差更大，很多学者对此进行了改进[302][303][304]。

由于中断必然伴随数据不平稳，传统 GM（1，1）模型预测必然导致预测结果起伏不定，预测精度较低，因此将原始数据分为正常值和异常值两类，分别对中断值序列和正常值序列运用 GM（1，1）模型计算出相应的预测函数；但这种预测结果不知道下一时间是正常情况还是异常情况，预测时间的确定可通过马尔可夫链方法判定。这种对原始数据进行分类处理的方法一方面提高了预测精度，另一方面增强了预测的可操作性，且保证了预测的可信性。

本章剩余部分内容具体安排如下：8.2 节和 8.3 节对传统 GM（1，1）模型和改进的 GM（1，1）模型分别进行介绍；对于 GM（1，1）改进模型得到的预测结果没有对应的时间，预测时间的确定可通过马尔可链方法判定，8.4节是改进的GM（1，1）-Markov预测模型，这种改进的灰色预测模型与马尔可夫链方法的结合方法，既能确定下一时间是正常情况还是异常情况这一关键问题，还能对下一时间的预测值进行精确预测；8.5节以受2008年冰灾影响，销售出现部分中断的湖南某企业为例，构建传统GM（1，1）模型和中断情况下的GM（1，1）改进模型，再构建中断情况下改进的GM（1，1）-Markov模型，并在此基础上进行实例分析和检验。

8.2　传统GM（1，1）模型

灰色传统GM（1，1）模型通过对原始时间序列进行一次累加生成强递增数据序列，建立相应的近似微分方程，来表现数据序列发展规律。其建模和求解如下。

（1）给定原始时间序列 $x^{(0)}=(x^{(0)}(1)，x^{(0)}(2)，\cdots，x^{(0)}(n))$，其中n为原始数据个数，对 $x^{(0)}$ 进行一次累加生成 $x^{(1)}$ 序列，即 I-AGO，得：$x^{(1)}=(x^{(1)}(1)，x^{(1)}(2)，\cdots，x^{(1)}(n))$，其中 $x^{(1)}(i)=\sum_{i=1}^{n}x^{(0)}(i)$，其中i=1，2，$\cdots$，n（以下不做特殊说明，i的取值与此相同）。

（2）检验 $x^{(0)}$ 的准光滑性和 $x^{(1)}$ 的准指数规律。准光滑系数 $p(i+1)=\dfrac{x^{(0)}(i+1)}{x^{(1)}(i)}$，当 $p(i)<0.5$ 时，一般认为满足准光滑条件；准指数规律指标 $\sigma^{(1)}(i+1)=\dfrac{x^{(1)}(i+1)}{x^{(1)}(i)}$，当 $\sigma^{(1)}(i)\in[1,1.5]$ 时，一般认为满足准指数规律[159]。

（3）若满足（2）的要求，则GM（1，1）的白化微分方程为：$\dfrac{dx^{(1)}}{dt}+ax^{(1)}=b$，其中，a为发展灰度，b为灰色作用量，a、b均为待定系数；t表示时间；本书按传统方法对序列 $x^{(1)}$ 采用紧邻均值生成序列 $w^{(1)}$。于是白化微分方程对应的灰微分方程为：$x^{(0)}(i)+aw^{(1)}(i)=b$。

（4）构造矩阵 B、Y 及 A，其中 $B = \begin{bmatrix} -w^{(1)}(2),1 \\ \vdots \\ -w^{(1)}(n),1 \end{bmatrix}$，$Y = \begin{bmatrix} x^{(0)}(2) \\ \vdots \\ x^{(0)}(n) \end{bmatrix}$，$A = $

$\begin{bmatrix} a \\ b \end{bmatrix}$。于是上式可等价变形为 $Y = BA$，利用最小二乘法近似得到 $\hat{A} = (B^T B)^{-1} B^T Y$，可求出近似解，$\hat{a}, \hat{b}$。

（5）将 $\hat{a}, \hat{b}$ 代入灰微分方程，求得离散响应函数：

$$\begin{cases} \hat{x}^{(1)}(1) = x^{(0)}(0) \\ \hat{x}^{(1)}(i+1) = \dfrac{\hat{b}}{\hat{a}} + e^{-\hat{a}i}(x^{(1)}(0)) - \dfrac{\hat{b}}{\hat{a}} \quad i \geq 1 \end{cases}$$

（6）对 $\hat{x}^{(1)}(i+1)$ 累减还原，得到原始数据的预测值：

$$\begin{cases} \hat{x}^{(0)}(1) = x^{(0)}(1) \\ \hat{x}^{(0)}(i+1) = \hat{x}^{(1)}(i+1) - \hat{x}^{(1)}(i) \quad i \geq 1 \end{cases}$$

（7）精度检验。

①逐点检验绝对误差：$\varepsilon^{(0)}(i) = x^{(0)}(i) - \hat{x}^{(0)}(i)$，相对误差：$e(i) = \dfrac{|\varepsilon(t)|}{x^{(0)}(i)} \times 100\%$。

②后验差比值 $s_1 = \sqrt{\dfrac{1}{n} \sum_{i=1}^{n} [x^{(0)}(i) - \bar{x}^{(0)}]^2}$，$s_2 = \sqrt{\dfrac{1}{n} \sum_{i=1}^{n} [\varepsilon(i) - \bar{\varepsilon}^{(0)}]^2}$，

$c = \dfrac{s_2}{s_1}$，当 $c \in [0.35, 0.65]$ 时为可接受精度范围[160]；c 越小表明预测误差摆动的幅度越小，故精度越高。

③小误差频率 $p = p\{|\varepsilon(i) - \bar{\varepsilon}| < 0.6745 s_1\}$，当 $p \in [0.7, 0.95]$ 时为可接受精度范围；p 越大表明误差较小的概率越大，故精度越高。

精度检验结果见表8-1。

表8-1　　　　　　　　　　精度检验

级别	结果	平均相对误差（ARE）	后验差比值c	小误差频率p
1	很好	≤0.01	<0.35	>0.95
2	好	≤0.05	<0.50	>0.80
3	一般	≤0.1	<0.65	>0.70
4	不合格	≤0.20	≥0.65	≤0.70

8.3 改进的GM（1，1）模型

当原始的数据序列呈现出或基本呈现出指数增长态势，并且该数据的变化速度适中时，用GM（1，1）模型能达到较好的预测精度；但供应链各节点企业的原始数据序列可能由于供应链中断而出现异常点，使指数增长态势出现了停顿或是震荡，数据变化速度不平稳，从而呈现较差的增长趋势或不能呈现增长趋势，这时就不能单独利用GM（1，1）模型，本书在此基础上进行改进。

应用传统GM（1，1）模型的残差数据，将原始数据分为两类：一类是正常值，即预测值偏离实际值较少；一类是异常值，即预测值偏离实际值较多。两者的临界值，叫作中断值。由于残差有正负之分，故中断值也有正负之分，正残差大于中断值的，叫上中断值，负残差小于中断值的，叫下中断值。上、下中断值所处的时间点分别叫上中断点和下中断点。

对正常情况，挑出正常点对应的正常值组成正常值序列 $x_0^{(0)}$；对下中断情况，挑出下中断点对应的下中断值组成下中断值序列 $x_-^{(0)}$；对上中断情况，挑出上中断点对应的上中断值组成上中断值序列 $x_+^{(0)}$。以上三种情况，预测函数的求法与传统GM（1，1）模型的算法完全相同。

8.4 改进的GM（1，1）-Markov预测模型

采用GM（1，1）改进模型得到的预测结果并不完美，因为预测结果没有对应的时间，即不知道下一时间是正常情况还是异常情况。预测时间的确定可通过马尔可夫链方法判定。

8.4.1 马尔可夫链与K步转移概率矩阵定义

设随机过程 $\{x(i), i \in I\}$ 的状态空间S为R中的可列集，对应I中任

意参数 $i_1 < i_2 < \cdots < i_n$ 以及使 $\{x(i_1) = m_1, x(i_2) = m_2, \cdots, x(i_{n-1}) = m_{n-1}\} > 0$ 成立的 S 中的任意状态 $m_1, m_2, \cdots, m_n$，均有 $P\{x(i_n) = m_n | x(i_1) = m_1, x(i_2) = m_2, \cdots, x(i_{n-1}) = m_{n-1}\} = P\{x(i_n) = m_n | x(i_{n-1}) = m_{n-1}\}$，则称 $\{x(i), i \in I\}$ 为马尔可夫链，并记作：$p_{ij}^{(k)} = p\{x_{m+k} = j | x_m = i\}$，$i, j \in S$，表示在时刻 m 系统处于状态 i 条件下，在时刻 m+k 系统处于状态 j 的概率，将 $p_{ij}^{(k)}$ 依次

排序，可得 $m \times n$ 阶转移概率矩阵：$p^{(k)} = \begin{bmatrix} p_{11}^{(k)}, \cdots, p_{1n}^{(k)} \\ \vdots \\ p_{m1}^{(k)}, \cdots, p_{mn}^{(k)} \end{bmatrix}$，该矩阵称为马

尔可夫链的 k 步转移概率矩阵，其中 $p_{ij}^{(k)} \geq 0$ 且 $\sum_{i=1}^{n} p_{ij}^{(k)} = 1$。

8.4.2　划分状态，计算转移概率

划分状态是将数据序列划分成若干个大致均等的区间范围，其中任一状态区间 $E_i = [E_{1i}, E_{2i}]$，其中 $i = 1, 2, \cdots, n$，式中：E_{1i}, E_{2i} 为状态边界。如果数据序列由状态 E_i 转移到状态 E_j 的次数共为 m_{ij} 次，状态 E_i 出现的次数共为 m_i 次，则可计算出此时的转移概率 $p_{ij}^{(k)} = \dfrac{m_{ij}}{m_i}$。对于非平稳随机序列，只要符合马尔可夫链特点，状态的划分就可根据实际情况对数据进行不均等的划分，只要合理即可。

8.4.3　根据转移概率矩阵进行预测

$p_{ij}^{(k)}$ 描述了目前状态 E_i 在未来转向状态 E_j 的可能性，按最大概率原则，选择 p_{ij} 中最大者对应的状态为预测结果，即当 Max $\{p_{i1}, p_{i2}, \cdots, p_{in}\} = p_{ij}$（$i = 1, 2, \cdots, n$）时，可以预测下一步系统将转向状态 E_j 或是若知道该时间所处的状态向量为 A（t）= $(a_1(t), a_2(t), \cdots, a_i(t))$ 时，则时刻 A（t+m）= A（t+m-1）$p^{(k)}$，根据 A（t+m），可以为预测者提供预测依据。

8.5 供应链中断风险预测实例分析

8.5.1 背景及数据来源

2008 年 1 月 13 日，长江流域持续出现特大风雪，安徽、江西、河南、湖南、湖北、贵州、陕西等多省同时受灾。截止到 2008 年 2 月 5 日，先后四轮大范围的低温雨雪冰冻天气席卷了包括湖南、贵州、安徽以及湖北在内的 19 个省，湖南雪灾最为严重。大雪导致的冰冻灾害摧毁了湖南、贵州等地的电力系统，无数输电塔因不堪冰雪重负接连倒塌，郴州全城停电超过半个月，春运"大动脉"京广铁路南段一度中断。由于京广及京九铁路的供电网受到风雪摧毁，加上煤的运输受阻，铁路电力供应中断，大量旅客被困在湖南铁路上。由于粮食运输停顿，各地包括中国香港的肉菜价格飙升。此次灾害导致各地高速公路、机场路面结冰及大量积雪，出现大面积的交通设施瘫痪和大面积停电灾害，最终导致交通中断、电力中断、通信中断和货物运输中断，造成直接经济损失约 1 516.5 亿元。综合可见，这次冰冻灾害具有持续时间长、受灾范围广和受灾损失重等特点。

2008 年 9 月爆发的全球金融危机，给世界经济带来严重影响，扰乱了人们的日常生活秩序，全球经济陷入困境。次贷危机引起美国经济及全球经济增长的放缓，对中国经济也产生了重大的影响，而这其中最主要的是对中国出口的影响。实体经济尤其是工业面临巨大压力。中国大量的中小型加工企业的倒闭，也加剧了失业的严峻形势，面临经济增长趋缓和严峻就业形势的双重压力。为应对次贷危机造成的负面影响，美国采取宽松的货币政策和弱势美元的汇率政策。美元大幅贬值给中国带来了巨大的汇率风险。在发达国家经济放缓、中国经济持续增长、美元持续贬值和人民币升值预期不变的情况下，国际资本加速流向我国寻找避风港，这将加剧中国资本市场的风险。

在以上背景下，湖南省的一家电子产品生产企业为了应对冰冻灾害导致的电力中断，用自备的发电机发电达到不中断生产的目的；可是道路结冰问题仍旧给该公司的销售量（百箱）带来比较大的影响。全球金融危机爆发后，由于该企业部分产品用于出口，又均采用劳动密集型、低成本的生产模式，伴随成本的上升，出口压力的增大，企业遭遇发展瓶颈，销售量也相应地受到影响。表8-2为该企业2007年11月1日—2008年10月1日某类电子产品的周销售量表。

表8-2　　该企业电子产品2007.11 .1—2008.10.1周销售量　　单位：百箱

时间（周）	销售量	时间（周）	销售量	时间（周）	销售量	时间（周）	销售量	时间（周）	销售量
1	616.00	11	570.00	21	760.16	31	791.50	41	829.32
2	623.80	12	575.12	22	758.33	32	793.10	42	835.36
3	640.66	13	580.61	23	760.65	33	800.75	43	840.59
4	655.75	14	570.62	24	766.70	34	806.40	44	670.63
5	670.31	15	560.42	25	763.57	35	801.50	45	660.81
6	685.52	16	563.55	26	773.20	36	807.10	46	665.52
7	694.32	17	730.32	27	778.66	37	814.75	47	670.11
8	710.51	18	738.31	28	780.80	38	824.21	48	672.66
9	722.58	19	745.55	29	783.50	39	821.26		
10	732.32	20	750.63	30	786.40	40	827.57		

8.5.2　构建传统GM（1，1）模型

首先建立销售量序列，同时对$x^{(0)}$进行一次累加生成序列$x^{(1)}$，即I-AGO；然后检验$x^{(0)}$的准光滑性和$x^{(1)}$的准指数规律。当i>3时，p（i）<0.5，$\sigma^{(1)}(i) \in [1,1.5]$，满足准光滑性和准指数规律的要求，构造矩阵B和常数矩阵Y；求出$\hat{a}=-0.004557$，$\hat{b}=651.0963$，将$\hat{a}$、$\hat{b}$代入灰微分方程，求得离散响应函数。

$$\begin{cases} \hat{x}^{(1)}(1) = 616 \\ \hat{x}^{(1)}(i+1) = 143\,494.2752e^{0.004557i} - 142\,878.2752 \end{cases} i \geq 1,$$

在此基础上，可求得原始数据的预测值：

$$\begin{cases} \hat{x}^{(0)}(1) = 616 \\ \hat{x}^{(0)}(i+1) = 143\,494.28e^{0.0046(i-1)}(e^{0.0046}-1) \end{cases} i \geq 1,$$ 最后进行精度检验，

通过计算，ARE=0.013248，可见平均相对误差ARE≤0.05；c=0.8407，

可见后验差比值 $c \geq 0.65$；$p=0.6875$，小误差频率 $p \leq 0.70$。综上可知，销售量序列的传统 GM（1，1）模型没有通过检验。相关的计算过程在此省略，这里仅给出预测值（$\hat{x}^{(0)}$，用 A 表示）、绝对误差（$\varepsilon^{(0)}(i)$，用 B 表示）和相对误差（$e(i)$，用 C 表示）的计算结果，见表 8-3。

表 8-3　　　　　　　　　传统 GM（1，1）模型计算结果表

时间(周)	1	2	3	4	5	6	7	8	9	10	11	12
A	616	655.40	658.39	661.40	664.42	667.45	670.50	673.56	676.64	679.73	682.83	685.95
B	0	-31.60	-17.73	-5.65	5.89	18.07	23.82	36.95	45.94	52.59	-112.83	-110.83
C	0	-5.07	-2.77	-0.86	0.88	2.64	3.43	5.20	6.36	7.18	-19.80	-19.27
时间(周)	13	14	15	16	17	18	19	20	21	22	23	24
A	689.09	692.23	695.39	698.57	701.76	704.97	708.19	711.42	714.67	717.93	721.21	724.51
B	-108.48	-121.6	-134.97	-135.02	28.56	33.34	37.36	39.21	45.49	40.40	39.44	42.19
C	-18.68	-21.31	-24.08	-23.96	3.91	4.52	5.01	5.22	5.98	5.33	5.18	5.50
时间(周)	25	26	27	28	29	30	31	32	33	34	35	36
A	727.82	731.14	734.48	737.84	741.21	744.59	747.99	751.41	754.84	758.29	761.75	765.23
B	35.75	42.06	44.18	42.96	42.29	41.81	43.51	41.69	45.91	48.11	39.75	41.87
C	4.68	5.44	5.67	5.50	5.40	5.32	5.50	5.26	5.73	5.97	4.96	5.19
时间(周)	37	38	39	40	41	42	43	44	45	46	47	48
A	768.73	772.24	775.76	779.31	782.87	786.44	790.03	793.64	797.27	800.91	804.57	808.24
B	46.02	51.97	45.50	48.26	46.45	48.92	50.56	-123.01	-136.46	-135.39	-134.46	-135.58
C	5.65	6.31	5.54	5.83	5.60	5.86	6.01	-18.34	-20.65	-20.34	-20.06	-20.16

8.5.3　中断情况下 GM（1，1）改进模型

该企业为了保证商品的平稳供给，会平稳持有不超出正常需求量的 10%，当销售量的绝对值超过 10% 时，企业要建立相应的预警机制，尤其是当销售量低于 -10% 时，企业要建立相应的预警机制并采取相应的措施保证供应量的回升。

该节点企业应用传统 GM（1，1）模型的残差数据，将原始数据分为两类：一类是正常值，即预测值偏离实际值在 10% 以内；一类是异常值，即预测值偏离实际值超过了 10%。该节点企业预测值偏离实际值

在 10% 以内的正常值有 37 个，预测值偏离实际值超过 10% 的异常值有 11 个，均为下中断值。计算过程在此省略，仅给出相应的计算结果，见表 8-4 及表 8-5。正常数据对应的原始数据的预测值为：

$$\begin{cases} \hat{x}^{(0)}(1) = 616 \\ \hat{x}^{(0)}(i+1) = 100\,530.10 e^{0.0067(i-1)}(e^{0.0067} - 1) \end{cases} i \geq 1，通过计算，ARE=-$$

0.0007≤0.01，p=0.9730>0.95，c=0.2714<0.35，可见精度为很好。下中断数据的预测值为：$$\begin{cases} \hat{x}^{(0)}(1) = 570 \\ \hat{x}^{(0)}(i+1) = 23\,178.85 e^{0.0235(i-1)}(e^{0.0235} - 1) \end{cases} i \geq 1，通过$$

计算，ARE=-0.0067≤0.01，p=0.7273>0.70，c=0.5139<0.65，精度为合格。

表 8-4　　　　下中断值 GM (1, 1) 模型计算结果

时间(周)	1	2	3	4	5	6	7	8	9	10	11
A	570	550.58	563.66	577.05	590.76	604.79	619.16	633.86	648.92	664.34	680.12
B	0	24.54	16.95	-6.43	-30.34	-41.24	51.47	26.95	16.60	5.77	-7.46
C	0	4.27	2.92	-1.13	-5.41	-7.32	7.68	4.08	2.49	0.86	-1.11

表 8-5　　　　正常值 GM (1, 1) 模型计算结果

时间(周)	1	2	3	4	5	6	7	8	9	10
A	616	675.51	680.05	684.62	689.22	693.85	698.51	703.20	707.93	712.69
B	0	-51.71	-39.39	-28.87	-18.91	-8.33	-4.19	7.31	14.65	19.63
C	0	-8.29	-6.15	-4.40	-2.82	-1.21	-0.60	1.03	2.03	2.68

时间(周)	11	12	13	14	15	16	19	18	19	20
A	717.47	722.30	727.15	732.03	736.95	741.91	746.89	751.91	756.96	762.05
B	12.85	16.01	18.40	18.60	23.21	16.42	13.76	14.79	6.61	11.15
C	1.76	2.17	2.47	2.48	3.05	2.17	1.81	1.93	0.87	1.44

时间(周)	21	22	23	24	25	26	27	28	29	30
A	767.17	772.32	777.51	782.74	788.00	793.29	798.62	803.99	809.39	814.83
B	11.49	8.48	5.99	3.66	3.50	-0.19	2.13	2.41	-7.89	-7.73
C	1.48	1.09	0.76	0.47	0.44	-0.02	0.27	0.30	-0.98	-0.96

时间(周)	31	32	33	34	35	36	37			
A	820.31	825.82	831.37	836.95	842.58	848.24	853.94			
B	-5.56	-1.61	-10.11	-9.38	-13.26	-12.88	-13.35			
C	-0.68	-0.20	-1.23	-1.13	-1.60	-1.54	-1.59			

8.5.4　中断情况下改进的 GM（1，1）-Markov 模型

该供应链节点企业预测时间的确定通过马尔可夫链方法判定，根据企业自身需要将残差划分为 5 种状态。状态 1：较为准确，即相对误差的绝对值在 5% 以内；状态 2：呈低估状态，即相对误差在 5%~10% 之间；状态 3：呈高估状态，即相对误差在 -10%~-5% 之间；状态 4：呈明显高估状态，即相对误差低于 -10%；状态 5：呈明显低估状态，即相对误差超过 10%。由于状态 5 没有出现，可将 5×5 阶转移概率矩阵简

化为 4×4 阶转移概率矩阵，可得 $p^{(1)} = \begin{bmatrix} 0.5 & 0.4 & 0.1 & 0 \\ 0.0769 & 0.9231 & 0 & 0 \\ 1 & 0 & 0 & 0 \\ 0 & 0.1 & 0 & 0.9 \end{bmatrix}$，由于没

有某行两个或两个元素以上概率相同或相近，状态的未来转向通过一步完全可以确定，故不需考虑二步及多步。

由于第 48 周处于状态 4，故 A（48）=（0，0，0，1），于是 A（49）=A（48）$p^{(1)}$=（0.1，0，0，0.9），第 49 周的绝对预测值为 713.44，此时传统 GM（1，1）模型预测值为 821.3423，同理可依次求出随后的预测值。

8.6　本章小结

由于企业所处的环境是一个复杂多变的灰色系统，本章首先阐述了传统 GM（1，1）模型及评价指标。对于带有中断或突变的时间序列，在传统 GM（1，1）模型的基础上，将原始数据分为正常值和异常值两类，找出相应的上、下中断值：对正常情况，由正常值组成正常值序列；对中断情况，由上、下中断值分别组成上、下中断值序列，再分别运用 GM（1，1）模型计算出相应的预测函数，但此时的预测结果不能告知下一时间是正常情况还是异常情况。为得知下一时间是正常情况还是异常情况，主要采用马尔可夫链方法，这种方法可精确估计每种情况出现的概率，从而得出下一时间的期望预测值。

　　与此同时，本章以受2008年冰冻灾害影响，销售出现部分中断的湖南某企业为例，通过构建传统GM（1，1）模型，对其电子产品48周的销售量作为历史数据进行计算。最终的结果表明，由于受到远期数据中断和突变的影响与干扰，销售量序列的传统GM（1，1）模型没有通过精度检验。该企业在应用传统GM（1，1）模型的基础上，将原始数据分为两类：一类是正常值，即预测值偏离实际值在10%以内，共有37个；一类是异常值，即预测值偏离实际值超过10%，共有11个，均为下中断值。在此基础上，分别应用GM（1，1）模型计算出正常值序列和下中断值序列的预测函数，结果表明：正常值序列的精度为很好，下中断值序列的精度为合格。该企业预测时间的确定通过马尔可夫链方法判定，根据企业自身需要将残差划分为5种状态，并根据转移概率矩阵进行预测。

　　这种改进的灰色预测模型与马尔可夫链方法的结合方法，既解决了对下一时间是正常情况还是异常情况判断的这一关键问题，还能对下一时间的预测值进行精确预测。这种方法不仅有效提高预测的拟合程度与预测精度，还能增强预测的平稳程度与可靠程度，而且能够在供应链中断或突变的时间序列中使用，从而为企业的需求预测提供科学的理论依据和有效的实时指导。

9 结论与展望

供应链网络运营环境的不确定性和脆弱性，致使各类供应链中断事件相继发生。本书试图以分析供应链中断风险传导机理为起点，从中断风险控制视角探讨规避供应链中断风险的信息共享价值实现及价值分配策略，研究基于营业中断保险的供应链中断风险转移策略，构建缓解供应链中断风险的需求预测模型，为供应链节点企业规避、转移及缓解中断风险提供理论指导和方法支持。

本书有以下两大出发点：一是提高企业供应链中断风险控制方面的理论水平，让企业在管理过程中有理论依据；二是帮助企业提升实践管理能力，让企业在实践过程中有模型支撑。本书将供应链中断作为核心研究对象，利用供应链中断变量——内部风险和外部风险作为决策变量，探寻并研究在不同的网络结构下的供应链中断风险的传导特性，分析供应链中断风险传导机理和规律。在供应链中断风险传导路径及传导过程中，节点企业之间的信息共享至关重要，基于此，以 C2M 电商供应链这一新型商业模式为例开展研究，探讨供应链中断环境下供应链信息共享价值实现过程，从营业中断保险视角探讨供应链中断风险转移策略，在构建供应链中断风险预测模型的基础上，利用数据图表、算数推理进行实证分析。

本书的主要工作和结论概括如下：

（1）供应链中断风险传导机理分析。首先，本书进行了理论基础分析，梳理了关系强度理论，将其分为强连接理论、弱连接理论和强弱协同理论，并分析了这三种理论在供应链网络管理中的优劣。其次，就本书选用的分析方法进行了说明，将无标度网络与关系强度理论进行融合，从单统计参量分析（度、平均度、顶点度、网络结构熵、度分布函数、特征路径长度和集聚系数）和综合分析两方面详细论述了供应链网络的网络特性，并从关系管理视角对供应链网络的网络特性进行了深入分析，据此探寻供应链中断风险传导机理和规律。再次，本书对供应链网络特性进行了数值模拟，验证了单统计参量分析和综合分析的正确性。最后，为应对供应链中断风险，本书提出供应链网络各节点企业应利用网络特性和中断风险传导机理，对现存的弱连接、新引入的弱连接、现存的强连接和新引入的强连接进行分类管理，并在此基础上提出要有针对性地进行强弱协同管理。

（2）为规避中断风险，节点企业之间的信息共享价值实现至关重要。首先，构建了制造商与物流配送企业之间的动态信息共享价值独立分配模型，探寻信息共享价值实现路径；其次，构建了制造商与物流配送企业之间的合作价值分配模型，实现供应链整体信息共享价值最大化；再次，根据各节点企业权力地位的差异性，将电商供应链分为三类：制造商与配送商处于等势地位；制造商为核心企业，配送商为配套企业；制造商为配套企业，配送商为核心企业。然后，对这三类电商供应链进行了算例分析，通过相关分析得到了有意义的结论。最后，就信息共享价值实现策略进行了探讨，并给出了一些有价值的建议。

（3）为规避中断风险，节点企业之间的信息共享价值如何分配相当重要。本书就供应链节点企业之间的信息共享价值分配过程进行了研究。以由单一制造商和两家物流配送企业所构成的 C2M 电商供应链为例，分别应用核仁理论分配模型、Shapley 值法、GQP 法和纳什谈判解法模型等四种方法进行合作信息共享价值分配，通过计算发现这四种分配模型计算出的分配结果具有一定的差异性、公平性和合理性。为使电商供应链合作运作模式能够更加稳定地存在并且更加有效地运作，在引入信息熵概念的基础上创新性地提出了信息熵法，并且应用信息熵值对这四种分配模型进行综合，探讨信息共享价值优化分配方案。

（4）营业中断保险是转移供应链中断风险的有力工具。本书主要从营业中断保险视角探寻转移供应链中断风险，并通过营业中断保险补偿中断事件所造成的经济损失。供应链中断风险损失分类与测算是企业购买 BI 保险和制定中断风险转移策略的直接依据，故本书首先对供应链节点企业中断风险损失进行分类和测算，然后以由一个制造商和一个零售商组成的二级供应链系统为例，就制造商运营中断情景下，制造商、零售商及供应链整体是否购买营业中断保险这四种情景进行对比分析，探讨营业中断保险的价值实现过程及其对制造商、零售商和供应链整体的影响过程。最后用数值仿真对上述模型进行模拟和验证。

（5）构建供应链中断风险预测模型，是有效应对供应链中断风险的管理方式之一。供应链中断风险预测模型构建过程如下：先用传统 GM（1，1）模型对供应链中断的时间序列进行预测，由于数据的不平稳导致了预测精度较差；在此基础上进行残差改进，将原始数据分为正常值和异常值两类，找出相应的上、下中断值。对正常情况和中断情况，分别运用 GM（1，1）残差改进模型进行预测；但 GM（1，1）残差改进模型得到的预测结果并不完美，因为预测结果不能告知下一时间是正常情况还是异常情况，此时通过马尔可夫链方法精确估计每种情况可能出现的概率，从而得出下一时间的期望预测值。最后应用某企业电子产品 48 周的销售量作为历史数据进行了预测，表明该模型能明显提高预测精度，增强预测的可操作性。这种改进的 GM（1，1）-Markov 模型预测方法突破了传统灰色 GM（1，1）模型对原始数据序列指数增长态势的要求，能应用于供应链中断或突变的序列中，并能为企业的需求预测提供科学的理论依据和有效的实时指导。

由于供应链结构复杂，中断风险触发因素复杂，随着社会经济与技术的发展，作者认为在今后的研究中，可以将以下几方面作为未来的研究方向：

（1）相对于小世界网络，无标度网络模型虽能较好地解释网络发展演变过程，但在供应链中断风险传导过程中新增节点入网时间很有可能是不相等的，可能有新增节点，也可能有原有节点的脱离，构建适应现实情况的网络结构至关重要，本书对此问题没有展开。未来研究可采用实地调研方式构建新型网络结构，应用计算实验方法验证其适用性，分析这种现实网络结构下的供应链中断风险传导机理，探寻新型网络结构是否具有小世界特性和无标度特性，是否还具有一些其他的特性，并从结构视角分析其差异性根源。

（2）在探寻 BI 保险购买决策时，BI 保险购买决策往往与企业运营管理决策交互影响，本书没有对此展开研究。在未来的研究中，可积极探寻 BI 保险购买决策与库存管理、应急采购、多供应商、后备生产和期权合同等策略之间的影响规律，探明 BI 保险购买决策与企业内部运营管理决策之间的联动机制，并对比分析不同方案下的策略选择，为企业 BI 保险购买策略和运营管理决策的组合应用提供决策支持和政策指导，方便企业建立不同情景下的应急管理范式。现有研究一般视保险公司为外生变量，在未来的研究中，也可将保险费率内生化，研究包含保险公司在内的供应链各参与主体之间的联动机制，为企业实施 BI 保险购买策略、保险公司保险产品设计和推广及供应链合作策略提供理论指导和实践支持。

主要参考文献

[1] HELBING D，ARMBRUSTER D，MIKHAILOV A S，et al. Information and material flows in complex networks［J］. Physica A：Statistical Mechanics & Its Applications，2006，363（1）：98-112.

[2] 王长峰.供应链网络视角下知识转移与企业合作创新研究评述与展望［J］.现代管理科学，2016，35（2）：42-44.

[3] SURANA A，KUMARA S，GREAVES M，et al. Supply-chain networks：a complex adaptive systems perspective［J］. International Journal of Production Research，2005，43（20）：4235-4265.

[4] 邱若臻，王奕智，黄小原.基于不确定中断概率的鲁棒供应链网络设计［J］.计算机集成制造系统，2016，22（10）：2458-2468.

[5] 霍宝锋，王倩雯，赵先德.供应链复杂性对组织学习和运营竞争力的影响［J］. 系统工程理论与实践，2017，37（3）：631-641.

[6] BODE C，WAGNER S M. Structural drivers of upstream supply chain complexity and the frequency of supply chain disruptions［J］. Journal of Operations Management，2015，36：215-228.

[7] 王凤彬.节点企业间界面关系与供应链绩效研究［J］. 南开管理评论，2004，7（2）：72-78.

[8] 王晓文，田新，李凯.供应链治理结构的影响因素分析——基于集中式外卖

模式的案例研究 [J]. 软科学, 2009, 23 (7): 46-50, 56.

[9]   张涛, 孙林岩, 孙海虹, 等. 供应链的系统运作模式分析与建模——基于复杂自适应系统范式的研究 [J]. 系统工程理论与实践, 2003, 23 (11): 8-13.

[10] WATTS D J, STROGATZ S H. Collective dynamics of "smallworlds" networks [J]. Nature, 1998 (4): 393, 440-442.

[11] 范旭, 马军海, 修妍. 复杂供应链网络中的不确定性分析 [J]. 复杂系统与复杂性科学, 2006, 3 (3): 20-26.

[12] 陈晓, 张纪会. 复杂供需网络的局域生长演化模型 [J]. 复杂系统与复杂性科学, 2008, 5 (1): 54-60.

[13] 王振锋, 王旭, 徐广印. 基于小世界网络的服务供应链研究 [J]. 上海管理科学, 2011, 33 (5): 46-48.

[14] 赵炎, 王琦. 联盟网络的小世界性对企业创新影响的实证研究——基于中国通信设备产业的分析 [J]. 中国软科学, 2013, 28 (4): 108-116.

[15] 刘纯霞, 舒彤, 汪寿阳, 等. 基于小世界网络的供应链中断风险传导路径研究 [J]. 系统工程理论与实践, 2015, 35 (3): 608-615.

[16] 张古鹏. 小世界创新网络动态演化及其效应研究 [J]. 管理科学学报, 2015, 18 (6): 15-29.

[17] 汤小莉, 孙笑明, 田高良, 等. 小世界网络的动态性对企业关键研发者创造力的影响 [J]. 管理工程学报, 2018, 32 (4): 59-67.

[18] 张兵, 王文平. 非正式知识网络关系强度分布与知识流动小世界 [J]. 中国管理科学, 2011, 19 (4): 159-166.

[19] 王国红, 周建林, 唐丽艳. 小世界特性的创新孵化网络知识转移模型及仿真研究 [J]. 科学学与科学技术管理, 2014, 35 (5): 53-63.

[20] SUN H J, WU J J. Scale-free characteristics of supply chain distribution networks [J]. Modem Physics Letters B, 2005, 19 (17): 841-850.

[21] HUANG J, XIAO T, SHENG Z, et al. Modeling an evolving complex supply network [J]. Journal of Systems Science and Information, 2007, 5 (4): 327-338.

[22] KÜHNERT C, HELBING D, WEST G B. Scaling laws in urban supply networks [J]. Physica A: Statistical Mechanics & Its Applications, 2006, 363 (1): 96-103.

[23] LAUMANNS M, LEFEBER E. Robust optimal control of material flows in demand-driven supply networks [J]. Physica A: Statistical Mechanics & Its Applications, 2006, 363 (1): 24-31.

[24] 郭进利.供应链型网络中双幂律分布模型 [J]. 物理学报，2006，74 (8)：3916-3921.

[25] 柳虹，周根贵，傅培华.分层供应链复杂网络局部演化模型研究 [J]. 计算机科学，2013，40 (2)：270-273.

[26] 唐亮，何杰，靖可.关联供应链网络级联失效机理及鲁棒性研究 [J]. 管理科学学报，2016，19 (11)：33-62.

[27] 张轶，钱晓东.基于复杂网络的供应链建模及仿真研究 [J]. 科技管理研究，2014，34 (22)：183-186.

[28] 王筱莉，赵来军，谢婉林.无标度网络中遗忘率变化的谣言传播模型研究 [J]. 系统工程理论与实践，2015，35 (2)：458-465.

[29] 谢逢洁，武小平，崔文田，等.博弈参与水平对无标度网络上合作行为演化的影响 [J]. 中国管理科学，2017，25 (5)：116-124.

[30] 张瑜，菅利荣，皮宗平，等.基于无标度网络的产学研合作网络模式 [J]. 系统工程，2013，31 (5)：54-59.

[31] 宋楠，付举磊，鲍勤，等.基于无标度网络的恐怖信息传播与最优应对策略 [J]. 系统工程理论与实践，2015，35 (3)：630-640.

[32] MOEINZADEH P, HAJFATHALIHA A. A combined fuzzy decision making approach to supply chain risk assessment. World academy of science [J]. International Journal of Human & Social Sciences, 2010 (60)：519-535.

[33] ZENG A Z, BERGER P D, GERSTENFELD A. Managing the supply-side risk in supply chains taxonomies processes and examples of decision-making modeling [M]. Berlin： Springer Berlin Heidelberg, 2005.

[34] 鄢章华，刘蕾，白世贞.基于 CD 生产函数的供应链网络均衡研究 [J]. 科技管理研究，2015，35 (15)：196-202.

[35] 刘纯霞.供应链中断风险传导机理及中断风险预测研究 [D]. 长沙： 湖南大学，2016.

[36] 张广胜，刘伟.基于复杂网络理论的物流服务供应链网络脆弱性机理研究 [J]. 商业经济与管理，2016，36 (12)：20-26.

[37] 杨康，张仲义.基于复杂网络理论的供应链网络风险传播机理研究 [J]. 系统科学与数学，2013，33 (10)：1224-1232.

[38] 李民，黎建强.基于模拟方法的供应链风险与成本 [J]. 系统工程理论与实践，2012，32 (3)：580-588.

[39] 李彬，季建华，陈娟，等.基于复杂网络视角的供应链脆弱性预防和应对策略 [J]. 上海管理科学，2012，34 (3)：53-56.

［40］ 刘浩然，崔梦頔，尹荣荣，等.无标度网络的级联失效缓解策略［J］. 控制与决策，2018，33（6）：122-127.

［41］ WANG Z, ZHANG J, CHEN F T S. A hybrid petri - nets model of networked manufacturing systems and its control system architecture ［J］. Journal of Manufacturing Technology Management，2005，16 (1)：36-52.

［42］ 张桂涛，胡劲松，孙浩，等.由零售商负责回收的多期闭环供应链网络均衡［J］. 运筹与管理，2015，24（1）：57-66.

［43］ 房艳君，吴梦娜.基于动态博弈的供应链网络效率分析［J］. 统计决策，2016，32（12）：49-51.

［44］ 马卫民，李彬，徐博，等.考虑节点中断和需求波动的可靠供应链网络设计问题［J］. 系统工程理论与实践，2015，35（8）：2025-2033.

［45］ 孙红英，田宇.节日营销阵发效应下供应链网络结构稳定性分析［J］. 复杂系统与复杂性科学，2017，14（2）：75-81.

［46］ 张松涛，张春杨，侯嫣婷.含多提前期的不确定供应链网络的鲁棒控制［J］. 计算机集成制造系统，2015，21（1）：266-279.

［47］ 程发新，袁猛，徐静.碳限额约束下考虑碳税的随机需求型闭环供应链网络均衡决策［J］. 科技管理研究，2017，37（1）：233-237.

［48］ 周岩，胡劲松，王新川，等.政府关于碳排放调控机制下的供应链网络Stackelberg-Nash 均衡研究［J］. 中国管理科学，2015，32（11）：786-793.

［49］ 宋娟娟，刘伟，高志军.物流服务供应链网络对物理服务集成商成长的作用机制——以网络能力为中介［J］. 中国流通经济，2016，30（9）：49-59.

［50］ 王志亮，杨征宇，白少布，等.延迟定制供应链网络联合经济批量模型、求解及供应链协同［J］. 系统工程，2016，34（7）：78-84.

［51］ 马汉武，周元敏，王跃，等.自适应供应链及其递归结构的设计与研究［J］. 计算机应用研究，2012，29（10）：3632-3664.

［52］ 薛瀚，王永明，赵帅.基于网格自适应直接搜索和仿真的串行供应链控制策略优化［J］. 计算机集成制造系统，2016，22（5）：70-110.

［53］ GRANOVETTER M S. The strength of weak ties ［J］. The American Journal of Sociology, 1973, 78 (6): 1360-1380.

［54］ MINGUELA-RATA B, RODRÍGUEZ-BENAVIDES M C, LÓPEZ-SÁNCHEZ J I. Knowledge complexity, absorptive capacity and weak ties: an empirical analysis of its effects on franchise systems uniformity ［J］. Journal Manufacturing Technology Management, 2012, 23 (5): 578-592.

[55] GRANOVETTER M.The strength of weak ties：a network theory revisited [J]．Sociological Theory，1983，1（1）：201-233.

[56] BURT R S. Structural holes [M]．Cambridge：Harvard University Press，1992.

[57] KATHERINE K X，PEARCE J L. Connections as substitutes for formal institutional support [J]．Academy of Management Journal，1996，39（6）：1641-1658.

[58] CENTOLA D，MACY M. Complex contagions and the weakness of long ties [J]．American Journal of Sociology，2007，113（3）：702-734.

[59] LIU C W，EUBANKS D L，CHATER N. The weakness of strong ties：sampling bias，social ties and nepotism in family business succession [J]．Leadership Quarterly，2015（26）：419-435.

[60] XU B，LIU L，YOU W J. Importance of tie strengths in the prisoner's dilemma game on social networks [J]．Physics Letters A，2011，375（24）：2269-2273.

[61] SMALL M L. Weak ties and the core discussion network：why people regularly discuss important matters with unimportant alters [J]．Social Networks，2013，35（3）：470-483.

[62] PAGANI E，VALERIO L，ROSSI G P. Weak social ties improve content delivery in behavior aware opportunistic networks [J]．Ad Hoc Networks，2015（25）：314-329.

[63] 曹杨毅，刘士军，王立强.企业关系网络中基于相似度的弱关系分析 [J]．广西大学学报：自然科学版，2014，39（6）：1300-1308.

[64] 宋华，卢强.什么样的中小企业能够从供应链金融中获益？——基于网络和能力的视角 [J]．管理世界，2017（6）：104-121.

[65] 李彬，季建华，王文利.应对突发事件的供应链"弱连接"关系管理 [J]．现代管理科学，2012（5）：33-35.

[66] LIN N. Social structure and network analysis [M]．London：Sage，1982.

[67] GULATI R. Does familiarity breed trust? The implications of repeated ties for contractual choice in alliances [J]．Academy of Management Journal，1995，38（1）：85-112.

[68] FRIEDKIN N. A test of structural features of granovetter's strength of weak ties theory [J]．Social Networks，1980，4（2）：411-422.

[69] LARSON A. Network dyads in entrepreneurial settings：a study of the governance of exchange relationships [J]．Administrative Science

Quarterly，1992，37（1）：76-104.

[70] ROST K. The strength of strong ties in the creation of innovation [J]. Research Policy，2011，40（4）：588-604.

[71] DING L，STEIL D，DIXON B，et al.A relation context oriented approach to identify strong ties in social networks [J]. Knowledge - Based Systems，2011，24（8）：1187-1195.

[72] SHI X L，ADAMIC L A，STRAUSS M J. Networks of strong ties [J]. Physica A：Statistical Mechanics & Its Applications，2006，378（1）：33-47.

[73] MELAMED D，SIMPSON B. Strong ties promote the evolution of cooperation in dynamic networks [J]. Social Networks，2016，45：32-44.

[74] 陈萍，彭文成.强关系与弱关系下企业网络中的知识共享进化博弈分析 [J]. 情报理论与实践，2014，37（4）：28-31.

[75] 冯娇，姚忠.基于强弱关系理论的社会化商务购买意愿影响因素研究 [J]. 管理评论，2015，27（12）：28-37.

[76] LUO，X M，HSU M K，LIU S S. The moderating role of institutional networking in the customer orientation-trust/commitment-performance causal chain in China [J]. Journal of the Academy of Marketing Science，2008，36（2）：202-214.

[77] CHUNG H FL. Export market orientation，managerial ties，and performance [J]. International Marketing Review，2012，29（4）：403-423.

[78] BOSO N，STORY V M，CADOGAN J W. Entrepreneurial orientation，market orientation，network ties，and performance：Study of entrepreneurial firms in a developing economy [J]. Journal of Business Venturing，2013，28（6）：708-727.

[79] 林海芳，苏敬勤.网络连接范式视角管理创新知识获取机理研究 [J]. 管理学报，2014，11（1）：71-78.

[80] 曾德明，何文鹏，文金艳，等.基于元分析的网络强度与企业创新直接效应研究 [J]. 情报学报，2014，12（6）：103-110.

[81] 姚小涛，张田，席酉民.强关系与弱关系：企业成长的社会关系依赖研究 [J]. 管理科学学报，2008，11（1）：143-152.

[82] 谢卫红，李忠顺，屈喜凤，等.网络关系强度与企业技术创新关系实证研究 [J]. 科学学与科学技术管理，2015，36（5）：62-73.

[83] 苏晓华,李倩倩,王平.创业导向对高新技术企业绩效的影响——基于强弱关系的调节作用 [J]. 软科学,2013,27(1):10-14.

[84] 吴晓云,王建平.网络关系强度对技术创新绩效的影响——不同创新模式的双重中介模型 [J]. 科学学与科学技术管理,2017,38(7):155-166.

[85] TIAN F F,LIN N. Weak ties,strong ties,and job mobility in urban China:1978—2008 [J]. Social Networks,2016,44:17-29.

[86] KOTABE M,JIANG C X,MURRAY J Y. Managerial ties,knowledge acquisition,realized absorptive capacity and new product market performance of emerging multinational companies:a case of China [J]. Journal of World Business,2011,46(2):166-176.

[87] HUSZTIA É,DÁVID B,VAJDAB K. Strong tie,weak tie and in - betweens:a continuous measure of tie strength based on contact diary datasets [J]. Procedia-social and Behavioral Sciences,2013,79(79):38-61.

[88] KIM T,GLOCK C H. On the use of RFID in the management of reusable containers in closed-loop supply chains under stochastic container return quantities [J]. Transportation Research Part E:Logistics & Transportation Review,2014,64(64):12-27.

[89] KUMAR V V,LIOU F W,BALAKRISHNAN S N,et al. Economical impact of rfid implementation in remanufacturing: a chaos - based interactive artificial bee colony approach [J]. Journal of Intelligent Manufacturing,2015,26(4):815-830.

[90] 何军.大数据对企业管理决策影响分析 [J]. 科技进步与对策,2014,31(4):65-68.

[91] 倪宁,金韶.大数据时代的精准广告及其传播策略——基于场域理论视角 [J]. 现代传播:中国传媒大学学报,2014,36(2):99-104.

[92] 陈星海,何人可.大数据分析下网络消费体验设计要素及其度量方法研究 [J]. 包装工程,2016,45(8):67-71.

[93] 刘艳秋,王浩,张颖,等.大数据背景下物流服务订单分配 [J]. 沈阳工业大学学报,2016,38(2):190-195.

[94] 叶春森,梁昌勇,梁雯.基于云计算-大数据的价值链创新机制研究 [J]. 科技进步与对策,2014,31(24):13-17.

[95] WALKER G,STRATHIE A. Big data and ergonomics methods:a new paradigm for tackling strategic transport safety risks [J]. Applied Ergonomics,2015,53(9):298-311.

[96] LIU Y, LIU X, GAO S, et al. Social sensing: a new approach to understanding our socioeconomic environments [J]. Annals of the Association of American Geographers, 2015, 105 (3): 1-19.

[97] 王念新, 仲伟俊, 梅姝娥. 信息技术、核心能力和企业绩效的实证研究 [J]. 管理科学, 2010, 23 (1): 52-53.

[98] 曾敏刚, 林倩, 潘焕雯, 等. 信息技术能力、信任与供应链整合的关系研究 [J]. 管理评论, 2017, 29 (12): 217-218.

[99] 周驷华, 万国华. 电子商务对制造企业供应链绩效的影响: 基于信息整合视角的实证研究 [J]. 管理评论, 2017, 29 (1): 199-210.

[100] 但斌, 周茂森, 张旭梅. 存在竞争性制造商的集团采购供应链需求预测信息的共享与激励 [J]. 中国管理科学, 2016, 24 (3): 41-51.

[101] HA A Y, TONG S, ZHANG H. Sharing demand information in competing supply chains with production diseconomies [J]. Management Science, 2011, 57 (3): 566-581.

[102] 郑继明, 王志娟. 三级供应链中信息共享的价值研究 [J]. 运筹与管理, 2011, 20 (4): 23-31.

[103] YAN R, PEI Z. Information asymmetry, pricing strategy and firm's performance in the retailer-multi-channel manufacturer supply chain [J]. Journal of Business Research, 2011, 64 (4): 377-384.

[104] YUE X, LIU J. Demand forecast sharing in a dual-channel supply chain [J]. European Journal of Operational Research, 2006, 174 (1): 646-667.

[105] 张菊亮, 章祥荪. 供应商和销售商拥有部分信息的信息共享 [J]. 中国管理科学, 2012, 20 (1): 109-116.

[106] 肖静华, 汪鸿昌, 谢康, 等. 信息共享视角下供应链信息系统价值创造机制 [J]. 系统工程理论与实践, 2014, 34 (11): 2862-2871.

[107] 肖群, 马士华. 信息不对称对闭环供应链 MTO 和 MTS 模式的影响研究 [J]. 中国管理科学, 2016, 33 (5): 139-148.

[108] 郝国英, 孔造杰, 韩海彬. 供应链中信息共享对各环节库存的影响研究 [J]. 系统工程理论与实践, 2007, 27 (9): 131-132.

[109] 卢继周, 冯耕中, 王能民, 等. 信息共享下库存量牛鞭效应的影响因素研究 [J]. 管理科学学报, 2017, 20 (3): 13-138.

[110] 陈云, 王浣尘, 杨继红, 等. 产业集群中的信息共享与合作创新研究 [J]. 系统工程理论与实践, 2004, 24 (8): 54-57.

[111] 鲁其辉, 朱道立. 含交付时间不确定性的供应链协调策略研究 [J]. 管理科

学学报，2008，11（4）：50-60.

[112] 周雄伟，马费成.需求不确定环境下的供应链信息共享激励模型［J］. 管理工程学报，2010，23（10）：122-126.

[113] 许杰峰，雷星晖.基于建筑信息模型的建筑供应链信息共享机制研究［J］. 中国科技论坛，2014，30（11）：62-68.

[114] TANG C S. Perspectives in supply chain risk management ［J］. International Journal of Production Economics，2006，103（2）：451-488.

[115] JENG J T. Supply chain risk management ［J］. Supply Chain Management，2004，9（2）：183-196.

[116] CAVINATO J L. Supply chain logistics risks：from the back room to the board room ［J］. International Journal of Physical Distribution & Logistics Management，2004，34（5）：388-396.

[117] 郭茜，蒲云，李延来.供应链中断风险管理研究综述［J］. 中国流通经济，2011，25（3）：48-52.

[118] 李彬，季建华，孟翠翠.基于降低供应中断风险的供应链管理研究［J］. 现代管理科学，2011，30（9）：5-7.

[119] 王勇，陈俊芳.供应链事件管理——从技术到方法［J］. 预测，2008，23（1）：62-65.

[120] NEELY A，ADAMS C，KENNERLEY M. Supply chain vulnerability ［M］. Bedfordshire：Cranfield University，2002.

[121] 马浩博，季建华，何冰.针对突发事件的供应链管理研究［J］. 现代管理科学，2009，28（10）：76-78.

[122] 赵钢，杨英宝，包旭.供应链网络风险扩散动力学模型及其应用［J］. 系统工程理论与实践，2015，35（8）：2014-2024.

[123] SODHI M M S，CHOPRA S. Managing risk to avoid supply chain breakdown［J］. MIT Sloan Management Review，2004，46（1）：53-61.

[124] WILSON M C. The Impact of transportation disruptions on supply chain performance ［J］. Transportation Research Part E：Logistics and Transportation Review，2007，43（4）：295-320.

[125] 周艳菊，邱莞华，王宗润.供应链风险管理研究进展的综述与分析［J］. 系统工程，2006，24（3）：1-7.

[126] KULL T，CLOSS D. The risk of second-tier supplier failures in serial supply chains：Implications for order policies and distributor autonomy ［J］. European Journal of Operational Research，2008，186（3）：1158-1174.

［127］ BOISVERT R N，KAY D，TURVEY C G. Macroeconomic costs to large scale disruptions of food production：the case of foot - and - mouth disease in the United States ［J］. Economic Modeling，2012，29（5）：1921-1930.

［128］ ZISSIS D，IOANNOU G，BURNETAS A . Supply chain coordination under discrete information asymmetries and quantity discounts ［J］. Omega，2015，53（3）：21-29.

［129］ MALINOVSKII V K. Business planning for a profit-seeking insurer under deficiency of information ［J］. Insurance Mathematics & Economics，2015，62（5）：215-226.

［130］ JABBARZADEH A，FAHIMNIA B，SHEU J B，et al. Designing a supply chain resilient to major disruptions and supply demand interruptions ［J］. Transportation Research Part B：Methodological，2016，94（12）：121-149.

［131］ 杨宽，王尔媚.时变需求下易逝品供应链解耦点动态定位模型的构建［J］. 统计与决策，2016，32（16）：43-46.

［132］ QIU R，WANG Y. Supply chain network design under demand uncertainty and supply disruptions：a distributionally robust optimization approach ［J］. Scientific Programming，2016，25（2）：1-15.

［133］ 刘学鹏，齐二石，刘亮.定制生产模式下考虑中断风险的供应商选择研究［J］. 工业工程与管理，2017，22（2）：21-27.

［134］ YANG S，XIAO Y，KUO Y H. The supply chain design for perishable food with stochastic demand ［J］. Sustainability，2017，9（7）：1195-1206.

［135］ 张义刚，唐小我.考虑资金收益情况下的供应链回购契约［J］. 管理工程学报，2012，26（1）：137-142.

［136］ 刘蕾，靳群，唐小我.考虑延迟交货风险的易逝品供应链回购契约研究［J］. 控制与决策，2012，27（10）：1505-1509.

［137］ WANG Y，MEI R. A mathematic model-based information asymmetry perspective on management of supply chain contract risks ［J］. Logistics Technology，2013，32（11）：197-199.

［138］ LUO C，TIAN X. Risk averse supply chain coordination with revenue - sharing contract ［J］. Journal of Systems Engineering，2015，30（2）：210-217.

［139］ 吴忠和，陈宏，赵千.非对称信息下闭环供应链回购契约应对突发事件策略

研究［J］. 中国管理科学，2013，21（6）：97-106.

[140] OHMURA S，MATSUO H. The effect of retailer's risk aversion on supply chain performance under a wholesale price contract［J］. Journal of Japanese Operations Management & Strategy，2017，3（1）：1-17.

[141] ZHU B L，QI Y P，JI S F，et al. Profit sharing contract model for supply chain of uncertainties under risk aversion［J］. Journal of Northeastern University，2017，38（1）：138-142.

[142] HE J，MA C，PAN K. Capacity investment in supply chain with risk averse supplier under risk diversification contract［J］. Transportation Research Part E：Logistics & Transportation Review，2017，106（10）：255-275.

[143] RECHKOSKI R，GEORGIOSKA M. Risk management during work interruption［J］. Procedia-Social and Behavioral Sciences，2012，44（6）：177-183.

[144] LI X，WANG L. Strategy decision of business interruption insurance and emergency supply strategy based on supply disruptions［J］. Journal of Industrial Engineering & Management，2015，8（1）：110-121.

[145] YANG L，KAJITANI Y，TATANO H，et al. A methodology for estimating business interruption loss caused by flood disasters：insights from business surveys after Tokai Heavy Rain in Japan［J］. Natural Hazards，2016，84（1）：411-430.

[146] AZAD N，HASSINI E，VERMA M. Disruption risk management in railroad networks：an optimization-based methodology and a case study［J］. Transportation Research Part B：Methodological，2016，85（3）：70-88.

[147] ROSE A，HUYCK C. Improving Catastrophe Modeling for Business Interruption Insurance Needs［J］. Risk Analysis，2016，36（10）：1896.

[148] KAUPPI K，LONGONI A，CANIATO F，et al. Managing country disruption risks and improving operational performance：risk management along integrated supply chains［J］. International Journal of Production Economics，2016，182（24）：484-495.

[149] GRAVELINE N，GRÉMONT M. Measuring and understanding the microeconomic resilience of businesses to lifeline service interruptions due to natural disasters［J］. International Journal of Disaster Risk Reduction，2017，24（2）：526-538.

［150］ JOSEPHSON A, SCHRANK H, MARSHALL M. Assessing preparedness of small businesses for hurricane disasters：analysis of pre‐disaster owner, business and location characteristics ［J］. International Journal of Disaster Risk Reduction, 2017, 23 (16)：25-35.

［151］ CAO C J, LI C D, YANG Q, et al.A novel multi-objective programming model of relief distribution for sustainable disaster supply chain in large-scale natural disasters ［J］. Journal of Cleaner Production, 2018, 174 (1)：1422-1435.

［152］ NEIGER D, ROTARU K, CHURILOV L. Supply chain risk identification with value‐focused process engineering ［J］. Journal of Operations Management, 2009, 27 (2)：154-168.

［153］ ELLIS S C, HENRY R M, SHOCKLEY J. Buyer perceptions of supply disruption risk：a behavioral view and empirical assessment ［J］. Journal of Operations Management, 2010, 28 (1)：34-46.

［154］ 杨青, 刘星星, 陈瑞青, 等.基于免疫系统的非常规突发事件风险识别模型 ［J］. 管理科学学报, 2015, 18 (4)：49-61.

［155］ 樊星, 邵举平, 孙延安.基于模糊理论的跨国农产品供应链风险识别与评估 ［J］. 科技管理研究, 2016, 36 (6)：210-215.

［156］ SUN X, LIU C, CHEN X, et al. Modeling systemic risk of crude oil imports：case of China's global oil supply chain ［J］. Energy, 2017 (121)：449-465.

［157］ KAMALAHMADI M, PARAST M M. An assessment of supply chain disruption mitigation strategies ［J］. International Journal of Production Economics, 2017 (184)：210-230.

［158］ HARLAND C M, BRENCHLEY R, WALKER H. Risk in supply networks ［J］. Journal of Purchasing and Supply Management, 2003, 9 (2)：51-62.

［159］ KLEINDOFFER P R, SAAD G H. Managing disruption risks in supply chains ［J］. Production and Operations Management, 2005, 14 (1)：53-68.

［160］ WU T, BLACKHURST J, CHIDAMBARAM V. A model for inbound supply risk analysis ［J］. Computers in Industry, 2006, 57 (4)：350-365.

［161］ SCHOENHERRA T, TUMMALA V MR, HARRISON T P. Assessing supply chain risks with the analytic hierarchy process：providing decision support for the offshoring decision by a US manufacturing company [J]. Journal of Purchasing and Supply Management，2008，14（2）：100-111.

[162] 李雪莲，殷耀宁，尹佳.供应和需求中断并存下零售商最优采购策略 [J].统计与决策，2015.31（8）：48-50.

[163] WU D S，OLSON D L. Supply chain risk，simulation，and vendor selection [J]. International Journal of Production Economics，2008，114（2）：646-655.

[164] KLEINDORFER P，OKTEM U G，PARIYANI A，et al. Assessment of catastrophe risk and potential losses in industry [J]. Computers and Chemical Engineering，2012，47（12）：85-96.

[165] 舒彤，葛佳丽，陈收.基于支持向量机的供应链风险评估研究 [J].经济经纬，2014，31（1）：130-135.

[166] 肖美丹，李从东，张瑜耿.基于未确知模糊理论的供应链风险评估 [J].软科学，2017，31（10）：27-30.

[167] 张晴，胡丹丹.基于多代理的供应中断风险监测与评估 [J]. 统计与决策，2018，34（5）：50-53.

[168] 李卫江，蒋湧，温家洪，等.地震灾害情景下产业空间网络风险评估——以日本丰田汽车为例 [J]. 地理学报，2016，71（8）：1384-1399.

[169] 陈报章，仲崇庆.自然灾害风险损失等评估的初步研究 [J]. 灾害学，2010，25（3）：1-5.

[170] 赵洪举，彭怡，李健，等.突发事件快速评估模型 [J]. 系统工程理论与实践，2015，35（3）：545-555.

[171] 石友蓉.风险传导机理与风险能量理论 [J]. 武汉理工大学学报：信息与管理工程版，2006，28（9）：48-51.

[172] 翟运开.基于知识转移的合作创新风险传导研究 [J]. 武汉理工大学学报：社会科学版，2007，20（12）：747-750.

[173] 叶厚元，尚永伟.基于不同时期的企业风险传导分类研究 [J]. 企业经济，2007，325（9）：5-7.

[174] 程国平，邱映贵.供应链风险传导模式研究 [J]. 武汉理工大学学报：社会科学版，2009，22（2）：36-41.

[175] CHENG S K，KAM B H. A conceptual framework for analysing risk in supply networks [J]. Journal of Enterprise Information Management，2008，22（4）：345-360.

[176] 叶厚元，邓明然.企业风险传导的介质研究 [J]. 管理现代化，2007（1）：38-41.

[177] 万国超，曹邦英.中小企业集群治理风险传导路径研究——基于小世界网络的视角 [J]. 财经理论研究，2018，183（4）：106-115.

[178] 范建昌，倪得兵，唐小我.基于变异系数的供应链风险传导分析 [J]. 中国管理科学，2014，22（11）：427-432.

[179] 辛玉红，孙延明.风险传导下的供应链鲁棒性分析与仿真研究 [J]. 科技管理研究，2017，37（14）：245-253.

[180] 刘纯霞，舒彤，汪寿阳.基于小世界网络的供应链中断风险传导过程研究 [J]. 商业经济与管理，2015（5）：24-30.

[181] 赵奕奕，彭怡，肖磊，等.突发事件下群体抢购行为的舆论传播机理研究 [J]. 系统工程理论与实践，2015，35（3）：616-622.

[182] 戴伟，余乐安，汤铃，等.非常规突发事件公共恐慌的政府信息公布策略研究：基于Multi-Agent模型 [J]. 系统工程理论与实践，2015，35（3）：641-650.

[183] MEYER R R, ROTHKOPF M H, SMITH S A. Reliability and inventory in a production-storage system [J]. Management Science, 1979, 25 (25): 799-807.

[184] MOINZADEH K, AGGARWAL P. Analysis of a production/inventory system subject to random disruptions [J]. Management Science, 1997, 43 (11): 1577-1588.

[185] CHEN Z, CHEN C, BIDANDA B. Optimal inventory replenishment, production, and promotion effect with risks of production disruption and stochastic demand [J]. Journal of the Chinese Institute of Industrial Engineers, 2016, 34 (2): 79-89.

[186] PARLAR M, BERKIN D. Future supply uncertainty in EOQ models [J]. Naval Research Logistics, 1991, 38 (1): 107-121.

[187] PARLAR M, WANG Y, GERCHAK Y. A periodic review inventory model with Markovian supply availability [J]. International Journal of Production Economics, 1995, 42 (2): 131-136.

[188] KHANG D B, FUJIWARA O. Optimality of myopic ordering policies for inventory model with stochastic supply [J]. Operations Research, 2000, 48 (1): 181-184.

[189] LI Q, ZHENG S. Joint inventory replenishment and pricing control for systems with uncertain yield and demand [J]. Operations Research, 2006, 54 (4): 696-705.

[190] XIA Y, YANG M H, GOLANY B, et al. Real-time disruption manage-

ment in a two - stage production and inventory system [J]. IIE Transactions, 2004, 36 (2), 111-125.

[191] HISHAMUDDIN H , SARKER R A , ESSAM D . A disruption recovery model for a single stage production-inventory system [J]. European Journal of Operational Research, 2012, 222 (3): 464-473.

[192] HISHAMUDDIN H , SARKER R A , ESSAM D . A recovery model for a two - echelon serial supply chain with consideration of transportation disruption [J]. Computers & Industrial Engineering, 2013, 64 (2): 552-561.

[193] HISHAMUDDIN H , SARKER R A , ESSAM D . A recovery mechanism for a two echelon supply chain system under supply disruption [J]. Economic Modelling, 2014, 38: 555-563.

[194] PAUL S K , SARKER R , ESSAM D . A disruption recovery model in a production - inventory system with demand uncertainty and process reliability [M]. Springer, Berlin, Heidelberg: Computer Information Systems and Industrial Management, 2013.

[195] PAUL S K , SARKER R , ESSAM D . Real time disruption management for a two - stage batch production inventory system with reliability considerations [J]. European Journal of Operational Research, 2014, 237 (1): 113-128.

[196] CHEN Q , LI X , OUYANG Y . Joint inventory-location problem under the risk of probabilistic facility disruptions [J]. Transportation Research Part B: Methodol, 2011, 45 (7): 991-1003.

[197] 李振国，王琪凤.带中断风险的多供应商库存模型 [J]. 河南科技大学学报：自然科学版，2014, 35 (3): 81-85.

[198] 马祖军，周愉峰.考虑设施中断风险和防御的分销网络选址-库存问题 [J]. 系统工程，2015, 33 (12): 48-54.

[199] SHEFFI Y, RICE J B. A supply chain view of the resilient enterprise [J]. MIT Sloan Management Review, 2005, 47 (1): 41-48.

[200] 蔡政英，肖人彬.中断环境下供应链弹性运作分析与优化 [J]. 系统工程理论与实践，2014, 34 (6): 1443-1452.

[201] PARK Y W, HONG P, ROH J J . Supply chain lessons from the catastrophic natural disaster in Japan [J]. Business Horizons, 2013, 56 (1): 75-85.

[202] 刘家国，周粤湘，卢斌，等.基于突发事件风险的供应链脆弱性削减机

制 [J]. 系统工程理论与实践，2015，35（3）：556-566.

[203] MARI S I, LEE Y H, MEMON M S. Sustainable and resilient garment supply chain network design with fuzzy multi-objectives under uncertainty [J]. Sustainability, 2016, 8 (10): 1038.

[204] HAN J, SHIN K S. Evaluation mechanism for structural robustness of supply chain considering disruption propagation [J]. International Journal of Production Research, 2016, 54 (1): 1-17.

[205] 孔繁辉，李健.基于深度信念网络的供应链柔性提升 [J]. 计算机集成制造系统，2018，241（5）：232-240.

[206] HENDRICKS K B, SINGHAL V R.The effect of supply chain glitches on shareholder wealth [J]. Journal of Operations Management, 2003, 21 (5): 501-522.

[207] TIERNEY K J. Business impacts of the northridge earthquake [J]. Journal of Contingencies & Crisis Management, 1997, 5 (2): 87-97.

[208] ROSE A, OLADOSU G, LIAO S Y. Business interruption impacts of a terrorist attack on the electric power system of Los Angeles: customer resilience to a total blackout [J]. Risk Analysis, 2007, 27 (3): 513.

[209] DURUKAL E, ERDIK M. Physical and economic losses sustained by the industry in the 1999 Kocaeli, Turkey earthquake [J]. Natural Hazards, 2008, 46 (2): 153-178.

[210] DREW J, TYSIAC K. Preparing for disaster: survivors offer tips for CPA firms to make it through any catastrophe [J]. American Journalism Review, 2013 (4).

[211] KAUSHALYA H, KARUNASENA G, AMARATHUNGA D. Role of insurance in post disaster recovery planning in business community [J]. Procedia Economics & Finance, 2014 (18): 626-634.

[212] ZAJDENWEBER D. Extreme values in business interruption insurance [J]. Journal of Risk & Insurance, 1996, 63 (1): 95-110.

[213] ADAMS, FRANK A. When a "simple" analysis won't do: applying economic principles in a lost profits case [J]. The Value Examiner, 2008, 5 (6): 22-28.

[214] STECKE K E, KUMAR S. Sources of supply chain disruptions, factors that breed vulnerability, and mitigating strategies [J]. Journal of Marketing Channels, 2009, 16 (3): 193-226.

[215] LIN Z, CAI C, XU B. Supply chain coordination with insurance contract

[J]. European Journal of Operational Research, 2010, 205 (2): 339-345.

[216] DONG L, TOMLIN B. Managing disruption risk: the interplay between operations and insurance [J]. Social Science Electronic Publishing, 2012, 58 (10): 1898-1915.

[217] 蔡鹏.基于营业中断保险的供应风险控制研究 [D]. 上海交通大学, 2013.

[218] SNYDER L V, ATAN Z, PENG P, et al. OR/MS models for supply chain disruptions: a review [J]. IISE Transactions, Taylor and Francis Journals, 2016, 48 (2): 21.

[219] ZHEN X, LI Y, CAI G, et al.Transportation disruption risk management: business interruption insurance and backup transportation [J]. Transportation Research Part E: Logistics and Transportation Review, 2016 (90): 51-68.

[220] 杨宝华.营业中断险：业务持续管理与保险产品创新的契合 [J]. 华东经济管理, 2011, 25 (2): 49-52.

[221] 蔡鹏.基于营业中断保险的供应风险管理策略研究 [J]. 贵州大学学报：自然科学版, 2013, 30 (1): 136-140

[222] 赵锦晓.基于营业中断保险的供应链风险管理策略研究 [D]. 上海交通大学, 2013.

[223] 马中华, 焦元珠.具有风险偏好的企业投保营业中断险的保险赔偿期问题 [J]. 财经理论研究, 2016, 38 (6): 81-91.

[224] 陶存文, 耿宇亭.国外营业中断保险制度及其启示 [J]. 保险研究, 2008, 23 (4): 6-10.

[225] 毛小玉.中外营业中断保险（BIC）扩展责任的比较 [J]. 上海保险, 2003 (1): 18-19.

[226] 徐常梅, 石甬.新版利润损失保险条款探析 [J]. 上海保险, 2011 (8): 15-18.

[227] 于辉, 吴腾飞.基于营业中断保险的供应链中断模型分析 [J]. 保险研究, 2016, 38 (5): 24-35.

[228] 秦绪伟, 杨玉佩, 康万根, 等.面向关键设备维修服务的PBC合同与营业中断险集成设计模型及分析 [J]. 中国管理科学, 2016, 24 (11): 19-28.

[229] TOMLIN B, WANG Y. On the value of mix flexibility and dual sourcing in unreliable newsvendor networks [J]. General Information, 2005, 7 (1): 37-57.

[230] TOMLIN B. On the value of mitigation and contingency strategies for

managing supply chain disruption risks [J]. Management Science, 2006, 52 (5): 639-657.

[231] YU, H, ZENG A Z, ZHAO L . Single or dual sourcing: decision-making in the presence of supply chain disruption risks [J]. Omega, 2009, 37 (4): 788-800.

[232] ZHANG I, LIN GL. Research on emergency procurement based on e-commerce [J]. Logistics Sci-Tech, 2009.

[233] ZHONG Q , LI Z , ZHANG L. Analysis of the emergency procurement based on evolutionary game theory [C] // International Symposium on Knowledge Acquisition & Modeling. IEEE Computer Society, 2009 (2): 261-264.

[234] XU M , XU X . Stochastic comparisons in a price-dependent newsvendor problem with emergency procurement [C] //International Conference on Service Systems & Service Management. IEEE, 2011 (38): 1-4.

[235] LI X, ZHANG X. Manufacturers' emergency procurement strategies under supply disruption and competition based on scenario analysis [J]. International Journal of Service, Science and Technology, 2015 (8) .

[236] RAY P, JENAMANI M. Sourcing decision under disruption risk with supply and demand uncertainty: a newsvendor approach [J]. Annals of Operations Research, 2016, 237 (1-2): 237-262.

[237] HUANG H, SHEN X, XU H. Procurement contracts in the presence of endogenous disruption risk [J]. Decision Sciences, 2016, 47 (3): 437-472.

[238] ZHANG R, LIU B . Group buying decisions of competing retailers with emergency procurement [J]. Annals of Operations Research, 2016, 257 (1-2): 1-17.

[239] ZHANG L, TIAN J, YANG R, et al. Emergency supplies procurement pricing strategy under quantity flexible contract [J] . Systems Engineering-Theory & Practice, 2016, 36 (10): 2590-2600.

[240] WANG Z H, SHAO Q M, WANG XF. Optimal policies of logistics service supply chain with instant procurement price [J]. Operations Research and Management Science, 2016, 23 (2): 32-78.

[241] KUMAR M, BASU P, AVITTATHUR B. Pricing and sourcing strategies for competing retailers in supply chains under disruption risk [J]. European

Journal of Operational Research，2017，67（4）：36-54.

[242] FENG C X，WANG Z J，JIANG Z Y. Retailer's procurement strategy under endogenous supply stability [J]．Sustainability，2017，9（12）：2261.

[243] 王静，任杰.紧急采购管理及风险库存控制模型 [J]．郑州航空工业管理学院学报，2008，26（2），84-86.

[244] 徐焕东.建立应对重大灾害时期的紧急采购制度 [J]．中国政府采购，2008，（6）：50-51.

[245] 帅国让.应急物资调度及期权采购策略研究 [D]．江西财经大学，2012.

[246] 常金奎.基于分类替代性关系的应急物资储备量分析 [J]．电子科技大学学报：社会科学版，2015（4）：29-33.

[247] 王远锦，于婷.电子商务环境下生鲜供应链需求中断风险控制研究 [J]．江苏商论，2015（2）：24-28.

[248] 李艳，李响，黄春萍，等.面向供应中断的易腐品供应链应急策略 [J]．物流技术，2015，34（11）：162-166.

[249] 高佳，王旭.供需同时不确定关系型供应链契约设计与决策 [J]．中国管理科学，2016，24（12）：127-138.

[250] 颜荣芳，陈玲.供应中断下最优分配和应急采购策略的比较 [J]．经济数学，2016，33（4）：27-33.

[251] WANG Y，GILLAND W，TOMLIN B. Mitigating supply risk：dual sourcing or process improvement [J]．Manufacturing & Service Operations Management，2010，12（3）：489-510.

[252] 于辉，邓亮，孙彩虹.供应链应急援助的CVaR模型 [J]．管理科学学报，2011，14（6）：68-75.

[253] YANG Z，AYDIN G，BABICH V，et al. Supply disruptions，asymmetric information，and a backup production option [J]．Management Science，2009，55（2）：192-209.

[254] DADA M，PETRUZZI N C，SCHWARZ L B. A newsvendor's procurement problem when suppliers are unreliable [J]．Manufacturing & Service Operations Management，2007，9（1）：9-32.

[255] BABICH V，BURNETAS A N，RITCHKEN P H. Competition and diversification effects in supply chains with supplier default risk [J]．Manufacturing & Service Operations Management，2007，9（2）：123-146.

[256] TOMLIN B. Disruption-management strategies for short life-cycle products

[J]. Naval Research Logistics, 2010, 56 (4): 318-347.

[257] BABICH V. Vulnerable options in supply chains: effects of supplier competition [J]. Naval Research Logistics, 2010, 53 (7): 656-673.

[258] HOU J, ZENG A Z, ZHAO L. Coordination with a backup supplier through buy-back contract under supply disruption [J]. Transportation Research Part E: Logistics and Transportation Review, 2010, 46 (6): 881-895.

[259] MEENA P L, SARMAH S P, SARKAR A. Sourcing decisions under risks of catastrophic event disruptions [J]. Transportation Research Part E: Logistics & Transportation Review, 2011, 47 (6): 1058-1074.

[260] SAWIK T. Selection of supply portfolio under disruption risks [J]. Omega: an International Journal of Management Science, 2011, 39 (2), 194-208.

[261] TANG O, MUSA S N. Identifying risk issues and research advancements in supply chain risk management [J]. International Journal of Production Economics, 2011, 133 (1): 25-34.

[262] ZHU J J, FU S C. Ordering policies for a dual sourcing supply chain with disruption risks [J]. Journal of Industrial Engineering and Management, 2013, 6 (1): 380-399.

[263] LI X J, JI J H. Coordination and optimization of dual sourcing under supply disruptions [J]. Journal of Industrial Engineering and Engineering Management, 2014, 28 (3) :141-147.

[264] ZHU L, ZHANG Y, REN X. A newsvendor problem with two suppliers under dual-channel supply chain and supply disruption [C] //International Conference on Service Systems and Service Management (ICSSSM). IEEE, 2016.

[265] XU N, NOZICK L. Modeling supplier selection and the use of option contracts for global supply chain design [J]. Computers & Operations Research, 2009, 36 (10): 2786-2800.

[266] LU M, HUANG S, SHEN Z J M. Product substitution and dual sourcing under random supply failures [J]. Transportation Research Part B: Methodological, 2011, 45 (8): 1251-1265.

[267] SCHMITT A J, SINGH M. A quantitative analysis of disruption risk in a multi-echelon supply chain [J]. International Journal of Production Economics, 2012, 139 (1): 22-32.

［268］ GONG X ，CHAO X ，ZHENG S . Dynamic pricing and inventory management with dual suppliers of different lead times and disruption risks ［J］． Production and Operations Management，2014，23（12）：2058-2074.

［269］ MEENA P L，SARMAH S P. Supplier selection and demand allocation under supply disruption risks ［J］． The International Journal of Advanced Manufacturing Technology，2016，83（1-4）：265-274.

［270］ HAMDI F，DUPONT L，GHORBEL A，et al. Supplier selection and order allocation under disruption risk ［J］． IFAC-PapersOnLine，2016，49（12）：449-454.

［271］ LI Y，HAN J，YAO L. A novel multiobjective programming model for coping with supplier selection disruption risks under mixed uncertainties ［J］． Scientific Programming，2016（1）：1-12.

［272］ 何波，张霞.供应中断风险下采购与定价决策分析 ［J］． 运筹与管理，2015，24（5）：104-110.

［273］ 汪传旭，许长延.两级供应链中供应中断情形下零售商转运策略 ［J］． 中国管理科学，2015，23（2）：70-79.

［274］ 李新军.基于供应中断的供应应急系统设计策略 ［J］． 企业经济，2015（5）：23-27.

［275］ 张卓慧，郜庆路.供应链中断危机下后备供应商选择问题研究 ［J］． 现代商贸工业，2017（2）：38-40.

［276］ 刘学鹏，齐二石，刘亮.定制生产模式下考虑中断风险的供应商选择研究 ［J］． 工业工程与管理，2017，22（2），21-27.

［277］ CHOI T Y，DOOLEY K J，RUNGTUSANATHAM M. Supply networks and complex adaptive systems：control versus emergence ［J］． Journal of Operation Management，2001，19（3）：351-366.

［278］ ALBERT R，JEONG H，BARABÁSI A L. Error and attack tolerance of complex networks ［J］． Nature，2000，406（6794）：378-382.

［279］ DUA W B，WU Z X，CAI K Q. Effective usage of shortest paths promotes transportation efficiency on scale-free networks ［J］． Physica A：Statistical Mechanics & Its Applications，2013，392（17）：3505-3512.

［280］ NEWMAN M E J，WATTS D J. Renormalizations group analysis of the small world network model ［J］． Physics Letters A，1999，263（6）：341-346.

[281] BARABASI A L, REKA A. Emergence of scaling in random networks [J]. Science, 1999, 286 (15): 509-512.

[282] CHIANG W K, FENG Y. The value of information sharing in the presence of supply uncertainty and demand volatility [J]. International Journal of Production Research, 2007, 45 (6): 1429-1447.

[283] GENTRY J J. Carrier involvement in buyer-supplier strategic partnerships [J]. Logistics Information Management, 1996, 9 (3): 54-61.

[284] YOO S. An information system for just-in-time [J]. Long Range Planning, 1989, 22 (6): 117-126.

[285] 张欣，马士华. 信息共享与协同合作对两级供应链的收益影响 [J]. 管理学报，2007, 4 (1): 32-39.

[286] 李娟，黄培清，顾锋. 供应链上相关信息的共享激励及共享价值分配 [J]. 系统管理学报，2008, 17 (1): 78-81.

[287] BIAN W, SHANG J, ZHANG J. Two-way information sharing under supply chain competition [J]. International Journal of Production Economics, 2016 (178): 82-94.

[288] 李波，孙鹏，李庆华. 双渠道供应链中信息共享价值研究 [J]. 系统工程学报，2015, 30 (4): 530-538.

[289] 胡东波，沈悦，衡如丹，等. B2B供应链全局需求信息共享价值的仿真研究 [J]. 系统仿真学报，2017, 29 (7): 1611-1616.

[290] ZHOU M, DAN B, MA S, et al. Supply chain coordination with information sharing: the informational advantage of GPOs [J]. European Journal of Operational Research, 2017, 256 (3): 785-802.

[291] KIM M, CHAI S. The impact of supplier innovativeness, information sharing and strategic sourcing on improving supply chain agility: global supply chain perspective [J]. International Journal of Production Economics, 2017 (187): 42-52.

[292] 叶飞，陈晓明，林强. 基于决策者风险规避特性的供应链需求信息共享价值分析 [J]. 管理工程学报，2012, 26 (3): 176-183.

[293] 刘志硕，郭葆春. 面向供需链协同的信息共享价值分配机制 [J]. 计算机集成制造系统，2009, 15 (7): 1442-1449.

[294] 盛方正，季建华. 供应链信息共享效益分配及实证研究 [J]. 系统工程与电子技术，2008, 30 (3): 485-488.

[295] 陈长彬，杨忠. 需求信息共享激励与供应链契约设计 [J]. 系统管理学报，2008, 17 (6): 639-647.

［296］ KUMAR S, HARRISON G. Expect the unexpected: supply chain disruption and opportunity for us companies-a business case ［J］. Transportation Journal, 2012, 51 (1): 118-136.

［297］ GIRI B C, SARKER B R. Improving performance by coordinating a supply chain with third party logistics outsourcing under production disruption ［J］. Computers & Industrial Engineering, 2017 (103): 16-177.

［298］ SAGHAFIAN S, VAN OYEN M P. Compensating for dynamic supply disruptions: backup flexibility design ［J］. Operations Research, 2016, 64 (2): 390-405.

［299］ 邓聚龙. 灰色系统理论的GM模型 ［J］. 模糊数学, 1985 (2): 23-32.

［300］ SUN W, WANG J, CHANG H. Forecasting carbon dioxide emissions in china using optimization grey model ［J］. Journal of Computers, 2013, 8 (1): 97-101.

［301］ ZHOU W, HE J M. Generalized GM (1, 1) Model and its application in forecasting of fuel production ［J］. Applied Mathematical Modeling, 2013, 37 (9): 6234-6243.

［302］ GOLMOHAMMADI D, MELLAT-PARAST M. Developing a grey-based decision-making model for supplier selection ［J］. International Journal of Production Economics, 2012, 137 (2): 191-200.

［303］ ZHAO Z, WANG J, ZHAO J, et al. Using a grey model optimized by differential evolution algorithm to forecast the per capita annual net income of rural households in China ［J］. Omega, 2012, 40 (5): 525-532.

［304］ 达瓦. 西藏农村居民消费支出发展趋势的GM (1, 1) 预测模型及因素分析 ［J］. 统计研究, 2010, 27 (4): 79-82.

索引